人文科普 —探询思想的边界—

自行车的回归：
1817—2050

Le retour de la bicyclette
Une histoire des déplacements urbains
en Europe, de 1817 à 2050

［法］弗雷德里克·赫兰———著
乔溪———译

中国社会科学出版社

图字：01-2017-3735号
图书在版编目（CIP）数据

自行车的回归：1817—2050 /（法）弗雷德里克·赫兰著；乔溪译.
—北京：中国社会科学出版社，2018.4（2022.7重印）
ISBN 978-7-5203-2155-6

Ⅰ.①自… Ⅱ.①弗… ②乔… Ⅲ.①自行车－文化史－研究－世界－1817-2050 Ⅳ.①U484-091

中国版本图书馆CIP数据核字（2018）第037652号

© Editions LA DECOUVERTE, Paris, France, 2014, 2015 (www.editionsladecouverte.fr)
Current Chinese translation rights arranged through Divas International, Paris (www.divas-books.com)
Simplified Chinese translation copyright 2018 by China Social Sciences Press.
All rights reserved.

出 版 人	赵剑英
项目统筹	侯苗苗
责任编辑	侯苗苗
责任校对	周晓东
责任印制	王 超

出 版	中国社会科学出版社
社 址	北京鼓楼西大街甲 158 号
邮 编	100720
网 址	http://www.csspw.cn
发 行 部	010-84083685
门 市 部	010-84029450
经 销	新华书店及其他书店
印刷装订	北京君升印刷有限公司
版 次	2018 年 4 月第 1 版
印 次	2022 年 7 月第 3 次印刷
开 本	880×1230 1/32
印 张	8.5
字 数	196 千字
定 价	59.00 元

凡购买中国社会科学出版社图书，如有质量问题请与本社营销中心联系调换
电话：010-84083683
版权所有　侵权必究

目　录

致谢　001

引言：来去自如，城市穿梭　001
  文化？地形？气候？甩开那些陈词滥调　/// 005
  年代、阶层与生活方式谱写的自行车史　/// 007
  历史的车轮：纵观城市交通政策　/// 009
  一枚民族身份的印章　/// 013
  国际比较之火花　/// 015
  了解过去，展望未来　/// 017

第一章　19世纪：现代性的标志　019
  革新的凝萃　/// 020
  一匹机械马？　/// 024
    引导现代自行车诞生的主要革新　/// 024
  运动或旅行，速度或发现　/// 027
  一场解放自我的游戏　/// 029

自行车道的首次规划 /// 032
自行车与公共交通 /// 034
飞跃式发展 /// 036
　1900年以前自行车名称溯源 /// 037

第二章　20世纪上半叶：自行车的广泛传播　041

人人皆用自行车 /// 042
平均主义的出行方式 /// 045
　自行车与空间的亲密接触 /// 046
汽车的飞跃发展 /// 048
横行霸道的小汽车 /// 051
　自行车的高效能 /// 054
有轨电车消失了 /// 055
汽车游说开始行动 /// 058
扩大规划自行车道 /// 060
助力自行车的发明 /// 064

第三章　黄金三十年：自行车的没落　067

法国独特风景线：助力自行车的惊人飞跃 /// 069
法国当局对两轮机动车放宽政策的后果 /// 072
终于，汽车流行起来 /// 079

美洲乃灵感之源　/// 080

论城市对汽车的适应　/// 084

无路可走的步行者与骑行者　/// 086

恶性循环　/// 088

  用数字说明安全性现象　/// 090

实用自行车的没落　/// 091

褪去色彩的自行车与城市骑行者　/// 096

第四章　20 世纪 70 年代：反弹式回归　099

轻轨、地铁、巴士——公交复兴　/// 100

道路投资及其结果　/// 103

"小汽车，受够了！"　/// 106

骑行运动　/// 108

70 年代，单车归来　/// 112

荷兰与德国当局的务实回应　/// 114

英国当局的自由主义回应　/// 118

法国当局的摇摆回应　/// 120

  自行车究竟是更"自行"还是更"车"？　/// 123

七零八落的自行车道网络　/// 125

被高估的自行车事故率　/// 127

  从全面速度到全局速度：重访伊里奇　/// 130

第五章 20世纪八九十年代：迎回单车的崎岖路　133

在德国：交通流量节制　/// 134
在意大利：交通限制区　/// 137
在法国：交通节制的尝试　/// 140
德法情况大不同　/// 142
"自行车城市"政策的成与败　/// 144
　　斯特拉斯堡，法国首座自行车城市　/// 146
公交系统与自行车的复杂关系　/// 148
　　校车与自行车的较量　/// 151
小汽车——大卖场的宠儿　/// 153
欧洲各国的自行车新政　/// 156
"自行车革命万岁！"　/// 161

第六章 2000年：华丽回归　163

北欧的"自行车复兴"　/// 164
在英国：行为习惯的革命　/// 167
在法国：自行车重返市中心　/// 169
共享单车好处多　/// 174
　　自行车在巴黎的复苏　/// 176

成本与资金问题　/// 180
　　　骑行的复苏遭遇阻力　/// 183
　　　　　佩戴头盔是否必要？　/// 188
　　　环保理念论调偏低　/// 190
　　　健康理念前来声援　/// 192
　　　经济理念随后即到　/// 195

第七章　自行车城市不是梦　201

　　　有了单车系统，城市从此平静　/// 202
　　　降低车速更安全　/// 205
　　　　　骑车出行的风险　/// 206
　　　自行车防盗有妙招：上锁、车棚、警惕高　/// 208
　　　实用自行车形象大转变　/// 212
　　　建立环保交通系统　/// 214
　　　电动助力自行车　/// 217
　　　　　电助力车的十大优势　/// 218
　　　再次征服大众，满足各类人群　/// 219
　　　机构在自行车城市政策中扮演的角色　/// 224

第八章　展望未来：2050年的自行车　227

　　　面对环境问题与经济问题　/// 229

全新的社会憧憬　/// 234
未来交通"鸡尾酒"，自行车作主料　/// 237
创建高性能的自行车系统　/// 240
　奇思妙想：高空自行车道、自动化停车场、
　滑板单车　/// 241
环保出行理念改变城市　/// 244
重返现代性　/// 246
沸腾式的终极回归　/// 250

| 结语：自行车，社会的选择　253

| 缩写与简称　259

致 谢

本书得益于伊夫·热弗兰（Yves Geffrin）一丝不苟的校对，以及汉斯·克雷默（Hans Kremers）、伊莎贝尔·勒桑（Isabelle Lesens）、让-吕克·马沙尔（Jean-Luc Marchal）、弗朗西斯·帕蓬（Francis Papon）、皮埃尔·索尔维奇（Pierre Solviche）、克洛德·苏拉（Claude Soulas）、塞巴斯蒂安·托罗（Sébastien Torro）和菲利普·托斯坦（Philippe Tostain）等的众多评论。感谢各界朋友的帮助与交流。感谢出版商对作者的无限信任。作者对书中言论全权负责。

引言：来去自如，城市穿梭

在荷兰、丹麦、德国和瑞士，自行车可以说是日常出行的必备工具。这些国家的居民天天都能看到骑行者们成群结队地行驶在自行车专用道上，数以千计的自行车往返于中心车站和拥挤的城区。而在欧洲的另一些国家，比如法国、英国和西班牙，城市里的实用型自行车几乎消失殆尽，渐渐地退入古董行列，成为陈旧的代名词。当然了，近年来共享单车的日益流行给这些老古董带来了新的生机；同时，电动助力车也取得了一定的成功，可这些现象往往只集中在大城市的中心地带。怎样解释欧洲各国在自行车使用方面如此悬殊的差距呢？难道仅仅是文化差异所致？抑或归因于它们在自行车历史拐点上的不同经历？各国的政策在其中又起到了怎样的作用？

如果再将各国内部的地区差异考虑进来，那么上述种种问题会变得更加复杂。就说说法国吧，斯特拉斯堡和拉罗谢尔这两座城市的骑行者数量相对较多，波尔多、雷恩和格勒诺布尔不到前者的一半，其他城市则更为稀少（见表1）。大城市与中型城市对自行车的接受度差距极大，而就算是在同一座城市，市中心与郊区之间也存在这样悬殊的差距。面对如此情况，我们是否能说自行车的出行方式回归了呢[1]？这种回归是否是持续性的，又是否拥有更广阔的发展空间呢？

无论人们对骑行者的态度如何，自行车的回归说到底都是一件好事情——它成本低廉，对环境无害，而且多多使用还有益健康。集诸多优点于一身的自行车无疑是可持续发展城市的生力军，荷兰、瑞士等国家那些大有教益的例子就是铁证。在汽车行列，虽然也涌现出了许多前卫的概念车，有些动力改良甚至堪称精妙有效，但目前还没有任何一种类型的汽车能够涵盖自行车所具有的种种优势。

本书的目标主要有两点：其一，尝试去理解欧洲各国与各城市之间悬殊的自行车使用比例究竟是何根源；其二，鉴于自行车发展至今已有了一定的历史沉淀，在这个相对充分的时间维度下，我们可以尝试剔除曾经的种种时局因素而从一个更高的角度宏观地总结自行车的各个演变阶段。这两点目标是密不可分的，因为在一些关键的时间点上，正是自行车在各国的演变方向不同而造成了其使用量的巨大差异，我们必须追根溯源地找出这些关键点及其背后的原因。余下的便是分析自行车与城市关系的演变，当然，这个问题可不是三言两语就能够说得清的。

---

[1] Francis PAPON, *Le Retour du vélo comme mode de déplacement*, mémoire de synthèse pour l'habilitation à diriger des recherches, université Paris-Est, 2012.

评估自行车对某一地区的重要性，最简单有效的方法便是统计其出行使用比例，也就是包括步行在内的所有出行方式中自行车所占的比例。出行即指某人在某一具体目的（工作、学习、购物等）的驱使下，以单一或多种方式所完成的从起点到终点的一段路程。若一次出行涉及多种交通工具，则以其中重量最大的交通工具定义该次出行。例如，某次出行先骑自行车后乘火车，则记为火车出行。图1呈现了欧洲不同国家自行车使用比例的巨大差异。

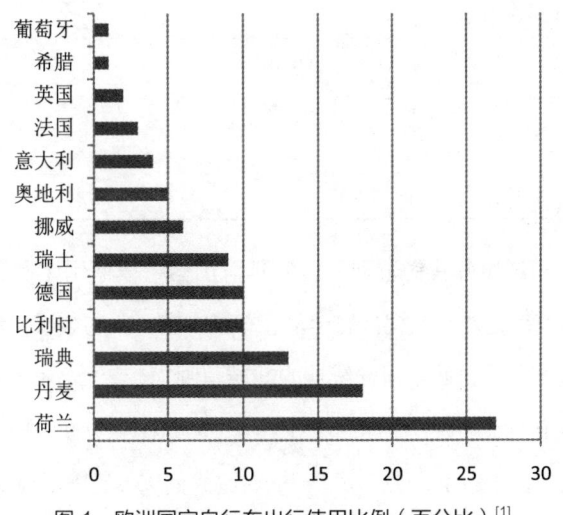

图 1　欧洲国家自行车出行使用比例（百分比）[1]

表1介绍了主要法语城市自行车使用比例的情况。除非特殊说明，本书的后续章节中所提到的自行车使用比例均涉及该城市的所

---

[1] EUROPEAN COMMISSION, *EU Energy et Transport in Figures, Statistical Pocketbook*, 2000 et 2002.

有居民点，并不仅仅集中于市中心。在法国，这些数据都来源于"家庭出行调查"（EMD），该调查依据一套标准化的方法，每十年在大城市进行一次。类似的研究调查在其他地方也在进行。

表1　　主要法语城市中自行车的出行使用比例[1]

调查地区及年份	出行使用比例（%）
鲁昂 2007；土伦 2008；马赛 2009；尼斯 2009；圣艾蒂安 2010	1
里尔 2006；里昂 2006；朗斯 2006；牟罗兹 2009；巴黎 2010；亚眠 2010；瓦朗谢 2011	2
南特 2002；图卢兹 2004；杜埃 2010；布鲁塞尔 2010	3
雷恩 2007；图尔 2008；波尔多 2009；格勒诺布尔 2010	4
科尔马 2009；日内瓦 2011	7
斯特拉斯堡 2009；拉罗谢尔 2011	8

经过一番研究我们发现，1970年以前自行车使用比例的数据往往缺乏信度。这些数据统计只涉及停车场内自行车的数量，其中还混有两轮电动车，且此类研究统计的地域范围太广泛，不仅限于城市。此外，每个国家都有其专属的统计方法，所以国际数据比较也存在不小的困难。鉴于以上，表1所呈现的对比数据迄今尚未得到更新。

因此，请抱着谨慎的态度参考本书中出现的自行车使用比例和占有率的相关数据，主要关注其中的巨大差异和重要革新。我们的目的并不是提供最为精确的数据，而是通过有意义的比较与对照来

---

[1] En France, d'après les résultats des EMD récentes. À Bruxelles, d'après l'enquête Beldam (*BELgianDAily Mobility*) de 2010. À Genève, d'après le site de la ville<www.ge.ch>.

开拓当今仍被忽视的思考方向。

▶▷ 文化？地形？气候？甩开那些陈词滥调

许多人认为法国之所以不太接受实用自行车，归根结底是其拉丁语言文化所致。坦白来讲，语言划定的界限常常被用来解释欧洲形形色色的差异。在巴达维亚、斯堪的纳维亚和日耳曼地区，人们从小到大都骑自行车，再平常不过了，可是在拉丁文化国家，这便成了一件不大体面的事。人们总说，骑不骑自行车取决于我们生活在什么地区，比如弗兰德区的自行车使用比例高达13%，而瓦隆只有1%[1]；瑞士的德语区有6%的人骑自行车，而法语区只有2%[2]；就算法国斯特拉斯堡的骑行者比例高达8%，也不过因为它更加靠近瑞士的弗里堡，在那里有19%的人都使用自行车。

然而这种"文化区域划分法"[3]存在太多的例外，让人不能不质疑其信度。倘若说斯特拉斯堡与弗里堡之间的距离较近（65公里），那么牟罗兹与弗里堡仅相距45公里，受到的文化影响本应更大，况且牟罗兹距离瑞士名副其实的自行车城市巴塞尔（自行车使用比例高达17%）只有短短25公里，可牟罗兹的自行车使用比例仅为2%，

---

[1] Éric CORNELIS et alii, La Mobilité en Belgique en 2010: résultats de l'enquête Beldam, SPF Mobilité et Transports, Bruxelles, 2012.
[2] OFFICE FÉDÉRAL DE LA STATISTIQUE, La Mobilité en Suisse. Résultats du micro-recensement mobilité et transports 2010, OFS, Neuchâtel, 2012.
[3] Jean-Marie GUIDEZ, Michel HUBERT et Françoise MERMOUD, «Le vélo dans les villes françaises», Les Données de l'environnement, Ins-titut français de l'environnement (IFEN), no 86, septembre 2003 (dis-ponible sur <www.side.developpe-ment-durable.gouv.fr>).

远低于斯特拉斯堡。类似的情况比比皆是，比如法国的里尔非常靠近比利时弗兰德省，尤其靠近科特赖克市（自行车使用比例超过20%），但是里尔的自行车使用比例却只有2%，离比利时更近的图尔宽则仅有1%。位于海边的拉罗谢尔离任何自行车文化影响源都不算近，却有跟斯特拉斯堡一样高的使用比例（8%）。

另外，正如上文所说，即使在同一个欧洲国家，不同城市之间的自行车使用比例也有很大的差距，比如德国的不来梅高达22%，威斯巴登却只有3%；英国的剑桥有10%，诺丁汉却只有1%；就算在荷兰这样的自行车大国，莱登和鹿特丹之间的差别也是33%对16%……而且，如何解释意大利这个拉丁文化中心国家的自行车使用比例竟不输于北欧？——波尔萨诺高达29%，费拉拉27%，帕多瓦16%，雷焦艾米利亚15%[1]……

总而言之，在120年的发展历程中，自行车的使用情况经历了数次大起大落，即便在当今最热门的自行车城市里也是如此，所以假如你以为阿姆斯特丹、哥本哈根和柏林的居民一贯都坚定不移地热衷于骑自行车，那可就错了。"二战"后这些城市的自行车系统几乎全盘崩溃——"崩溃"这个词一点儿也不过分——这种情况直到20世纪70年代才逐渐好转。

简单说来，那些讲荷兰语、丹麦语、瑞典语或德语的人并非对自行车抱有天然的好感。文化在骑不骑车这件事上即使有些作用，也是以非常婉转的形式呈现出来的。

---

[1] Pour toutes ces parts modales, voir le site du *European Platform on Mobility Management* (EPOMM):<www.epomm.eu>.

还有些人坚持认为地理条件在选择自行车与否的问题上起着至关重要的决定性作用。这样老套的回答只消多反思一下实际情况就能被轻而易举地推翻。

先来看看地形。平坦的地形常被认为是自行车盛行的优势条件，典型的例子便是荷兰与丹麦。照这个说法推断，那么同样地势平坦的敦刻尔克和里尔应该也很适合发展自行车，然而事实远非如此，这两座城市都只有2%的自行车使用比例。相反，拥有较多山地的瑞士首都伯尔尼和挪威的特隆赫姆却有不少骑行者，其使用比例分别达到11%和8%之高。

再来看看气候。温和的气候，尤其是暖冬，乍看去应该是发展自行车交通的大好条件。可是法国最大的自行车城市斯特拉斯堡却有着严酷的寒冬和闷热的长夏，类似的城市还有柏林、慕尼黑和格拉茨……雨雪和霜冻本该是自行车道路上的极大障碍，然而我们怎么解释自行车在北欧的流行程度远胜于南部地区？按理说刮风不断的气候总会消磨掉人们骑车的意愿，毕竟迎风和侧风骑车都不是一件愉快的事，有时背后一阵猛风袭来甚至连踏板都不必蹬了。然而，荷兰、丹麦外加拉罗谢尔都是不符合这条假设的地区。

地理条件的限制显然会给自行车发展造成一定的影响，然而它并不像人们想象的那么至关重要。

▶▷ 年代、阶层与生活方式谱写的自行车史

单纯沿着文化与地理的方向研究自行车的发展未免显得不够可

靠，我们需要向更深的层面发掘问题，从历史演变的角度探寻实用自行车在各国的情况变化，再推及各个城市。这条研究路径揭示了许多有趣的事实，特别是不同年代与社会阶层给自行车使用方式带来的深刻变化。

在自行车的黎明时期，即1860—1900年，这种交通方式曾一度非常昂贵，只有中产阶级才有条件享用；随后，它的成本与价格都降低了许多，渐渐融入大众，在两次世界大战之间，自行车几乎成为工人阶级的主要座驾，20世纪50年代的欧洲，随处可见工人们成群结队地骑着自行车上下班。六七十年代，随着自行车旅游的盛行，自行车争取到了一批运动与环保的爱好者，紧接着在八九十年代，变速车与山地车应运而生。近年来，自行车在一些大城市的中心地带重获魅力，吸引了许多受过良好教育、热衷于共享单车或电动助力车的铁粉。社会学家菲利普·加博里欧（Philippe Gaboriau）划分出了"法国自行车的三个时代"，即"小资时代""大众时代"和"环保时代"[1]。历史学家卡特琳·贝尔托·拉弗尼尔（Catherine BerthoLavenir）则定义出了"四个发展阶段"：老式自行车阶段（1814—1880年）、两轮脚踏车阶段（1880—1914年）、普通自行车阶段（1914—1970年）和汽车时代的自行车阶段（1970年至今）[2]。

通过历史演变的研究路径，我们还能够从年龄段的角度剖析问题。那些经历过"二战"的老人对自行车的记忆是黑暗痛苦的，看

---

[1] Philippe GABORIAU, «Les trois âges du vélo en France», *Vingtième Siècle*, no 29, janvier-mars 1991, pp. 17-33.
[2] Catherine BERTHO LAVENIR, *Voyages à vélo. Du vélocipède au Vélib'*, Éditions Paris Bibliothèques, Paris, 2011.

到它就想起当年食物限量发放、生活每况愈下的一幕幕。对这些人而言，自行车仿佛就是贫穷与苦难的标志，他们大抵不希望有朝一日还要把它当作出行工具天天使用。许多工人和职员经过多年奋斗，终于甩掉自行车坐进了小汽车，这些人更不打算重温骑车上下班的岁月。那些曾经参与了一次次自行车旅游的人们对此自然保留着一份温馨晴朗的回忆，但由于对他们来说自行车的主要用途是休闲，因此他们也很难把自行车和日常出行工具联系在一起。

简言之，自行车的飞跃发展说到底其实是一种时尚，它根据不同年代骑行者的喜好而不断变化，衍生出多种多样的使用形式。实用自行车所经历的大低谷主要跟现代化有关，而它今日的重振则事关环保，北欧人对环保主题尤其敏感，因此他们也飞快地重新接受了自行车[1]。

历史演变的角度下，我们集中关注的是自行车的技术变革和使用情况，这种研究方法多少有些脱离实际，因为它低估了大背景的影响，尤其是其他交通方式在这个发展过程中所扮演的角色。

▶▷ 历史的车轮：纵观城市交通政策

若要全面分析自行车使用的演变过程，则应该从一开始就把它放在各种城市交通工具的大背景中，我们须加入对步行、公交、摩

---

[1] Point de vue défendu notamment par Jean-Luc BAUDRY et Michel TIÈCHE, *Les Deux-Roues en milieu urbain. Réhabilitation d'un moyen de transport?*, thèse de 3e cycle réalisée sous la direction d'Yves Prats, Institut d'aménagement régional, Aix-en-Provence, 1978.

托车与小汽车等出行方式的综合考量。这么考虑的原因有许多。

首先我们要知道，在相同活动空间内，各种出行方式之间是存在竞争关系的。我们曾做过一份问卷，用以了解人们的日常出行状况，结果显示，除去休假日以外，城市居民平均每天只移动位置三至四次[1]。在这样有限的次数下，一种出行方式的发展必然会挤压其他出行方式，且我们观察到一个规律：推广汽车交通会造成其他所有交通工具的缩减；鼓励自行车上路却不一定会减少汽车的数量，而主要减少的则是步行和公交的出行方式。反之推论，如果公交资源供不应求，则足以刺激扩大自行车的使用。

出行方式之间的竞争关系也是一个经济层面的问题。只要自行车始终保持它的价格优势，且易于打理、方便使用，那么，一旦财政方面出现困难，上至决策者、下至使用者都会奔向自行车，把它作为解决经济问题的首选。经济危机一直以来都为自行车的发展推波助澜。一旦经济危机转化为一次历时持久的萧条，原本打算投入给汽车行业的资本也许会转而投向所谓"运动式出行"的方式，也就是步行与自行车。

虽然自行车与汽车是竞争关系，但二者的实力却相差悬殊。面对慢而轻量的自行车，快而稳妥的汽车可谓大占上风，它不仅严重威胁自行车的安全，同时还会干扰自行车的使用环境。缺少车身的保护，骑自行车的人在路上显得既单薄又脆弱；没有驾驶舱的包裹，骑行者们不得不随时暴露在汽车带来的噪声和污染当中。

---

[1] Yacov ZAHAVI, «The TT-relationship: a unified approach to transportation planning», *Traffic Engineering and Control*, vol. 15, no 4-5, 1973, pp. 205-212.

另外，机动车对道路的要求较高，它们需要层次清晰的、枝干状四通八达的路线，需要支线进行分流疏导，同时需要干线来彰显其速度优势。相反，非机动车对道路的分层要求很低，却需要大量呈网状交叉形的捷径，以免骑着自行车气喘吁吁地绕远路。由此可见，铁路与公路的修建给自行车的远距离使用带来许多障碍，它们庞大的基座结构把自行车道阻截得支离破碎。因此，骑行者总是被困在自己生活的街区中——在近处骑骑自行车并不困难，但想从一个街区骑到另一个街区则是既危险又不便。这个问题的存在也削减了自行车的优势[1]。

在宏观层面上，我们要关注的不仅仅是各种出行方式之间的纽带，更重要的是如何把它们合理地规划到整个城市的多套交通系统中去，也就是综合系统、机动车系统与自行车系统。每种出行方式都需要一些安全可靠、价格亲民的交通工具（巴士、轻轨、地铁、郊区快线、小汽车和自行车），同时也需要一些高质量的车道网络（通道、铁路、公路、自行车道），以及多样并周到的服务（泊车、修理、保险、租赁、路线图……）和相应的交通规则（驾照、交规、交通信号……）。倘若这些必要元素中有一个或几个跟不上，那么这种出行方式就无法推广。此外，我们还须学会有效地联结各种交通系统，以达到和谐统一。

一言以蔽之，想要研究自行车的发展演变，就必须把它放进城市交通系统这个充满竞争的复杂机器中去。换句话说，整个自行车

---

[1] Frédéric HÉRAN, *La Ville morcelée. Effets de coupure en milieu urbain*, Economica, Paris, 2011.

发展史就是一部讲述自行车与其他交通方式关系的历史[1]。这种系统化的研究路径特别受到经济学家的推崇。历史学家大约不太擅长回答此类问题，因为他们大多倾向于从文化与社会的角度入手，这些角度虽然也不乏趣味，可往往与问题的实质失之交臂。研究技术发展史的人主要把目光集中在科技竞赛上，导致其考虑的因素较为单一，缺乏系统性[2]。作为经济学家，我们对历史领域的跨界探索将带来新的角度，足见其合理性。

具体说来，在分析两个相邻时代的演变时，我们并不是简单观察一种交通方式是如何被另一种方式取代的。我们要做的是总结出一个普遍规律，所谓"转变方向全局模型"，它可以描述任何一种交通方式向其他方式转变的过程[3]。在此基础上，我们还要考虑人口结构突变带来的影响：城市居民是不断更替的，有些人渐渐病弱而搬去远郊养老，新来的居民则可能带来一些新的出行习惯，渐渐成长起来的年轻人也会开发属于自己的出行方式。要想在这一切中捕捉规律，无异于解魔方一般的脑力活动。若把交通方式分为六种，则需要考虑四十二种不同的情况（见图2）！更加复杂的是，居民们不会守着一种出行方式到老，他们会根据需求与环境的变化而选择不同的交通方式。

---

[1] Alain BONNAFOUS, «Le système des transports urbains», *Économie et Statistique*, no 294-295, 1996, pp. 99-108.
[2] Gijs MOM, «Conceptualising technical change: alternative interaction in the evolution of the automobile», *in* Helmuth TRISCHLER et Stefan ZEILINGER (dir.), *Tackling Transport*, Science Museum, Londres, 2003, pp. 9-46.
[3] Frédéric HÉRAN, «La ville cyclable: concept, conditions et impacts», *Recherches Transports Sécurité*, no 47, 1995, pp. 35-50.

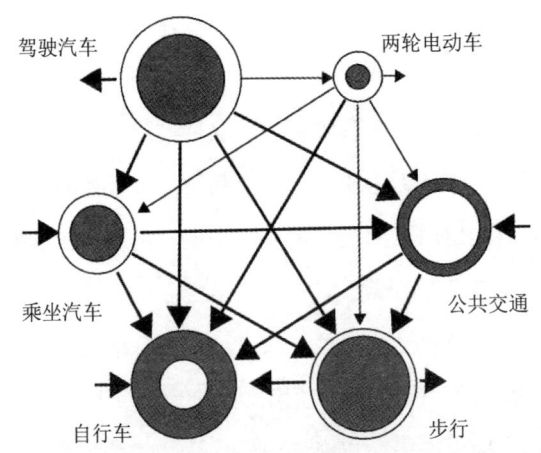

图2 一座城市中两个相邻年代间交通方式的转变方向概览

图中白色圆代表年代1，灰色圆代表紧随其后的年代2（比如年代1的20年后）。箭头表示交通方式的转变方向（如驾驶汽车转变为乘坐汽车、骑自行车、步行或乘坐公交）。白色和灰色圆的大小显示出该交通方式使用情况增多或减少的比例（白色在灰色外说明该交通方式在20年间有所减少；反之则有所增加）。箭头大小显示其转变幅度的大小。在这幅图所展示的两个年代间，自行车与公共交通的使用呈上升态势，步行、两轮电动车和汽车在减少，有向自行车与公交转变的趋势。

▶▷ 一枚民族身份的印章

一座城市或者一个国家的建设史中时而存在这样一种现象：在天时地利之下，人们做出一些特定的选择，这些选择未必有其深刻原因，却会潜移默化地引导当局对某些交通方式尤为偏爱，从而推出一系列对其有利的政策，使它渐渐具备完善的体系和舒适的条件，看上去比其他交通方式更有吸引力。这种占尽优势的出行方式很快被大众接受，最终成为这座城市甚至整个民族公认的身份象征，继而更加巩固其地位以及相关政策。这个观察角度让我们能够从文化方面以更新颖的方式充分切入主题[1]。

斯特拉斯堡就是一个典型。在20世纪80年代后期，当人们意识到该城市有如此高的自行车使用比例时，市政于1995年开展了一次交流活动，标语就是："斯特拉斯堡，一'车'当先"，这句话在法国可谓名副其实。现今，许多斯特拉斯堡居民都融入了这种地方特色文化，把骑车出行当作一种日常活动。同样，意大利北部的费拉拉在同一年自称为"自行车城市"，市政为当地居民营造出了格外适合骑车的环境。

19世纪末的荷兰人把自行车塑造成自己民族身份的象征。当时，与之毗邻的德国正在崛起，实力雄厚，气势逼人[2]，荷兰人此举可谓有效地增强了民族凝聚力。70年代，正是这场自行车的热潮给衰落的荷兰注入了新的活力，也从此让"自行车之国"[3]的形象生根发芽。

---

[1] Manuel STOFFERS *et alii*, «Bicycle history as transport history: the cultural turn», *in* Gijs MOM, Peter NORTON, Gordon PIRIE et Georgine CLARSEN (dir.), *Mobility in History. Themes in Transport*, T2M Yearbook 2011, Alphil, Neuchatel, 2010, pp. 265-274.

[2] Anne-Katrin EBERT, «Cycling towards the nation: the use of the bicycle in Germany and the Netherlands, 1880-1940», *European Review of History*, vol. 11, no 3, 2004, pp. 347-364.

[3] Trine Agervig CARSTENSEN et Anne-Katrin EBERT, «Cycling cultures in Northern Europe: From "Golden Age" to "Renaissance" », *in* John PARKIN (dir.), *Cycling and Sustainability*, Emerald, Bingley, pp. 23-58.

他们甚至组织了一批专家（包括顾问、工程师、研究员、工业家、决策者等），号称"荷兰自行车大使"，专门向外国传授他们推广自行车的经验与技艺，仿佛一块金光闪闪的招牌。丹麦的自行车之路与荷兰颇为相似，二者并驾齐驱。与此相反，英国因其极低的自行车使用比例而屡遭诟病，尽管在个别城市，这个数据正呈上升之势，但英国仍被认为与时局格格不入而成为舆论的"替罪羔羊"[1]。

对某种交通方式的集体认同感算得上是一座城市乃至一个民族的文化特质，但若要将其历史完整重现，那么单从文化角度是难以做到的。

▶▷ 国际比较之火花

法国总有一些难以捉摸的神秘特质。也许有人不禁要问：为什么在这个六边形国家的城市里，骑自行车变成了一件不体面的事呢？它又是如何看待别国的相关政策的呢？若要全面理解法国的个性，必然要与其他国家进行比较。

政治学家皮埃尔·阿桑特福尔（Pierre Hassenteufel）指出，要进行国际比较，"就需要预先避免两种困境：其一，是绝对的不可比性；其二，是天然的可比性"。[2] 从文化角度出发进行比较时，如果把

---

[1] Dave HORTON, «Fear of cycling», *in* Dave HORTON, Paul ROSEN et Peter COX, *Cycling and Society*, Ashgate Publishing, Aldershot, 2007, pp. 133-152.
[2] Pierre HASSENTEUFEL, «De la comparaison internationale à la comparaison transnationale. Les déplacements de la construction d'objets comparatifs en matière de politique publique», *Revue française de science politique*, vol. 55, no 1, 2005, p. 118.

一切建立在"文化不可削减"[1]的前提下，那么必然会陷入第一种困境：我们是法国人，当然不可能像荷兰人或丹麦人那样骑着自行车到处跑；或者再谦虚一点说，也总不能像德国人那样吧。国际比较也同样需要避免落入第二种困境，认为欧洲各国如此相似，自然具有可比性。当法国面对的是上述几个以自行车为标志的国家时，发展自行车的行为会被泛泛地认为是"引进别人的配方"，尤其是依照他们经验修建网状车道这件事，在法国人眼里可不是什么绝妙的主意。

当然，有两种跨民族现象使各国的城市交通系统渐渐趋同：一方面，工业生产全球化让各国制造的自行车、轻轨、汽车采用统一标准，技术规范化令交通工具的尺寸与道路结构规划都越来越相似；另一方面，从20世纪初开始，在国际道路会议常设委员会（AIPCR）的推动下，各国的交通规则也基本达到统一。如此一来，同类的交通工具在各地的管理方法与行驶规则也十分相似。目前，各国间重大的区别主要存在于三个方面，即多种交通方式之间分离或整合的程度、共享空间的分配以及道路网络的形式与层次化。而即便在这些方面，近年来我们也可以看到各国的政策逐渐趋同。

本书重点研究的国家有三个：法国自当毋庸置疑是我们探索的对象，荷兰为自行车推出的优厚政策也值得关注，此外还有德国，因为它在开发出自己的特色之前，与法国长久以来在交通方面的政策十分相似。我们的研究也会涉及其他国家，比如与荷兰相似度很高

---

[1] Pierre HASSENTEUFEL, «De la comparaison internationale à la comparaison transnationale. Les déplacements de la construction d'objets comparatifs en matière de politique publique», *Revue française de science politique*, vol. 55, no 1, 2005, p. 118.

的丹麦，再比如与法国略有类似的英国，以及令人有些吃惊的拉丁文化国家——意大利。此外，我们还会提及比利时、瑞士、奥地利、西班牙和几个北欧国家，以及欧洲以外的一些国家。

▶▷ 了解过去，展望未来

本书的目的在于把实用自行车发展史镶嵌在整个欧洲城市出行方式的演变全局中。这个项目单从题目来看仿佛意图包罗万象、野心十足，而需要明确的是，我们的重点很清晰：以往所见到的欧洲城市交通史基本都是按照国别、时代或出行方式分类而撰写的，我们的任务就是把这些支离破碎的信息整合起来，将它们放进同一平面进行研究。本书的撰写基于一系列认真严谨的学术资料研读，有些既精又专的材料可能显得不够丰富有趣，但从引文数量来看，本书已涉猎甚广（超过400本参考文献）。我们还系统地参考了法国相关期刊，并完成了一些采访。书中谈及的许多方面值得继续挖掘，以期在将来开展更加深入的调查。研究的下一步可以将参考文献扩大到所涉及年代的过往期刊，同时在所提及国家的图书馆中搜集一手的原文资料；我们可以深入研究各国统计数据间的可比性，并将这项研究与各国的社会历史背景更加全面地结合。这将是一项超乎想象的浩大工程，我们需要历史学家从旁协助，他们拥有的海量知识与专业方法有利于推动本研究继续前进。

在设计本书结构时，我们避免以国家或主题来划分章节，而是选择在历史维度上渐进，如此一来，特定时代内各个国家的情况能够互为参考比较，更有之前所说的全局感。第一章简要追溯自行车的源头，在19世纪末期，它曾被看作现代性的标志。第二章讲述自行车在20世纪初到30年代期间逐渐大众化的过程，以及它发展道路上的第一个威胁——城市的汽车化。第三章回顾"二战"后自行车在欧洲全面衰落的状况，面对机动化的压力，即使荷兰与丹麦也未能幸免。第四章描述20世纪70年代人们对"小汽车垄断"的激烈反应，当时公众做出了许多恢复使用自行车的尝试。第五章解释了为何八九十年代的荷兰、丹麦与德国重新迎回实用自行车，以及为何它在法国与英国等地仍呈衰势。第六章试图分析为何2000年后自行车在英国和法国的城市中心有复苏之象，却在郊区持续减少的原因。当时主张推广自行车的人们重点宣传它在经济与健康方面带来的好处，却不甚提及它在环保方面的优势，这又是为了什么？

最后两个章节跳出了历史的框架，以便放眼未来的发展。基于几个自行车大国的经验，第七章分析了"自行车城市"政策的关键点，例如减少小汽车比例、完善公共交通设施，等等。第八章尝试展望2050年自行车的发展方向：在一个资源逐日匮乏的大环境下，自行车将是推动未来社会前进的持续动力。

第一章
19世纪：现代性的标志

那些爱抱怨的人们白发了一通牢骚，他们以为自行车就像咖啡因，要不了一会儿，那劲头就会过去。而自行车的出现却带来了切实的社会效益。它让穷人有"马"可骑，只消等待一次更大的潮流，它便会成为所有人的"马"，一种平均主义的代步工具。

皮埃尔·吉法尔（Pierre Giffard），《马的终结》，1899。

自行车远比它看上去要复杂得多。它具有精密的机械结构,只有当时最先进的技术与最优质的材料才能确保它灵活机敏,哪怕在崎岖的路面上也可以正常行驶。此外,它还需要迎合用户们挑剔的眼光,同时满足社会与经济环境的苛刻要求。就像所有的创新一样,自行车并不单是一连串技术优化线性累积的结果,而是一座完整的社会建筑。[1]

在问世之初,自行车的价格十分高昂,几乎只有中产阶级才负担得起。如此条件下,它竟能在马匹、人行道与有轨电车之外开辟出一席之地,跻身人们的选择之列,可谓出人意料。三次浪潮的先后涌现,使自行车渐渐接近我们现在熟悉的样子。第一次发生在1818—1820年,德耐式自行车(一种木质无链条车)出现了;第二次是1865—1880年,早期两轮车和大前轮车被发明出来;第三次是1885年,安全自行车一经问世就取得了很大的成功,起初只是风靡一时,后来随着不断改良,这种安全自行车的受众也越来越广。它操作简便,在提高速度的同时也让人们体验到了前所未有的来去自如之感,促使热情的爱好者们大声呼吁修建自行车专用道。

▶▷ 革新的凝萃

1815年4月,印度尼西亚的坦博拉火山猛烈爆发,高达40千米

---

[1] Voir à ce sujet le remarquable travail de Wiebe E. BIJKER, «King of the road. The social construction of the safety bicycle», *in of Bicycles, Bakelites, and Bulbs. Toward a Theory of Sociotechnical Change (Inside Technology)*, MIT Press, Cambridge, Mass., 1995, pp. 19-100.

的火柱带着灰烬喷薄而出，太阳在灰霾下接连数月都黯然无光。1816年被称作"无夏之年"，粮食的收成微薄，饥饿很快蔓延开来。人们不得不杀死成千上万的马匹来度过灾年，于是开辟新的代步工具已是迫在眉睫。32岁的卡尔·德莱斯（Karl Drais von Sauerbronn）男爵是一位充满奇思妙想的年轻发明家，他生活在莱茵河流域的曼海姆，那里的灾情非常严重。当时工业革命在英国开展得如火如荼，各路发明家已经在尝试淘汰马匹这种昂贵而受限的交通方式，也有些人试图减轻马车的重量以便跑得更快些，可惜许多努力都以失败告终。18世纪的德国曾与法国联手设计了一些所谓"无马之车"和"机械车厢"，它们大多是由人力驱动的踏板车，效率极低。1803年法国推出的快速公共马车和1810年英国制造的两轮座车都不能算作自行车的前身，它们实际上属于轻型马车，虽然远胜于笨重的驿车，但也仍然由马力驱动。[1]

在各种发明纷纷涌现的背景下，卡尔·德莱斯首先在1813年改良了一部"无马之车"，随后又在1817年创造了一种他称为"Laufmaschine"的车，字面上理解就是"运行机器"。这部车仅容一人，乘着它可以行如疾风。它的轮子一前一后，两轮中间有个小座位，人骑在上面两脚着地，靠两条腿交替向后蹬地面而前进，车身由前轮上的一根辕杆控制方向。6月12日，德莱斯骑着它从曼海姆一口气到达施韦青根驿站，14.4公里的路程只用了不到一小时，远

---

[1] Philippe GABORIAU, *Le Tour de France et le vélo. Histoire sociale d'une épopée contemporaine*, L'Harmattan, Paris, 1995 (notamment la deuxième partie «Le vélo ou l'espérance industrielle»).

比驿车快得多。德莱斯的这个主意具有伟大的革命性:"骑这种车的人不仅要习惯每次停顿时的失衡感,还要承认它的平衡竟来源于运动而非静止,这就推翻了一个大家所熟悉的逻辑。换句话说,初学者必须反直觉而行之,因为在这车上,看起来明摆的事情未必行得通——而是速度一慢,平衡就会减弱。通常我们觉得只有停下来才能获得稳定,而骑着它想要平稳前进就需要来点速度。"[1]

德莱斯认为自己的发明很有潜力,于是经过呕心沥血的改良与简化,终于在次年将它推向法国市场。这种木质机械车就是自行车的前身,后被称为德耐式自行车或德莱斯自行车。1818年4月7日,德莱斯在巴黎的卢森堡公园将它展示给在场的3000名观众。然而,结果令人大失所望——只有一些纨绔子弟和少数非主流的人对它一时兴起,短暂的风头在法国只持续到1820年便消散殆尽,在德国、英国和美国也只是稍稍长久了一点而已。

时隔40载,一位居住在巴黎的马车设计师皮埃尔·米肖(Pierre Michaux)和他的儿子厄耐斯特(Ernest)于1861年回收了一部送修的德莱斯自行车。他们给这部车前轮的轴承上安装了踏板,这样一来就不需要双脚蹬地了。这项革新引发了人们极大的兴趣,1865年,这对父子在奥利维耶(Olivier)兄弟的资助下创办了公司,专门制造"米肖自行车"[2]。1867年的巴黎世博会上,米肖自行车大出风头,吸引了将近1000万人,为自行车日后的成功打下了良好基

---

[1] François RACHLINE, «Le vélo du baron», *L'Économie politique*, no 38, 2008, p. 105.
[2] Francis ROBIN, «Des centraliens à l'origine de l'industrie du cycle», *Centraliens*, no 591, janvier-février 2009, pp. 37-41.

础[1]。不久之后，它更名为"迅捷自行车"，再后来终于干脆地称为自行车。

然而，这个自行车的雏形还是十分简陋的：木质包铁的轮胎舒适感较差，前轮上的踏板只能算小小改进，整个车身运转起来仍然很费力，刹车也并不十分管用……要想让这机器更加实用，大胆创新必不可少。在激烈的竞争环境下，发明家们各显神通，一方面努力满足现有用户的挑剔需求，另一方面也奇招百出地争取更多新用户。就这样，在二十多年的时间里，这个领域涌现了许多专利，进步飞速。由于市场需求越来越大，自行车走向了工业化生产，一部车的1500个零件先由流水线大规模地制造出来，再以精确的手法被拼装组合[2]。

这一切创新的尝试开始于法国，1860年后，德国接过了接力棒，继续改进自行车，直到1870年由于战事而不得不中断。前来接力的英国将自行车工业集中在考文垂，当时那里的缝纫机制造业正欣欣向荣。1880年后，法国和德国重归自行车阵营，法国的生产主要集中于狩猎武器的制造中心圣埃蒂安，在那里铸就了不少自行车的传奇故事[3]。

---

[1] Keizo KOBAYASHI, *Histoire du vélocipède de Drais à Michaux. Mythes et réalités*, Bicycle Culture Center, Tokyo, 1993.
[2] Olivier DELAROZIÈRE, *Jeux de vélos*, CNAM, Paris, 1992.
[3] André VANT, *L'Industrie du cycle dans la région stéphanoise*, Éditions lyonnaises d'art et d'histoire, Lyon, 1993, p. 13 et suiv. De nombreuses recherches retracent cette histoire de l'apparition de la bicyclette puis de son développement technique et industriel. Elles occupent toujours la plupart des historiens qui s'intéressent aujourd'hui au vélo. Voir les travaux présentés au colloque annuel de l'Association internationale pour l'histoire des transports, du trafic et de la mobilité (T2M).

▶▷ 一匹机械马？

马这种动物从史前时期就已为人所用，在历史的长河中，骑马逐渐成为一种极富魅力的出行方式，如此高端优越、彰显自由的特性使之成为贵族身份的象征，19世纪，骑马出行的受欢迎程度达到了巅峰状态。然而，畜养马匹却颇费功夫，除马厩、草料、麦秆之外，还需要长期雇用专人打理，如此开销恐怕只有贵族阶级与大资产阶级才负担得起。出租马车和依靠马力的老式轻轨曾一度走向大众，但它们的花费仍旧偏高。从某种程度来说，马具有一定的速度优势，可它们很快就会疲累，所以综合算下来，也并没有真正比步行快很多。更大的问题是它们常给城市带来诸多不便：马粪虽然有些利用价值，但会把路面弄得又脏又臭；驾驶马车事故频发且容易造成拥堵，外加马蹄铁带来的嘈杂声等，这一切都令人不堪其扰。

引导现代自行车诞生的主要革新

1817　在德国，德莱斯发明了能够保持平衡的两轮车，人称德莱斯自行车，后人将其称作早期两轮车。

1861　皮埃尔·米肖（Pierre Michaux）在一部德莱斯自行车的前轮上安装了踏板。

1866　皮埃尔·拉勒芒（Pierre Lallement）改良了早期两轮车，制造出了更先进的车型，并尝试打入美国市场。

1869　克莱蒙·阿德尔（Clément Ader）给车轮加装了橡胶轮箍。

1870　詹姆斯·史达雷（James Starley）制造了一种配有钢质辐条的车轮，并将车架由实心改为空心管，使车身备感轻盈。

1871　大前轮自行车的出现使每蹬一次踏板都事半功倍，然而后来发现这种设计是不安全的。

1880　英国人亨利·劳森（Henri Lawson）实现了自行车链条传动，新两轮车由此诞生，它比大前轮自行车更为安全。

1884　约翰·K. 史达雷（詹姆斯·史达雷的侄子）在考文垂设计出了罗孚牌安全自行车，它的前后轮尺寸相近。

1888　苏格兰人约翰·博伊德·邓洛普（John Boyd Dunlop）发明了车轮内胎，大大提高了骑行的舒适性。

1890　钻石型车架诞生，其三角结构提高了车身的稳定性。

1891　米其林兄弟设计了易于拆装的外胎[1]。

1895　让·卢贝尔（Jean Loubeyre）发明了自行车变速叉。

1897　德国人厄恩斯特·萨克斯（Ernst Sachs）给自行车加装飞轮，这样一来，骑行者可以在用力蹬踏板之后滑行一段，以节省体力。

1902　英国人亨利·驶德美（Henry Sturmey）与詹姆斯·爱驰（James Archer）改良了自行车变速系统……

我们可将1891年看作是现代自行车的诞生年。

---

[1] 法国克莱蒙费朗的米其林博物馆里详细地讲述了两兄弟改良自行车轮胎的故事，并保留了当时多种型号的自行车。——译者注

人们诙谐地把自行车称为"机械马",它的出现终于教人摆脱了马匹带来的种种麻烦。说来有趣,自行车常被拿来与马作比较。英国人把德莱斯自行车称作"玩具木马";德国人给自行车起了个外号叫"铁丝驴";更有许多人字面意义地叫它"铁马"。而且,自行车在人们眼中始终是一种坐骑而非座椅,就连自行车学习班都直接被称作马术学校。[1]

从一开始,卡尔·德莱斯就宣称自己的杰作比马要快得多。随着他在技术上的不断改良,德莱斯一次次地证实了这句话。自1891年起,最初的几次自行车赛都是遵循这个理念开展的,组织者选择的"波尔多—巴黎"与"巴黎—布雷斯特"往返赛段都是从前赛马的经典路线。1893年,欧洲中部组织了一次"维也纳—柏林"自行车赛,全程沿用两年前举办的一场盛大赛马活动的路线。比赛的结果令人惊喜:自行车平均速度是马匹的2.3倍。马匹用72小时跑过的582.5千米路程,自行车只需31小时就能顺利完成,平均速度为19千米/时,而马匹则只有8千米/时。此外,1891年那场精彩的赛马结束后,一周内有30匹马因过度劳累而死,而1893年参加自行车赛的所有选手,却都平安无事[2]!

自行车还有许多好处,比如它价格比马低,却比马儿顺从乖巧,想什么时候骑都可以。皮埃尔·吉法尔在1899年写道:"有了它(自行车),再也不用准备一箩筐燕麦、干草和秸秆了,连马厩都没必要

---

[1] Vivette PARENT-SCHAEFER, «La bicyclette. À nous la liberté!», *TDC*, no 592, pp. 4-13.
[2] Voir la page allemande de Wikipedia sur cette course, «Distanzradfahrt Wien–Berlinsur», <http:// de.wikipedia.org>.

了，更不再需要面对那些狡猾的饲马员和饲料商——就连心眼最好的人都得提防着他们，小心他们狼狈为奸合起伙来捞你口袋里的钱。有了自行车，我们再也不必担心它会不会累坏，它可以随时整装待发。"[1]最早的德莱斯自行车就已被证实，其价格仅为一匹马的1/4[2]。发明家们都饶有兴致地试图让自行车从各个方面代替马匹，诸如散步、比赛、日常出行可以改骑自行车；医生出诊、神甫探问、邮差送信、马戏表演都改用自行车；甚至组织一支自行车骑兵也不无可能。

最后一点好处同样很重要：自行车几乎不给城市造成任何污染。像巴黎这样的城市，1902年仍有11万匹马[3]，它们的逐渐减少对当时城市的卫生环境来说可谓一件幸事。然而，马匹虽然消失了，紧随其后的却是汽车的流行，它带来的污染也不在少数[4]。

▶▷ 运动或旅行，速度或发现

自1870年起，自行车就成为现代性进步的标志。人们可以自由自在地骑着它走街串巷，摆脱原先步行者或骑马者的标签，从此不再受火车时刻的限制，也不必担心路上的突发事件，更不用费力照

---

[1] Pierre GIFFARD, *La Fin du cheval*, Armand Collin, Paris, 1899.
[2] Pryor DODGE, *La Grande Histoire du vélo*, Flammarion, Paris, 1996, p. 21.
[3] André GUILLERME, «Éléments d'histoire de la congestion des voiries», Actes du séminaire *Villes et transports*, tome 1, Plan urbain, Paris, 1995, pp. 279-290.
[4] Gijs MOM, «Compétition et coexistence: la motorisation des transports terrestres et le lent processus de substitution de la traction équine», *Le Mouvement Social*, no 229, 2009, pp. 13-39.

顾马儿。自行车的价格在当时仍然较高，主要供中产阶级娱乐消遣、运动或者旅行。菲利普·加博里欧曾说道："但愿人和这机器成为一对前途辉煌的组合，希望我们能一起成为'世界的主宰'。科学与运动也携手加入了这场奇妙的探险。"[1]在当时社会，如果你想脱颖而出，那么拥有一辆自行车就是个不错的开始。

早期的自行车在法国和德国均以速度著称。自行车赛的热潮逐年剧增，1903年，第一届环法自行车赛应运而生。这场比赛让整个国家都领略到了自行车的魅力，它不但快捷，而且具有环绕整片国土的持久力[2]。1881年，法国自行车联盟（UVF）成立，它成功联合了全国各地现有的俱乐部，其主要功能是组织比赛。另有一些自行车爱好者对观光旅游情有独钟，他们于1890年成立了法国观光俱乐部（TCF）。此举实际上是效仿英国1878年成立的"两轮车观光俱乐部"，1883年，它更名为"骑行者观光俱乐部"，以免把三轮车爱好者排挤在外。法国观光俱乐部的目的是传播自行车文化和推广自行车旅游[3]，它一经成立就迅速取得了成功。

在荷兰，"自行车发现之旅"的主意在全民公投中以压倒性票数顺利通过[4]。面对着1870年由俾斯麦统一起来的德国，面对着随后到来的泛日耳曼主义，荷兰人压力巨大，他们迫切需要找到一种提高民族凝聚力的方式。自行车就是答案。一方面，人们骑着它可以轻松地探索和发现祖国的角角落落；另一方面，它体现了几种价值

---

[1] Philippe GABORIAU, «Les trois âges du vélo en France», *loc. cit.*, p. 20.
[2] Serge LAGET, *La Saga du Tour de France*, Gallimard, Paris, 1990.
[3] Catherine BERTHO LAVENIR, *Voyages à vélo, op. cit.*, p. 70.
[4] Anne-Katrin EBERT, «Cycling towards the nation», *loc. cit.*

观：力量、平衡、自我控制、自由与独立，这些价值观让国人回忆起风光无限的黄金年代，当时荷兰北部的合众省叱咤风云，几乎控制了整个17世纪的经济、文化与艺术。荷兰人把发展溜冰这项传统运动的经验推广到了自行车的发展中。荷兰骑行者协会（ANWB）于1883年正式成立，目的就是提升自行车观光旅游的价值。

不过卡特琳·贝尔托·拉弗尼尔强调："真正依靠自行车使民族同心同德的国家其实是意大利。当整个国家分崩离析、落后不堪、命运未卜的时候，北部工业区的一批工程师跨上自行车，他们从一个城市穿梭到另一个城市，宣传这个新生事物并号召人们团结起来加入他们的行列。如此爱国之举以一场盛宴告终，在宴会上，人们举杯祝福一个全新的意大利。发现和欣赏祖国的一山一水，就是最美好的爱的告白。"[1]

▶▷ 一场解放自我的游戏

1894年9月27日，维西奈市长夏尔·德勒韦（Charles Drevet）颁布了一条法令："第十条 严禁自行车在公共道路上竞速或集结行驶阻塞交通。骑行者不得在交通密集的道路上练习弧形转弯等技巧，不得无故改变方向扰乱交通或妨碍行人。"[2] 这条法令不过是九牛一毛，全世界有许多城市颁布了数不胜数的类似法令，以此限制人们

---

[1] Catherine BERTHO LAVENIR, «L'échappée belle», *Cahiers de médiologie*, no 5, 1998, pp. 119-120.
[2] Voir «Le Vésinet au Quotidien. Chronique anecdotique et historique de la commune (1860-1985)», <http://histoire-vesinet.org>.

对自行车的狂热迷恋。

秀车技在如今算是孩子们的把戏,可是在自行车刚刚出现的时候,广大成年人对此兴趣十足,甚至将它看作一种考验灵活机敏度的游戏。试想你能够在两轮之间随时保持动态平衡,成功跨越各种障碍,那是怎样振奋人心的感觉!也许那些车技爱好者内心都住着一个大孩子……19世纪的马戏团里上演着自行车的各种好戏,表演者们不断推出新的挑战,一次次突破车技的极限,街头巷尾都挤满了瞠目结舌的观众。[1]

再来看看自行车给平凡人的生活带来怎样的改变。当时大部分人都以步行为主,要么因为没有钱供养马匹,要么因为没有合适的公交线路。自行车选项的出现瞬间为他们打开一片新世界:骑车比步行要省力得多,消耗同样体力的前提下,骑单车所覆盖的距离是步行的3—4倍,这样一来,人们的日常活动范围能够扩大10—15倍。这个进步最了不起的成果是它改变了人与人的社会关系,尤其是女性在社会中的地位。在此之前,女性的活动范围非常有限,她们被困在家中,没什么机会参与社交活动,因此在教育、工作与政治等方面都知之甚少。沉重的衣着使她们走起路来很不方便,帽子、紧身胸甲、层层叠叠的衬裙和长度及地的裙子包裹着全身,几乎只看得到脸。自行车的推广加速了妇女解放,这种碍手碍脚的服饰因不适合骑车而被逐渐淘汰。

为了方便蹬车,妇女们丢弃了衬裙,梳起轻盈的发型,穿上舒

---

[1] Pryor DODGE, *La Grande Histoire du vélo, op. cit.*, pp. 148-149.

适的鞋子，就连裤子这种性别特权明显的服装都穿在了女士身上。类似的剧情百转千回，后来她们甚至获得了穿短裙裤的特权，这可是前所未有的，就这样，自行车掀起了新的时装浪潮。除服饰之外，自行车还把女性从深居简出的生活中解放出来，她们开始扩大活动范围，建立起新的社交圈。

有些大胆的女性甚至敢于独自在街上骑车，为此没少惹来嘲讽的目光[1]。在民族主义日益深化的年代，男人们认为骑自行车这项运动可以强健体格，更能彰显男子气概，展示雄性魅力[2]。怎么能纵容女人也这么粗犷豪放呢？这绝不行！在他们眼中，女士就应该慢条斯理地骑车，不要张大嘴巴喘气，也必须有人陪同。更恶劣的想法也存在，阿纳-玛丽·克莱（Anne-Marie Clais）在《骑车女人的肖像》中指出："保守派和清教徒们致力于让女人和自行车划清界限，毕竟它象征着雄性能力。这些人危言耸听地告诫人们，女性骑车无异于变相手淫，是另一种形式的堕落。"[3]

尽管有这些插曲，骑自行车的妇女数量仍在增长。据1895年的统计，英国骑行者观光俱乐部的6万名会员中有1/3是女性[4]。1896年2月2日的《纽约世界》刊登了妇女权利律师苏珊·安东尼（Susan B. Anthony）的一段话："自行车为女性带来的解放超越了以往任何

---

[1] Pryor DODGE, *La Grande Histoire du vélo, op. cit.*, pp. 122-133.
[2] Christopher THOMPSON, «Un troisième sexe? Les bourgeoises et la bicyclette dans la France fin de siècle», *Le Mouvement Social*, no 192, 2000, pp. 9-39.
[3] Anne-Marie CLAIS, «Portrait de femmes en cyclistes», *Cahiers de médiologie*, no 5, 1998, pp. 74-75.
[4] Kathryn CARSE, «"Bicycling for ladies", in Cycle History», *Proceedings of the 4th International Cycle History Conference*, Mill Valley, CA: Bicycle Books, 1994, pp. 107-12.

事物。我总是乐于看到路上有女人骑车,因为它让女性体验到前所未有的自由与自主。"[1]

▶▷ 自行车道的首次规划

由于一开始自行车的速度比马、老式轻轨和早期的汽车要快,法国在1896年严令禁止它在人行道上行驶,认为它应该使用车行道[2]。虽然自行车拥有轻便简洁的外观,可在当时人们心目中它毕竟属于车的范畴。既然各种车的速度都不相上下,那么共享马路空间似乎也行得通,因此谁都没觉得自行车需要一条专属的车道。

然而,自行车对路面的质量要求很高,因为早期的车轱辘是铁皮包木轮的结构,虽说后来人们又给最外面裹了一层橡胶,但在凹凸不平的路面上依然十分颠簸,英国人把它戏称为"摇骨头车"。自从邓禄普(Dunlop)发明了轮胎,继而被米其林(Michelin)改良之后,骑自行车的感觉有了明显改善,可每当遇到方石块铺就的路面,骑行者们仍感到颠簸难忍,仿佛每遇一块方砖都是一次小小的折磨[3]。在碎石铺成的沥青路面上骑车总的来说还不错,但路面翻修

---

[1] Frances E. WILLARD, *How I Learned to Ride the Bicycle: Reflections of an Influential 19th Century Woman*, Fair Oaks Publishing Company, 1896, nouv. éd., mars 1991, p. 90.
[2] André GUILLERME et Sabine BARLES, «Histoire, statuts et administration de la voirie urbaine», *Revue générale des routes et des aérodromes. Guide pratique de la voirie urbaine*, fascicule no 1, 2001.
[3] Henry de LA TOMBELLE, *Un demi-siècle de vélo*, La Belle Cordière, Lyon, 1945.

的时候就不那么有趣了[1]，因为这时他们不得不骑上人行道，也就难免与行人发生摩擦。

针对这种情况，欧洲多国都提出对策。法国观光俱乐部号召在主路边缘增修平坦的自行车带，或者直接在人行道和车行道之间修建自行车专用道[2]，丹麦至今还保留着大量此类车道。巴黎的第一条自行车专用道修建得很早，它沿着阿尔美大道延伸，两侧有许多自行车商店。这条车道邻近布洛涅森林，以其得天独厚的环境优势和平坦的柏油路面而深受中产阶级的喜爱。

法国从1893年开始对自行车征税，每部自行车或类似设备都须缴纳十法郎的奢侈品税。尽管在随后的时间里，自行车渐渐走向大众，不再算是奢侈用品，但这项征税也并没有立即停止，直到1958年才正式取消，而且在这期间，这笔税收从未真正用于修建自行车道。另有三个国家也对自行车征税，比利时开始于1893年，之后1898年和1899年意大利与荷兰也相继开始征税。

最初修建的几段自行车道的主要用途都是供人们观光休闲，沿着它们可以一路舒适自在地骑到乡下去，远离城市的喧嚣。1897年起，法国观光俱乐部承担起一项细致的工作，他们把适合骑自行车的道路在地图上标了出来，并且随着城市变化而不断更新信息[3]。以1899年的巴黎环境图为例，地图上清晰地显示"不宜骑车的方石块

---

[1] Citépar Georges REVERDY, *Atlashistorique des routes de France*, Presses de l'ENPC, Paris, 2006, p. 161.
[2] Henry de LA TOMBELLE, *op. cit.*; Jacques SERAY, *La Reine bicyclette*, Le pas d'oiseau, Toulouse, 2009, pp. 43-57.
[3] Georges REVERDY, *Atlas historique des routes de France, op. cit.*, p. 161.

路"（如 N1、N2、N3、N7 和 N20），"尚可骑车的方石块路"（如 D906）和"推荐骑车的国道与省道"（如 N13）。交通干线总的来说都不太适合骑自行车，但在中产阶级密集的西城郊区，自行车道已随处可见。

▶▷ 自行车与公共交通

19 世纪末到 20 世纪 20 年代，城市轻轨取得了较为快速的发展，它们盘根错节地分布在城市和郊区的大街小巷。1890 年后，现代化的洗礼使轻轨从马力驱动逐渐转为电力驱动，也就是后来的有轨电车[1]。马路上镶嵌着越来越多的轨道却成为自行车的隐患——车轮很容易卡入轻轨的凹槽。

市中心的轻轨并不给自行车带来太大的竞争，因为巴黎有轨电车的限速只有 10.2 千米/时[2]，骑自行车不仅在速度上略胜一筹，而且省了步行去车站的麻烦。可是一旦出了郊区，自行车就要面对严酷的竞争：有轨电车明显提速，安稳坐在车厢里也比蹬车舒服得多，最要紧的是频繁往来的有轨电车压制了自行车的速度。这也解释了为什么当时轻轨稠密的瓦隆地区自行车发展远不及弗兰

---

[1] Clive LAMMING, *Paris Tram. L'histoire mouvementée du tramway parisien et des petits trains en Île-de-France*, Parigramme, Paris, 2003.
[2] Mathieu FLONNEAU, «Victoire modale, victoire morale? Le système automobile dans le jeu des transports publics parisiens au début du XXe siècle», *Histoire urbaine*, no 33, 2012, p. 109.

德与荷兰[1]。

　　骑自行车的成本很快就降了下来，算起来和乘坐有轨电车差不多。1894年的一期《自行车》杂志把它和巴黎的其他交通工具做了一个比较，计算出的结果是自行车每日花费45生丁，一年合计135法郎。杂志给出了一些具体的数据："要买一部带有橡胶轮胎的精致好车需要花400法郎。但是骑自行车的人都知道，如果不那么讲究颜值，只要花250—300法郎就能买一部像样的车子，而且用上一年时间，买车的本钱就回来了。"[2]再算上维修、养护的花销，骑自行车和坐轻轨的成本当真不相上下。从19世纪末起，自行车就给城市的公共交通带来了一定的竞争，公共马车的使用比例有所下降[3]。

　　自行车跟有轨电车和郊区快线一样，都有助于城市的扩张。有了这些交通方式的保障，市民在居住环境方面才有了更多的选择，很多在市中心工作的人愿意住在离市区稍远的地方，以便享受更优惠的房价和更新鲜的空气。在规模较大的城市中，自行车和郊区快线搭配使用可谓相得益彰，即使住所不在车站附近，也可以轻松地骑车过去。在一些火车不通达的乡村，自行车可以算是最有效的出行工具，因此它在这类地区也取得了较快的发展。

---

[1] Alain HORVATH, *Une géographie du vélo utilitaire en Belgique. Analyse multiscalaire*, mémoire en sciences géographiques sous la direction de Jean-Michel Decroly, Université libre de Bruxelles, 2006.
[2] Jean ORSELLI, *Usages et usagers de la route. Requiem pour un million de morts: 1860-2010*, L'Harmattan, Paris, 2011, p. 62.
[3] Pierre GIFFARD, *La Fin du cheval*, Armand Collin Éditions, Paris, 1899.

▶▷ 飞跃式发展

随着自行车趋于平价和舒适，它在社会中快速地流行起来，从个别人的消遣变成了大众交通方式。1895 年，一些工人骑车上下班的画面就已成为卢米埃尔兄弟电影公司的素材。第二次世界大战以前，法国的自行车总数一度声名远播，20 年内持续增长，1914 年达到了 350 万辆。美国也经历了一次"自行车暴增"，主要集中在波士顿和东北海岸全线，1900 年 7600 万居民共计拥有 1000 万辆自行车[1]。可惜这股热忱由于汽车的发展而渐渐消退。

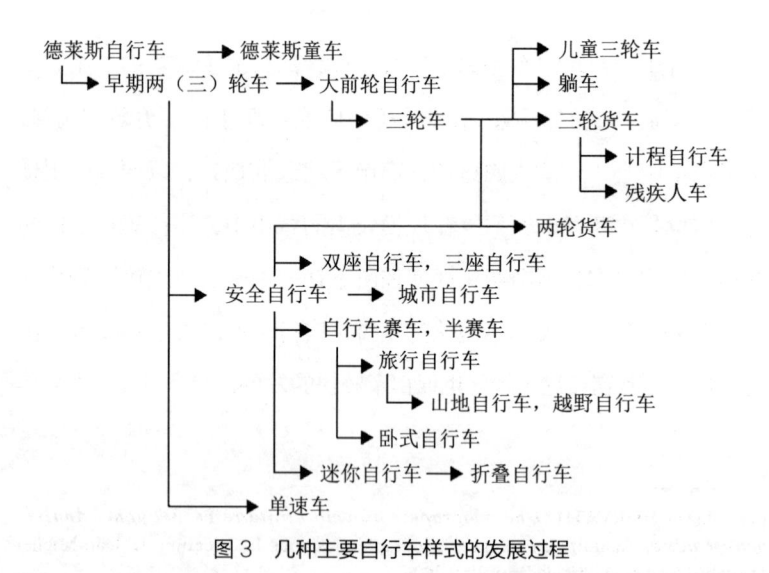

图 3　几种主要自行车样式的发展过程

---

[1] Sidney H. ARONSON, «The sociology of the bicycle», *Social Forces*, vol. 30, no 3, 1952, p. 309.

目前几乎所有自行车都能够佐以电动助力。

最初有三种因素有可能限制自行车的飞跃发展：学习过程、路面情况和购买能力。先来说说学习。在法国、德国和英国，有钱人会去自行车练习场上几堂"平衡课"，或者在正式上路之前先找个僻静的小道试试身手[1]。对成年人来说，学习自行车可不是一件容易的事。关于路面情况，在法国就不是那么乐观了。法国的道路大多是用方形石块铺就的，每块石头的棱角不太规则，之间还有较大的缝隙，非常不宜骑自行车；在荷兰就要好很多，路面是用碎石子或整齐的方砖铺成，骑在上面比较平稳舒适，荷兰人甚至还大声呼吁全部改为沥青铺路以便更好地骑车[2]。最后，限于购买能力，自行车主要还是在相对富裕的国家、城市和街区发展较快，这些地方的居民通常至少有能力购买一辆单车。

19世纪该领域的大量创新都是现代自行车的起源，图3向我们展示了它们进化的脚步。

1900年以前自行车名称溯源

得益于弗朗西斯·罗宾（Francis Robin）的细致工作，人们如今终于能了解到各种自行车名称的起源[3]。主要的车型

---

[1] Jacques SERAY, *La Reine bicyclette*, *op. cit.*, pp. 15-27.
[2] Gijs MOM, «Inter-artefactual technology transfer: Road building technology in the Netherlands and the competition between bricks, macadam, asphalt and concrete», *History and Technology*, vol. 20, no 1, avril 2004, p. 77.
[3] Francis-Marie ROBIN, *Traitédecyclonymie*, dossier no 42 de la Vélocithèque, 2011. Voir aussi l'article «Bicyclette» du TLF (Trésor de la langue française) disponible sur Internet et à la rédaction duquel il a participé.

如下：

两轮坐车（le célérifère）。据说，这是在法国大革命期间，男爵德西夫拉克于1790年发明出来的。实际上，它是一种轻型马车，并非自行车。记者路易·博德里·德·索尼埃在1891年出版的《自行车的历史》中误将其称为自行车[1]。

早期两轮车（le vélocipède）。这个名字大概是德莱斯自己取的。1818年，他曾亲自来到巴黎介绍他的发明，并为其选择了这个法语名。这个名字应该是受了当时法国一种轻型马车名称的启发。从1860年之后，早期两轮车就专指经过米肖改进后，带有踏板的德莱斯自行车。

自行车（le vélo）。这个名字是人们对早期两轮车的简称，1869年第一次在书中出现。

三轮车（le tricycle）。这是早期三轮车的缩小版，1867年被注册专利。

两轮车（le bicycle）。这是早期两轮车的缩小版，1968年被提出。

大前轮自行车（le grand bicycle）。1870年，两轮车的形态发生了变化，它的前轮直径超过1米，比后轮大很多，人们将它简称为大轮车（le grand bi）。

轮车（le cycle）。从1870年开始，人们把两轮车、三轮车、大轮车等统一归类为轮车。

新两轮车（la bicyclette）。它是指在大前轮自行车的基础上

---

[1] Keizo KOBAYASHI, *Histoire du vélocipède de Drais à Michaux, op. cit.*

进行了改进的自行车，其安全性更高，可操作性更强。这个词最初由英国人亨利·劳森（Henri Lawson）提出，用来称呼安全性较高的自行车。法国人觉得这个词很有趣，于是从1886年起，法国开始称自行车为bicyclette。英国人反倒喜欢以前bicycle的发音，于是大家可以看到英语和法语中自行车一词的不同。

小皇后（La petite reine）。这一名称来自新闻人皮埃尔·吉法尔（Pierre Giffard）1891年出版的《自行车皇后》一书。该书封面上印着一位年轻女孩，她将一辆轻型自行车举过头顶[1]。1898年，荷兰未来女王威廉明娜来访巴黎，热爱自行车的女王深受巴黎人民爱戴，人们从此昵称她为小皇后。

另外说说关于自行车这个词的语法问题。自行车是一种车，在法语中，我们通常用"乘"这个词来搭配车，因此人们可以说"乘自行车"，就好像"乘汽车""乘火车"一样；然而自行车的形态更接近于马匹，法语中用"骑"这个词来搭配马，所以也可以说"骑自行车"[2]。法国人内心总保留着一点骑士情怀，因此为了显得诗意，多数人还是习惯说"骑自行车"。至于究竟是该叫它"自行车"（vélo）还是"两轮车"（bicyclette），这是一个见仁见智的问题[3]。在人们心目中，"两轮车"的提法比较温婉，

---

[1] Pierre GIFFARD, *La Reinebicyclette, op. cit.*
[2] Albert DAUZAT, «En skis ou à skis? En ou à bicyclette?», *Le Monde*, 22 janvier 1947; Claude DUNETON, «À cheval et en vélo», *Le Figaro*, 10 février 2011.
[3] Philippe DELERM, «La bicyclette et le vélo», *in* La Première Gorgée de bière et autres plaisirs minuscules, Gallimard, Paris, 1997.

它显得实用，而且颇具诗意；"自行车"的叫法则更加阳刚一些，偏于运动，流行感强。本书中，我们将这两个词视为同义词，不作区分。

| 第二章 |
20 世纪上半叶：自行车的广泛传播

——关于自行车的各种宣传都瞄准了它的运动特性，而真正得到广泛认可的却是它的实用价值。

——事实证明，自行车满足了一种切实的需求，而且使用者们普遍对它非常满意。毫不夸张地说，九成的自行车都是工人、农民和职员的短途出行工具。尽管如此，自行车的广告和宣传却从不把它的实用性放在第一位。

詹姆斯·吕菲耶（James Ruffier），《自行车万岁！》《关于自行车的系列采访》，1929。

20 世纪上半叶，自行车已经渗入了社会的各个阶层，几乎全欧洲都能见到它们的踪影。除了真正的困难户外，几乎每个家庭都拥有至少一辆自行车，人们骑着它上班下班、走亲访友、接送孩子或采购食物。然而与此同时，汽车在城市里已经取得了初步发展，它的出现给有轨电车和自行车带来了威胁，因为它来势甚猛，城市不得不增加适合汽车行驶的车道，而这种车道无疑给其他交通方式造成诸多不便。

第二次世界大战前夕，法国的汽车总量还不算太多，240 万辆汽车对应 900 万辆自行车。这个悬殊的数量差在当时的欧洲是个普遍现象。自行车庞大的基数使它在很多街区仍然占有较高的地位，不过这个情况并没有维持太久。

▶▷ 人人皆用自行车

1890 年以后，自行车转入大规模工业化生产。由于生产线越发细化，工序条理分明，自行车的成本持续下降，价格变得越来越亲民。与此同时，人们的工资也有所提高，不再限于维持温饱。在法国，如果以一个普通工人的时薪来计算自行车的价格，那么在 1895—1935 年的 40 年里，自行车的价格下降了 90%[1]。自此之后，它进入了千家万户中，成为普通民众的宠儿，大量的工人、职员和农民都选择骑车往返于工作和家庭之间。到了上下班高峰期，甚至会出现

---

[1] Jean FOURASTIÉ, *Le Grand Espoir du XXe siècle*, Gallimard, Paris, 1963, p. 299.

自行车大拥堵的情况。

詹姆斯·吕菲耶博士是一名自行车爱好者，几乎天天骑车。根据他的记载："周内早晨七点钟，如果想出巴黎市，那么过了贝宗桥就会遭遇到迎面而来的自行车群，他们匆匆赶往市中心或近郊，挤挤挨挨得甚至让人无处落脚。这些人都是去上班的。工人们赶去工厂，雇员们去往办公室或商场，打字员、营业员以及各种职业的女性也蹬着车子去做她们的活计。最让我觉得好笑的是，这股洪流几乎让其他一切交通工具动弹不得。个别开汽车的有钱人散落在洪流里小心翼翼地往前挪，鉴于自行车一方人多势众，开车的人也不敢疯狂地按喇叭，只是偶尔短促地响一两声。满载着无产阶级同胞的有轨电车也开不上速度，只能在该死的轨道上一点一点地挪动。整个郊区都在同一时间上演同一出节目，比扬古、布洛涅、普图、圣德尼、庞丹、文森和马拉考夫这些地方每天早晚都有四五十万辆自行车穿行而过。外省的大城市也一样，在勒克佐、圣埃蒂安、圣纳泽尔和其他一些工业城市，大概有 1/3 的工人都是骑车上下班的，另有很多农民也骑车下地里干活。劳动人民在自行车里找到了更好的生活方式，有了它，上班和回家的路程都变得舒适而经济。"[1]

汽车在当时只有富人才买得起，像巴黎、伦敦、柏林这样的首都里，一些资产阶级聚集的街区随处可见汽车的踪影。可是无论在哪里，它都得面对被上百辆自行车堵在路上的尴尬局面，大

---

[1] James RUFFIER, *Vive la bicyclette! Entretiens sur le cyclisme*, Éditions Physis, Paris, 1929, p. 78.

多数汽车刚开到第一个十字路口就寸步难行。大量自行车压制了汽车的速度,以至于在那个年代,骑行者竟显著降低了交通事故发生率[1]。

关于欧洲其他国家当时的自行车使用情况,我们并没有具体的分布数据,但我们掌握了一些国家的自行车拥有率。在那个时代,大部分自行车都被作为日常交通工具来使用。根据统计,在两次世界大战之间,欧洲各地的自行车数量都出现了激增。荷兰毫无悬念地稳居第一(每1000人拥有308辆自行车),接下来是瑞典(256辆/千人),紧随其后的是丹麦(211辆/千人)和比利时(196辆/千人),再往后是德国(172辆/千人)、法国(167辆/千人)和英国(141辆/千人)。后面三个国家的地势多有山谷,本不宜骑车,但从数据看来却并没有比位列前茅、地势平坦的国家落后许多。换句话说,"二战"之前法国跟德国使用自行车的情况不相伯仲(如今法国仅为德国的1/4),即便跟丹麦和比利时相较也不输太多。现在的法国人大概是集体抹去了关于这件事的记忆。说到意大利,其较低的自行车拥有率(75辆/千人)必然跟它相对落后的经济脱不了干系;而美国的这一数据更是低得出奇(14辆/千人),这说明他们已经进入了汽车时代。

---

[1] Stéphane CALLENS, «Un siècle d'accidents de la route», communication au colloque du Programme de recherche et d'innovation dans les transports terrestres (PREDIT), Paris, 7-9 février 1995.

▶▷ 平均主义的出行方式

20世纪30年代前后，自行车被赋予了独立、自由、大众化的象征意义，它几乎不受任何约束。最初人们骑着一辆基本型单车来应对各种事宜，后来逐渐发展到每件事都对应着一种具有专门用途的车型：实用自行车、三轮自行车、远途兜风车、双座自行车、负重自行车、三轮运货车、牵引自行车……有了这些变化无穷的选项，无论是日常出行还是休闲娱乐都显得更加轻松随性。若你需要探亲访友、采购食品、接送孩子、运送货物或是外出度假，只要你想得到，都能找到一款令人满意的自行车。菲利普·加博里欧指出："自行车是一个改变人们生活的实用工具，它给许多人提供了新的选项。工人和职员不必住在工厂附近，而可以选择享受郊区的环境；农民不必困在乡野，而可以选择体验城市的繁华。"[1] 这个工具也不算贵，使用起来只需消耗一点体力即可，而且一般的小故障都很简单，完全可以自己修理，不必额外花钱送修。人们大多是花一笔工资买下它，然后爱惜地使用它很多年。这个工具是我们对自我和社会化的一种肯定，它让年轻人步入独立自主，让女性得到更多解放，它让社交活动更加频繁，也有助于找一份工作踏实上班……对于一个工人来说，自行车被盗简直是一场灾难（见维托里奥·德·西卡（Vittorio

---

[1] Philippe GABORIAU, «Le vélo ou l'espérance industrielle», *loc. cit.*, p. 137.

DeSica),《偷自行车的人》, 1948) [1]。

　　大多数后来加入骑行者行列的人原先都是城市的步行者。倘若站在旧时的角度来看，漫步者是文明礼貌和社会生活的基石，那么这些步行者改骑自行车似乎值得惋惜。但是换个角度，骑自行车的人也是靠双脚前进的群体，他们是骑着单车的漫步者——没有引擎动力，不造成噪音和污染，速度适中，占地又小。这样看来，自行车既适合城市条件，又保留着对他人的尊重，引发事故较少，实属卓越的城市出行方式。这一切优越的特性以及下表中提及的方面都说明，自行车有助于在人与人之间建立和谐平等的关系，推动民主社会的发展。

自行车与空间的亲密接触

　　很多人隐约觉得，自行车仿佛与周边的生活空间更为亲和，步行者也大抵如此，但与汽车则完全相反[2]。

　　骑行者从某种程度上来说，可以看作是车轮上的漫步者，自然，他们比行人去到的地方要远，但他们有着很强的机变性，随时随刻都可以从车上下来变成行人。万一走错路，骑行者可以选择立即折返，而不用考虑太多问题。汽车则不同，驾乘汽

---

[1] Thierry PAQUOT, «La bicyclette urbaine: histoire et représentations», *Urbanisme*, no 366, 2009, pp. 45-50.
[2] Pierre GIFFARD, *La Reine bicyclette, op. cit.*; Henry de LA TOMBELLE, *Un demi-siècle de vélo, op. cit.*; Didier TRONCHET, *Petit Traité de vélosophie*, Plon, Paris, 2000; Marc AUGÉ, *Éloge de la bicyclette*, Payot, Paris, 2008; Hervé BELLUT, *De la voiture au vélo. En route vers le changement*, Éditions Dangles, Paris, 2011... pour ne citer que des auteurs français.

车虽然能够征服更远的距离，但受到的限制颇多，不能随心所欲地停下或掉头。

骑在自行车上，人们可以与周围的环境亲密接触，充分调动所有感官。这时候，眼前的景象如同一幅展开的画卷，每个装饰、每座建筑、周围的商铺以及头顶的蓝天、身旁的行人，一切都尽在眼中。听觉也十分畅快——没有汽车那样如影随形的马达声，骑行者可以欣赏鸟儿鸣唱、听到路人交谈、及时注意到可疑的声音。嗅觉在春暖花开之际尤其敏锐，而在污染密集的地方则略有变弱。各种天气给骑行者不一样的触觉体验：寒冷、温暖、炎热、微风，以及雨点、雪片落在身上的感觉……就连味觉也会随着体能消耗、胃口大开而增强。与此相比，驾车的感受就单调乏味许多，锁在车壳当中，仅能看到车窗大小的风景，而裹在隔音层里，外界的一切声音都充耳不闻。

骑行者与自行车合二为一，通过充分伸展身体、收紧肌肉来驱动车子前进，全程保持一定的坐姿。随着距离的增加和地形的变化，骑行者不断发掘自身潜能，挑战体能极限，通过持续而均衡的体力保持稳定速度，从而按时抵达终点。虽然骑行的时间比驾车要略长一些，但在路上也不会因深陷拥堵的泥潭而气急败坏。唯有恶劣气候会给自行车带来不利影响，但这种情况毕竟在少数。如今，世界正快速地步入虚拟环境，而自行车可以让人留住一缕现实的呼吸。

在两次世界大战之间，自行车变成了广受人民群众欢迎的出行工具，而资产阶级则渐渐坐进了小汽车，在这个大趋势下只有荷兰依旧特立独行。荷兰王室很早就发现，骑自行车出行能够彰显其民众亲和力，他们自此之后一直维持着这个良好形象。与同时代的许多贵族一样，荷兰女王威廉明娜从年轻时就喜爱骑车（她出生于1880年，1898—1948年在位）。她的女儿朱莉安娜于1936年举办了一场精致典雅的婚礼，仪式结束后，她同新婚丈夫在海牙完成了一次自行车旅行，人们甚至将其称为"单车君主制"。贝娅特丽克丝女王（1980—2013年在位）也十分钟爱自行车。这一切给自行车赋予了文明和令人尊重的形象，十分符合荷兰社会的政治生活平等理念[1]。另有一事更加巩固了荷兰自行车的特殊性。在一战以前，荷兰的大部分自行车都是从国外进口的，后来由于它在战争期间保持中立，整个国家不得不发展属于自己的自行车工业。他们以联合企业的形式生产了一种实用自行车，就是后来大名鼎鼎的黑色荷兰车型，它优雅的天鹅颈车把和精良的配件打下了Batavus品牌，这个词最初应该是荷兰民族的旧称[2]。

▶▷ 汽车的飞跃发展

从20世纪初期开始，汽车就逐渐接过了象征自由、现代的火炬，成为时代进步的新标志。它以优异的表现博得了人们的欣赏，开着

---

[1] Manuel STOFFERS, «Cycling as heritage. Representing the history of cycling in the Netherlands», *The Journal of Transport History*, vol. 33, no 1, juin 2012, p. 107.
[2] *Ibid.*, p. 109.

它可以去往更远的地方，而且它在舒适、省力等许多方面大大超越了自行车。这些品质迅速争取到一群位高权重的支持者，他们大力倡导改建城市道路网络，以更好地适应汽车的需求。

不得不说，无论是在欧洲还是美国[1]，自行车早已在方方面面为汽车的发展铺平了道路，因为它让人们首次体验了一把自由出行的痛快感觉，从此马匹、轻轨或铁路都显得不够方便随性，"说走就走"成了摩登时代的出行习惯。而且，在自行车的推动下，人们建立了一套完善的生产、销售和维修体系，这一切只需稍微调整就能够转而为汽车市场服务，许多知名的汽车制造商，如法国的标致、英国的罗孚和德国的欧宝，都是靠自行车制造起家的。此外，曾经那些规模庞大的自行车社团——尤其是法国观光俱乐部——在平整道路、更新地图、完善沿途餐饮住宿条件等方面做出了巨大贡献。在如此万事俱备的形势下，汽车一经问世就激起了人们的热情。

这部天才的复杂机械是法国与德国共同努力的结晶。当时英国人尝试制造蒸汽机车却屡屡碰壁，法国和德国的一批精英工程师则转而开发石油动力，经过反复的摸索，终于成功发明了四冲程内燃机。这些都离不开卡尔·本茨的智慧。1886年，同样是在曼海姆，汽车问世了——这个见证了德耐式自行车诞生的地方七十年后又一次被写入历史。1890年前后，汽车制造商如雨后春笋般涌现（潘哈德—勒瓦索尔、标致、贝利埃、雷诺、奔驰、戴姆勒……）。1902年

---

[1] Sidney H. ARONSON, «The sociology of the bicycle», *loc. cit.*

在巴黎，第一个汽车沙龙开业大吉。根据1903年的统计数据，全世界当时共有6.2万辆汽车，其中有半数都是法国制造，这里无疑是汽车发展的沃土。

德国、美国、英国、意大利、西班牙和日本等人口较多的国家也先后发展起了自己的汽车制造业，而一些欧洲的小国在此方面却无法做到持久稳健：比利时在战前凭借达斯（Dasse）公司和赫尔斯塔尔国营工厂生产过少量汽车；奥地利的斯太尔（Steyr-Puch）公司在1976年以前生产过一些菲亚特车；荷兰在1958—1976年生产达富（Daf）汽车；丹麦、挪威和瑞士从未有过任何产出。欧洲小国中唯一的特例是瑞典，它拥有两个重要的汽车制造商：沃尔沃和萨博。鉴于以上情况，除了瑞典以外，这些小国的机动车进程稍显落后。这个时间差在20世纪70年代重新提倡使用自行车时，反而成为它们的优势。

大洋彼岸的美国从1913年开始大批量地生产福特T型车。这款车造型粗犷，其设计意图原本是乡村用车，后来因为它采用了流水线生产，成本较为低廉，所以美国决定扩大产量。直到二战前，福特T型车在欧洲人眼中仍是富人专享的奢侈品，几乎整个社会都为之倾倒[1]。小型车的批量生产出现在30年代末期（甲壳虫、2CV、4CV、菲亚特500），可惜战争的爆发扰乱了整个节奏。

---

[1] Paul YONNET, «La société automobile», *Le Débat*, no 31, 1984, pp. 128-148.

▶▷ 横行霸道的小汽车

交通工具是需要空间的。从前是马车，后来是汽车，两者都会吞噬城市的地盘，于是大城市要面对的拥挤问题与日俱增，燃眉之急就是要给这川流不息的交通腾些地方。当时的舆论压力非常大，报纸纷纷谴责那些既愿意开车又抱怨堵车的人群。《强硬派》和《巴黎晚报》偶尔会登出十分激烈的言辞为汽车辩护。19世纪以来，尤其是两次世界大战之间，人们实验了各种方法来解决城市与汽车的矛盾。大城市在其中扮演了先驱的角色，而诸如此类的尝试难免会影响到骑自行车的人。

为了修建全新的街道，一系列破旧立新的工程于19世纪初在巴黎动工。除了1775年修建的皇家街以外，其他地方都经历了大刀阔斧的改建[1]。穿墙破壁的进程在第二帝国时期明显有所加快，因为当时为了实现一些征收工作和市政工程，政府出台了许多有利于改建的法律条款和财政支持。豪斯曼对巴黎的全面整改可谓造福一方，他的主要目标自然是为了便利交通，可与此同时，他也解决了住房短缺的问题，并且提高了建筑质量，优化了下水系统，使巴黎的面目焕然一新。他的胆魄和成绩引得许多外省城市纷纷效仿[2]。重建后的巴黎道路四通八达，起初给自行车带来不少便利，然而随着汽车

---

[1] Pierre PINON, *Atlas du Paris haussmannien. La ville en héritage du Second Empire à nos jours*, Parigramme, Paris, 2002, pp. 13-15.
[2] MichaëlDARIN,«Les grandes percées urbaines duXIXe siècle: quatrevilles de province», *Annales. Économies, Sociétés, Civilisations*, no 2, 1988, pp. 477-505.

时代的到来，密集而快速的车流使这些主干道反而成了自行车的危险地带，骑行者们不得不取道偏僻的小巷来躲避汽车。

一些大都市决定修建地铁网络，伦敦始于1863年，巴黎1900年，柏林1902年，马德里则相对较晚，开始于1919年。地铁自然有利于改善公共交通环境，不过最初修建它的原因也只是为替代路面上的老式公车和有轨电车，从而为日益拥挤的交通腾出一点地方。地铁凭借速度、价格、舒适和安全等优势成为自行车最直接的竞争对手[1]。

把平行的主干道改为单行道的尝试在巴黎始于20年代，起初改变的只有昂丹路和莫加多尔街，后来陆续加入了更多街道[2]。这些单行道提高了汽车的速度和密度，不仅迫使自行车绕远路，而且更严重地威胁骑行者的安全[3]。

经过美国人对交通信号灯多年的实践检验，巴黎的第一组红绿灯于1923年闪耀在塞巴斯托浦乐大道和圣德尼大道的十字路口。随后，欧洲的其他大城市也先后装上了红绿灯。20世纪30年代，为了提高汽车的路口通过率，人们创造了系统控制的"绿灯浪潮"，各个十字路口同方向的信号灯同时变色，使干道上一路绿灯。"绿灯浪潮"

---

[1] 在巴黎，自行车还不至于被地铁完全打败，因为一旦地铁需要换乘，在速度上就会输给自行车。
[2] Sabine BARLES et André GUILLERME, *La Congestion urbaine en France (1800-1970)*, rapport de recherche pour le ministère de l'Équipement, des Transports et du Logement, Plan urbanisme, construction et architecture, Association pour la recherche et le développement en urbanisme (ARDU) et Laboratoire théorie des mutations urbaines (LTMU), pp. 213-214.
[3] Frédéric HÉRAN, «Des distances à vol d'oiseau aux distances réelles ou de l'origine des détours», *Flux*, no 76/77, 2009, pp. 110-121.

目的是保障汽车的速度,厚此薄彼,它迫使速度较慢的自行车不得不频繁地停下,而每一次让静止的车子重新跑起来都需要消耗骑行者不少体力。

最早的立交系统也是在美国发明的,20世纪30年代它被引进欧洲的第一站仍是巴黎,在元帅大道上。由于隧道对自行车来说更是危险,因此很快就有了禁止自行车进入隧道的规定。

在路边泊车(汽车)的行为最初在法国是严令禁止的,可是仍然有大量司机把车停在路边,原因是没有条件停进车库或纯粹为了省事,迫于这些人数量的压力,政府也只好睁一只眼闭一只眼[1]。1852年8月19日法令明确禁止"非必要情况下在公共道路上停泊套车";1922年12月31日法令第11条明确禁止"非必要情况下在公共道路上停泊汽车"。但是到了1928年,这个法令的第11条中把"非必要情况下"改成了"无正当理由",明显弱化了禁令。针对这种现象,我们尚未将其他国家与法国进行比较,但根据当时的大环境推测,各国的情况有可能非常相似。无论如何,受罪的还是骑自行车的人。到处停放的汽车蚕食鲸吞着公共空间,马路边上、辅道上、空地上、广场上,哪里都挤满了汽车,使非机动车越来越无处容身。政府对非法泊车的宽容让汽车明目张胆地占用自行车道,造成了更严重的拥堵。出出进进的汽车、随时可能打开的车库门也给骑行者带来一定的危险。

---

[1] Muriel DREIFUSS, *Le Stationnement des véhicules automobiles dans les centres urbains, la genèse d'un service public*, thèse de doctorat en droit sous la direction de Jean-François DAVIGNON, Université Lumière Lyon II, 1995.

自行车的高效能

19世纪末，人们实现了一系列研究测量工作，用单位焦耳来衡量骑行者的体能消耗[1]。假设一名骑行者体重70千克，其自行车重15千克，当他以20千米/时的速度在平面上前进、没有风力影响时，其体能消耗大约为16焦耳/米。空气阻力会在很大程度上影响速度，因此大风天气比下雨更难骑车。在平坦的路面上，行人的体能消耗是骑行者的3.5倍（在自行车不频繁停车、起步的前提下），因此，自行车的覆盖距离是步行的12倍。

骑行者速度为20千米/时，每次停车再起步消耗的体能大约等于前进80米的体能消耗。由此可以推算，法国城市平均每400米会有一个红灯路口，如果在路口遇到红灯的概率为50%，那么骑行者需要每800米停车再起步一次，综合下来，等待红灯消耗的体力可供骑行者多走10%的路程。在巴黎，红灯路口基本上每150米就有一个，少说也要消耗骑行者多走20%路程的体力。如此想想，骑行者把红灯看作一大障碍便不难理解了。

骑行者若要在垂直方向爬升，诸如上坡之类的动作，其消耗的体能是平地前进的50倍。在引力的作用下，骑车上坡可要费一番工夫。变速器可以帮助骑行者轻松攀爬坡度低于5%的路，

---

[1] Voir l'ouvrage très didactique, du biomécanicien François PIEDNOIR, *Pédaler intelligent. La biomécanique du cycliste*, Fédération française de cyclotourisme, Ivry-sur-Seine, 2008.

不过速度也会因此减慢。向上爬升 1 米的消耗相当于水平前进 50 米。与行人不同的是，得益于自行车的自由飞轮，骑行者可以在下坡时尽享轻松，借助引力滑下坡道，只需时不时地捏住刹车稳定速度即可。

美国生物学家万斯·塔克（Vance A. Tucker）发表了一篇资料翔实的文章，比较了多种动物和各类交通工具的前进效能。结果显示，自行车在所有比较的事物中效能最高，排在鲑鱼、飞机和溜冰之前[1][2]。

▶▷ 有轨电车消失了

在这本书里讨论有轨电车的去留乍看之下似乎离题甚远，但其实不然。有轨电车在马路上销声匿迹，无异于给汽车腾出了空间，从而间接给自行车带来威胁。然而细说起来，有轨电车在欧洲各国的命运也不尽相同。

法国的有轨电车网络在 60 年的时间内就被拆除殆尽。起先是 1906 年，CGO 公交公司推出了第一批公共汽车，用以取代当时已所剩不多的旧式马拉轻轨。1921 年开始，塞纳河行政区取消了百余

---

[1] Vance A. TUCKER, «The Energetic Cost of Moving About», *American Scientist*, vol. 63, 1975, pp. 413-419.

[2] 关于万斯·塔克的研究，作者在书中未作详细说明。根据内容推断，万斯·塔克应该是将动物和交通工具在相同能耗下前进的距离进行比较，从而得知其效能的高低。通常人们认为鲑鱼的身体呈完美的流线型，飞机是最快的民用交通工具，而溜冰者只需轻轻一滑就能走出很远，其效能必然很高，然而即便如此，比起自行车仍然稍逊一筹。——译者注

条有轨电车路线，它们主要集中在城市中心地带的窄巷里，拆除这些轨道有利于汽车的出入和货品运输。1925—1937年，只用了短短十二年时间，巴黎市区的有轨电车就全部消失了；郊区稍晚一点，但除了凡尔赛以外，其他地方的轻轨也没有撑过1938年[1]。外省线路的关闭要从1931年的拉罗谢尔算起，这个势头不断蔓延，1950—1964年，外省干线基本拆除完毕，只有三条线路幸存下来，它们分别是马赛线、圣埃蒂安线和连接里尔、鲁贝、图尔宽的贯通线。英国有轨电车几乎以迅雷之势集体消失了。德国则与英法相反，大城市只是停止了轻轨的扩建，但已有的主要线路大部分都被保留了下来[2]。如何来看待这些国家的不同呢？多米尼克·拉罗克（Dominique Larroque）说道："如此海啸般的汽车化热潮通常会自动导致有轨电车的衰亡。然而，同样面对着汽车这项新科技，却没有哪个西方国家像法国这样反应强烈，由此可见，仅仅解释其表象是远远不够的。"[3]

在法国和英国，政府对城市交通的管理相当松散自由，通常由公交运营商自行管控风险。因此，如果运营商遇到了经济困难，政府也不可能资助或帮扶它们，20世纪30年代的经济危机就是一个典型的例子。市政在交通运行的管理方面几乎无法介入，所以也没有能力要求运营商提供高质量的服务，它只能鼓励更多的人参与到竞争中来，以此方式督促其进步。德国的情况则完全不同，交通运营

---

[1] Mathieu FLONNEAU, *L'Automobile à la conquête de Paris. Chroniques illustrées*, Presses de l'ENPC, Paris, 2003, pp. 153, 156 et 158.
[2] Pierre-Henri ÉMANGARD, «Les tramways en Europe: une vision diachronique», *Transports urbains*, no 120, 2012, pp. 3-8.
[3] Dominique LARROQUE, «Apogée, déclin et relance du tramway en France», *Culture technique*, no 19, 1989, p. 5.

商大多都有电力公司在背后撑腰，这些电力公司财源广进，同时也在不断扩大它们在公共交通方面的影响力，以求开拓更多的市场和机会[1]。

从一开始，法国和英国当局就认为公众应该本着"现实价格"的原则承担公交系统的运营费用，毕竟光靠税收无法填补公交系统所造成的财政赤字。这种想法会导致一些不良后果，比如法国政府在20世纪60年代末期大幅提高了巴黎地铁的票价，这一举措引起了公众的强烈不满[2]。

此类政策也导致法国的公交运营商走向马尔萨斯主义，他们把目光都集中在短期利益上，如非必要尽量不更新技术，从而严重阻碍了公交系统的现代化进程。每条线路都必须做到盈利，因为各线路之间根本不肯合作互补，更不能指望运营商之间平摊利益，这些公司都是各占山头、垄断一方[3]。

有轨电车和地铁的线路日益老旧，导致它们无法顶住小汽车和公共汽车带来的竞争压力，后者原本处于劣势，却凭借这个机会翻了身。接着人们发现，相比较有轨电车巨大的前期投入，公共汽车似乎更能在短期内创造利益，而且由于它不需要铺设轨道，其成本也比有轨电车低廉许多。后来一些私有运营商在客流量较大的有轨

---

[1] Jean-Marc OFFNER, «La disparition des tramways en France», *La Revue des chemins de fer*, no 388, 1988, pp. 6-10.
[2] Eddy CHERKI et Dominique MEHL, *Les Nouveaux Embarras de Paris. De la révolte des usagers des transports aux mouvements de défense de l'environnement*, François Maspero, Paris, 1979.
[3] C'est ce qu'Éric Le Breton appelle le «modèle industriel», *in Les Transports urbains et l'utilisateur: voyageur, client ou citadin?*, L'Harmattan, Paris, 2002 (chapitre 2).

电车和火车线路上开发了一系列极具吸引力的公共汽车服务。

要想全方位地分析有轨电车的竞争对手，自然也少不了本书的主角——自行车。从19世纪末开始，自行车比有轨电车要经济快捷得多，我们在前文中也涉及了这一点。以斯德哥尔摩为例，有轨电车票价又贵，车厢内又拥挤，并且车次很少，因此普通民众对自行车的青睐远胜过有轨电车[1]。

▶▷ 汽车游说开始行动

汽车有一个摆脱不掉的问题：它质量很大、速度又快，二者相加使之具有一定的危险性。在交通工具增多、行驶速度提高的时代背景下，很多旧时的街巷摇身一变成为真正的车道，愈加频繁的交通事故也随之而来。"1919年巴黎的5万余起交通事故中有3.4万例的责任方是汽车，1920年事故总数增至6万余起，1926年共计8万余起。"[2]然而，这一切却无法归咎于速度——毕竟它是现代社会的象征，不容阻碍——因此怪也只能怪那些不开车的人，是他们妨碍了汽车的正常行驶。"这种观点使得路上的行人成了事故的罪魁祸首，都怨他们心不在焉地闲逛才惹出麻烦。"[3]

"二战"之前，汽车在欧洲的总体印象还是属于奢侈品，只有富

---

[1] Martin EMANUEL, «Understanding conditions for bicycle traffic through historical inquiry. The case of Stockholm», *Journal of the Institute of Urban Transport* (India), 2010, pp. 1-16.
[2] André GUILLERME et Sabine BARLES, «Histoire, statuts et administration de la voirie urbaine», *loc. cit.*, p. 15.
[3] *Ibid.*

人才消费得起。尽管如此，一批汽车的倡导者涌现出来，这些人以推广汽车为己任，不断地游说政府并向舆论施压，以期取得更多人的支持。早在1895年，他们就成立了法国汽车俱乐部（ACF），这个条件优越的私人俱乐部就位于耀眼的协和广场上。类似的组织于1903年在德国成立，1911年更名为全德汽车俱乐部（ADAC）。这些俱乐部的目标是推动汽车业，为它的工业化生产创造有利条件，同时鼓励修建机动车道，并对抗一切阻碍汽车业腾飞的因素。

法国的第一套交规出现于1922年，专为当时为数不多的汽车司机而设。从"道路交通规则"（法语为code de la route）这个词语中就能看出事情未来发展的趋势："街道"已被看作是"道路"（在这里尤其指车道）[1]。这套交通规则的目的显然是为了更好地约束行人，第55条中明确指出："任何汽车司机都有责任在靠近行人时鸣笛以警示后者。受到警示的行人须自觉避让汽车，使其顺利通过……"在人们眼中，交通乃致富之本，而行人与自行车在汽车当道的时代则被视为障碍。[2]

德国的第一套交规直到1934年才在纳粹政体下设立。德语中"道路交通规则"这个词（Straßenverkehrsordnung）比法语要显得更加中性一些，因为在歌德的优美语言中，"街道"与"道路"是

---

[1] 法语中rue的意思为街道，route的意思为道路、公路。1922年的法国路面仍以街道为主，尚未修建许多真正意义上的公路，而"道路交通规则"这个词语中已经使用了"route"一词，由此可见，其未来趋势必定是车道代替街道，汽车将成为道路的主人。——译者注
[2] Pierre LANNOY, «Un siècle de préoccupations routières. Regard socio-historique sur le traitement des problèmes engendrés par la circulation automobile», *Recherche Transports Sécurité*, no 65, 1999, pp. 39-40.

同一个词（Straße），并没有偏重于"街"或者"路"。荷兰表示交规的词语是"行驶与交通信号规则"（*Reglement verkeersregels en verkeerstekens*），这个提法更加中性，因为它只强调了行驶的规则，而没有指出行驶的地点。由此可见，法国的游说行动在欧洲可谓站在风口浪尖，大胆展望汽车的未来。

其实在当时的欧洲，汽车仍属于路面上的少数派，但它以体积、质量、速度、时尚等压倒性优势傲视其他一切交通工具。1930年，在阿姆斯特丹，为了给汽车提速，人们在繁华的莱兹商业街上设置了一波"绿灯浪潮"，方便汽车畅通无阻地行驶。这条街上平均每天通过3.3万名行人，3万辆自行车，2.5万名有轨电车乘客，而只有5000辆汽车（约7000—8000人，仅为该街道使用者总数的8%）。尽管如此，"绿灯浪潮"中的车流仍在不断提速，由最初的20千米/时变成1934年的30千米/时，又在1939年提至40千米/时，步步紧逼地侵占着路上行人的利益[1]。

▶▷ **扩大规划自行车道**

我们之前说过，从一开始，自行车的使用者们就提倡修建一些平整易行的车道，以免在凹凸不平的路面上颠簸不堪。汽车的拥护者们在发展之初也提出了修建自行车道的要求，不过是出于完全不

---

[1] Hans BUITER et Peter-Eloy STAAL, «Traffic lights as signs of the regulated street. The introduction and the diffusion of traffic lights in Dutch cities between 1880 and 1940», *T2M conference Eindhoven*, 6-9 novembre 2003.

同的考虑：自行车实在太碍事了，得把它们从马路上挪开。在1908年巴黎召开的第一届国际公路会议上，这个提议得到了认同。1920年于荷兰召开的类似会议得出一个结论："沿着主路修建自行车道能够有效减轻骑行者带来的麻烦。"[1] 吕菲耶博士说得更加犀利："这些自行车道并不是为我们骑行者服务的，而是为了让汽车得以摆脱我们……"无论如何，自行车道还是必要的。最初骑行者只是追求平整的路面，而随着老式街道渐渐变为柏油道路，他们本该满足现状了，但其实不然，骑行者们仍然需要自行车道，只不过是为了一个新的理由：避开机动车带来的危险，寻找与汽车河井不相犯的方式。因此，汽车的飞跃发展反而促进了自行车道的增建。

当时的自行车道主要分为三种：第一种是扩建式，将右车道拓宽4米，以方便汽车随时超越自行车（这也是自行车带的前身，只不过没有标线）；第二种是道沿式，位于人行道与马路的交界处，几乎与人行道同高，这种自行车道非常安全，因为它很显眼，汽车司机老远就能看到在此骑行的人；第三种是分离式，以护栏、矮台或泊车带为界线，完全与马路分离开来。前两种适用于城市交通，第三种则主要用于远郊或乡村。

关于法国自行车道的历史，还有很多内容需要补充完善。根据当时多位亲历者的叙述来看，扩建式车道主要分布在一些城市入口的交通干线上，典型的有斯特拉斯堡；道沿式车道则多见于工厂密集的城市，比如北部——加来海峡的矿区附近。沿着公路修建的自行

---

[1] Ton WELLEMAN, *The Dutch Bicycle Masterplan...*, *op. cit.*, p. 22.

车道少之又少，蒙贝利亚尔工业区就有这么一条车道连接着索绍与奥丹库尔。历史学家安德烈·吉耶尔姆（André Guillerme）给出了一个总数：第二次世界大战以前，在法国修建的自行车道不过1200千米，而且其中很大一部分没过多久便不复存在了[1]。这个平庸的数据比起70万千米的公路网络来说简直是无足轻重的，这片修建于19世纪的庞大公路网络密度极高，中间还交错着许多无人问津的僻静路段。然而，随着时间的推移，它们逐渐老化，已无法承受与日俱增、川流不息的交通了。当局尝试养护这些路段却困难重重，最后只好把它们二次改造，转变为自行车道[2]。

1929年，吕菲耶博士曾表示，推广实用自行车最大的困难就是路面的质量。"巴黎和许多其他大城市周边的道路几乎都是可恶的方砖铺就的，要想断了人们骑车的念想，没有什么比这更有效了。"[3] 自行车旅行派的代表人物亨利·德·拉通贝尔补充道："道沿式自行车道对骑行者来说就很不错了，我们也别无奢求，只希望能多修建些这样的车道。但是，我们要的是真正便于骑车的道路，而不是那种挤满了行人、堆满了杂物、时不时出现一个陷阱、三两步遇到一个树桩的所谓的车道。"[4] 许多省道在穿过市区的部分都有这种道沿式自

---

[1] André GUILLERME, «Le vélo entre les deux guerres», blog *Isabelle et le vélo* (<http://isabelleetlevelo.20minutes-blogs.fr>), 11 janvier 2013.
[2] André GUILLERME, «Le contexte de la création des laboratoires régionaux des ponts et chaussées (1945-1955)», *in* COMITÉ D'HISTOIRE DU MINISTÈRE DE L'ÉQUIPEMENT, *L'Aventure des laboratoires régionaux des ponts et chaussées. Une histoire qui débute en 1952*, Presses de l'ENPC, 2002 (chapitre 1).
[3] James RUFFIER, *Vive la bicyclette!*, *op. cit.*, p. 79.
[4] Henry de LA TOMBELLE, *Manuel de cyclotourisme*, Éditions J. Susse, Paris, 1943, p. 85.

行车道，换个角度来看，这个现象也说明省、市政府之间在修建自行车道的问题上是分工明确、各负其责的[1]。

荷兰的自行车道得以发展，其实是一些偶然情况的果实[2]。和欧洲其他国家一样，荷兰早期的自行车道都是在骑行爱好者们的呼吁下修建的，最初只是为了便利他们骑车观光。然而，第一次世界大战降临的时候，保持中立的荷兰孤立无援地困在了诸多交战国之间。由于汽油资源短缺，汽车都只好静静地待在车库里。这时候一些明智的人重新发掘了自行车的潜力。荷兰自行车协会（ANWB）在"中产阶级的优秀成员"领导下仍具有一定的影响力，他们把自行车升华成了"民族身份的象征，以表达荷兰的中立、平衡与稳健"[3]，这个举动大大加速了荷兰修建自行车观光车道的进程。

另一个事件也对自行车道的延伸起到了推波助澜的作用。为了给公路工程增加财政支持，荷兰当局恢复了曾于1919年废除的自行车税，新政策规定每购置一辆自行车须缴纳3荷兰盾（要知道当时购买一辆自行车平均只需60荷兰盾）。这一政策遭到了荷兰自行车协会的强烈反对，协会认为这项税收严重损害的是贫民的利益，引起了大众共鸣，因此政府不得不有所退让，最终表示用这笔税收新修或重建的公路都将辅以自行车道，从而平衡汽车司机和骑行者的权益。直至

---

[1] Sébastien GARDON, *Gouverner la circulation urbaine. Des villes françaises face à l'automobile (années 1910-années 1960)*, thèse de doctorat de science politique sous la direction de Gilles Pollet, 2009, p. 201.

[2] Anne-Katrin EBERT,«Whencycling gets political: Building cycling paths in Germany and the Netherlands, 1910-40», *The Journal of Transport History*, vol. 33, no 1, juin 2012, pp. 115-137.

[3] *Ibid.*, p. 120.

1938年，荷兰共计拥有2675千米的自行车道，其中有37%在主路之外，63%沿着主路修建（此时荷兰的公路网络共计6120千米）[1]。

德国的第一批自行车道工程由于第一次世界大战的爆发而停滞不前。战后，政府曾多次尝试对自行车征税，却都遭到多方抗议而未果。当时的骑行者们分成了不同派别，主要包括三个互不相让、关系疏离的社会群体——工人、资本家和基督教徒。尽管有此种种，直至1933年，德国还是建起了2500千米的自行车道。这项事业的推进竟因为纳粹势力的扩张而加快了速度。当时纳粹鼓吹要让所有人都能贴近机动化的新生活，然而事实上公路和高速公路都是严格禁止自行车驶入的，解决这一问题的方法自然是给公路侧翼增修自行车道。就这样，德国的自行车道飞速延伸了8500千米，致使1939年其总长达到1.1万千米[2]。这么做的主要目的是充分使用劳动力修路从而缓解失业情况[3]。

▶▷ 助力自行车的发明

两轮车在进入机动化之前还走了最后一小段弯路，在下一章中，助力自行车就将成为我们探讨的主角。从19世纪末开始，发明家们

---

[1] Anne-Katrin EBERT,«Whencycling gets political: Building cycling paths in Germany and the Netherlands, 1910-40», *The Journal of Transport History*, vol. 33, no 1, juin 2012, p. 130.

[2] *Ibid.*, pp. 127-128.

[3] Volker BRIESE, *Besondere Wege für Radfahrer. Zur Geschichte des Radwegebaus in Deutschland von den Anfängen bis 1940* [Aménagements particuliers pour les cyclistes. De l'histoire des pistes cyclables en Allemagne, des débuts à 1940], Paderborn, 1993 (disponible sur <kw.uni-paderborn.de>).

就想方设法地为自行车增加动力。早期的发动机形态十分笨重，而且只能简陋地悬挂在车架上，因此，最初问世的助力自行车既沉重又脆弱，使用起来很不安全。然而它的进步是飞速的，20世纪初期就有许多制造商推出"机动自行车"，其车身仅重25—28千克，不过价格不菲[1]。

1925年9月12日，为了规范市场，法国政府颁布了一条法令，在推广新一代两轮车——助力自行车的同时，规定其重量不得超过30千克，速度不得超过30千米/时，且必须保持传统自行车能用脚踏板驱动的特性。即便有这些限制条款，助力车的发展并未受到真正的束缚，依旧欣欣向荣，连立法机关也默认它为改良版的自行车。使用助力车无须牌照，也不必拥有驾照；其发动机没有排量限制，驾驶者也没有明确的年龄限制，连十来岁的小孩子都可以骑着助力自行车到处兜风。

1929年的经济危机拖慢了摩托车发展的速度，反而给经济实惠的小排量助力车创造了良好的机会，制造商们趁机从各个方面加速开发助力车的潜质。它们在层层创新中乐此不疲，很快就踩在了上文中三条规定的红线上。为了扩大市场，制造商们在法律的盲点间穿梭："应政府对助力车重量、速度的严苛要求，制造商明面上只报出裸车的基本数据，最大限度地隐藏其配件信息；而面对客户，则提出形形色色的配置选项，这些组件可以把一辆"蜻蜓车"改装成一部全副武装的小摩托，但商家对后期安装的配件重量却绝口不

---

[1] Henry DE GRAFFIGNY, «Les motocyclettes», *La Nature*, 3 août 1901, pp. 156-157.

提。"[1] "装配了离合器和二至三挡变速箱的助力车实际上已变成小型摩托车,30千米/时的限速规定早就抛诸脑后了。"[2]1939年8月20日,政府颁布新法令,规定助力车重量控制在35千克以内,排量不得超过100立方厘米,才勉强控制住了局面。

---

[1] Patrick BARRABES, «Les bicyclettes à moteur auxiliaire», *Motobécane obsession*, no 4, janvier 1998.
[2] Jean GOYARD, *Le Temps des mobs. Album des cyclomoteurs utilitaires français*, E/P/A Éditions, Paris, 1995, pp. 15-16.

| 第三章 |
黄金三十年：自行车的没落

我并不妄想能有专属的自行车道，事实上我什么都不敢奢求，因为我知道自己已被厌弃，很快会被嫌恶，我不过是长着轮子的蚂蚁，毫无效率地之字爬行，惹人烦厌的物种。我甚至不知再过几年，主路都不许我再涉足，就像孩子们的玩具车和残障人士的轮椅一样，或许还不如它们，毕竟它们还能在人行道上拥有一席之地。[……] 什么时候才轮到可怜的蹬车一族奋起反抗呢？

亨利·德·拉通贝尔（Henry de La Tombelle），《城市骑行者的恻隐》《法国猎人》，1947.8。[1]

---

[1] Cité in *Études foncières*, no 154, novembre-décembre 2011.

第二次世界大战之后，欧洲所有国家都迎来了交通机动化的腾飞，同时也毫无例外地经历了一场实用自行车的大衰退，就连荷兰、丹麦这些鼎鼎大名的自行车之国也未能幸免，因此，如果以为自行车是这两个国家永恒不变的文化血脉，且从未退出过历史舞台，那就有失客观了。这场衰退并不是在各处同时开始的，其出现的节奏也不尽相同，个中复杂的原因等着我们去探索。

除了汽车制造商以外，许多其他方面的制造商也在战后恢复繁荣的年代里发挥了不可忽视的作用，他们的存在使各国、各城市交通方式的发展路线各具特色。两轮机动车可以算是当时自行车最大的竞争对手，而它的使用在有些地方备受鼓励，在另一些地方则颇多限制。城市居民坚持骑自行车出行的习惯时而被忽略，时而被尊重。至于其他公共交通工具，基本上维持了先前的状况，没有受到太大影响。

我们将在书中重现法国的发展路径，以此作为本章的脉络，其他国家的情况因为存在较多空白，只能被适当提起作为补充。虽然我们缺乏黄金三十年的一些具体数据，但当时社会对自行车的冷漠是普遍而明显的。目前只有一项关于该时代自行车衰落原因的先行研究，而它主要的关注点是斯德哥尔摩，一座以迅雷之速被汽车占据的城市。[1]

---

[1] Voir les articles de l'historien suédois Martin EMANUEL issus de sa thèse: «Understanding conditions for bicycle traffic...», *loc. cit.;* «Constructing the cyclist: Ideology and representations in urban traffic planning in Stockholm, 1930-70», *The Journal of Transport History*, vol. 33, no 1, juin 2012, pp. 67-91.

▶▷ 法国独特风景线：助力自行车的惊人飞跃

在"二战"后的几年中，法国一马当先，在使用助力自行车[1]方面取得了惊人的进步；比法国稍晚半步的是意大利和英国，而欧洲其他国家全无动静。这个现象大约只能解释为法国的某些制造商极具聪明才智与行动力，而偏巧又赶上了较为宽容的政府政策所致。

1943年6月5日，仍处于战时的维西政府颁布了一条法令，将燃油助力车分成了两个等级：排量在50立方厘米以内的属于"应急助力车"，排量在50—125立方厘米的属于"轻型摩托车"。新法令对于车身重量的限制彻底取消了，在驾驶年龄上也未做出明确要求，只有在排量方面有所规定，而人们常常将排量低于49立方厘米的助力车与不带动力的普通自行车视为一类。

1954年修订交通规则时，有关驾驶轻型摩托车的年龄限制终于出现了，它规定骑手必须满16周岁，不过这套交规对驾照和牌照仍无要求（第186、187条）。应急助力车也就此更名为"助力自行车"（第188条）。更加严格的规定直到1957年8月10日总算出台，它要求驾驶助力自行车的骑手须满14周岁，而驾驶轻型摩托车的骑手须拥有A1执照。1925年的法令（见第二章）和1943年的法令都显得十分宽容，它们对促进助力车的工业化生产起到了不可忽视的作用，反过来看，它们也为普通自行车的使用带来了巨大

---

[1] 这里指的是燃油助力车。——译者注

的冲击。

1940年，主打汽车化油器的龙头老大索勒克斯（Solex）公司推出了著名的"索勒克斯轻便摩托车"（Vélosolex），其排量仅为38立方厘米。1946年，这个小个头车型竟成功打开市场，达到了意想不到的销量：1948年出产2.5万辆，1950年增至5万辆，1953年10万辆，1964年达到峰值，生产了40万辆，这之后，该车型的产量开始逐年下滑，直到1988年彻底停产，其总销量高达800万辆。1949年，摩托贝卡纳（Motobécane）公司为迎接市场的挑战而推出了排量49立方厘米的AV3型轻便摩托车（Mobylette）。这个型号在动力方面比索勒克斯更加强劲，最初进入市场的时候价格也贵不了太多。摩托贝卡纳公司前后设计了许多不同版本的轻便摩托车，直到1990年，它们的总销量达到1400万辆。1950年，标致（Peugeot）公司也加入了该行列，推出BMA25助力自行车，随后在1956年，标致BB闪亮登场，接着在1968年，标致101和104系列隆重问世，给摩托贝卡纳的AV3带来了强烈的竞争压力。在意大利，比雅久（Piaggio）公司于1946年发明了大名鼎鼎的Vespa小型低座摩托，这个排量98立方厘米的车型在1950—1960年取得了巨大的成功并且打入了法国市场。

当时市场的意愿显然是要将自行车机动化，从索勒克斯轻便摩托车的名字上就能看出这个意图[1]，而它的标语则更是明确："一辆自己会跑的自行车。"AV3的设计者夏尔·博努瓦（Charles Benoît）

---

[1] 索勒克斯轻便摩托车的法语名为Vélosolex，其中Vélo的意思就是自行车。这个名字一眼看去就让人觉得它是自行车的动力升级版。——译者注

也有此意，他描述 AV3 说："仿佛背后吹着小风骑自行车一般轻松。"标致公司加入助力车市场也是颇有远见的，它本以生产自行车起家，后来在 19 世纪末投入汽车生产，开拓助力车市场有助于让客户产生一种熟悉的好感，以期曾经骑标致自行车、助力车的人们有朝一日也会买一辆标致牌的汽车。

1954 年，法国已在助力车的世界市场上独占鳌头，直到 1960 年日本加入竞争行列，才撼动了法国龙头老大的地位。单就法国市场来说，1955—1975 年，三大主要生产商平均每年销售约 100 万辆助力车[1]。70 年代的社会观察者们热议着"两轮车现象"[2]，说这是一次"错误的预见"，因为当时两轮车的使用在快速下滑，谁也没想到助力车竟成功地刹住了这个趋势，使两轮车——自行车与助力车[3]——能够继续流行下去。

在持续创新和漫天广告的帮助下，生产商们采取的一种新型营销策略大获全胜——他们试图将客户分层，引导人们相信自行车与助力车的功用不同，自行车应归于休闲娱乐或者职业运动的范畴，

---

[1] Voir le site de l'association ZSEFT-Zündapp: <www.zseft-zundapp.com>. Il s'agit d'un site de passionnés de deux-roues motorisés, dont l'information semble de qualité, certaines informations ayant pu être recoupées avec d'autres sources plus conventionnelles.
[2] Christian MAUDET, Marie-France CARALP, Véronique GRANGER et Marc SAUVEZ, *Les Deux-Roues dans la ville*, La Documentation française, Paris, 1976, p. III; Dominique FLEURY, «Le phénomène deux-roues en quelques chiffres», *Économie et statistique*, no 98, mars 1978, pp. 67-72.
[3] Bernard AVEROUS, Alain COULON et Josiane MAESTRIPIERI, *L'Essor des deux-roues: analyse d'une erreur de prévision*, BETEREM, Marseille, 1975; Véronique GRANGER, «Une erreur de prospective», *Commerce moderne*, no 1, Spécial «Le commerce et les deux-roues», 1976, pp. 3-10.

而助力车则是日常出行省力的好帮手[1]。从这之后，两轮车的发展果然走上了两条不同的道路：一边是热衷于自行车旅游和环法比赛的人，他们忠实地支持传统自行车；另一边是懒得踩着脚蹬子往返于城市中心与郊区的人，他们是助力车的铁粉。1960年以后，自行车已不再被当作日常出行工具，而成了运动休闲的宠儿，这一观念的转变并不归功于愈演愈热的环法比赛，而是新型营销策略的成果。

制造商把主要客户群定位在青少年中，当时印数上百万的青少年杂志里挤满了助力车的广告。他们宣扬独立自主、摆脱束缚的精神，鼓励青少年骑着他们的产品甩开家庭的锁链[2]。青春偶像约翰尼·阿利代（Johnny Hallyday）的座驾就是一辆由制造商慷慨相赠的帕洛玛助力车。

▶▷ 法国当局对两轮机动车放宽政策的后果

两轮机动车能够取得如此巨大的商业成功，从某些方面来说也是政府对其约束不力的结果。它们驰骋在路上，没有明确的速度限制，对驾驶员的年龄要求也很低，甚至在相当长的一段时间里，连是否佩戴头盔都没有硬性规定。相比起欧洲其他国家，法国对两轮

---

[1] Jean-René CARRÉ, «Les obstacles à l'usage du vélo, aspects sociologiques», in *Le Vélo, un enjeu pour la ville*, actes du quatrième congrès national du club des villes cyclables, 1992, pp. 8–12.
[2] Bernard AVEROUS, Alain COULON et Josyane DURAND, *Recherche sur une nouvelle pratique du deux-roues dans différents groupes socioculturels*, BETEREM, Marseille, 1978, p. 105.

机动车的政策可谓十分宽松。

很多人还记得1925年法国对BMA助力车的速度上限是30千米/时，而随着技术的飞快进步，这个限速早已被突破，1943年的法令便不再对其速度设限。到了1960年前后，情况发生了巨大变化，正如让·奥尔塞利（Jean Orselli）强调的："发动机技术的发展日新月异，以前的轻型摩托车速度几乎都已达到50千米/时，大部分能够达到60千米/时，个别车型甚至达到87千米/时。而如今更甚，基本上所有符合125立方厘米排量上限的车型都能够轻轻松松达到120千米/时。"[1]

1964年1月1日，这些两轮机动车的速度终于被限制在了50千米/时以下，1969年又减为45千米/时。为了在欧洲保持和谐一致，45千米/时这个限速是在法国的50千米/时和德国的40千米/时之间取了平均值而得出的。然而，当时改装引擎却风靡一时，有的制造商居然把提供强劲引擎改装服务作为营销手段。政府曾尝试阻止这种现象，却收效甚微。

1996年，反道路暴力联盟呼声频起，他们强烈反对标准排量低于50立方厘米的两轮机动车实际开到60千米/时甚至100千米/时。这类车型不够结实，刹车能力又低，速度太快必然严重危害道路安全。事实上，这类车的骑手也常常徘徊在法律的边缘：他们没有像样的保险（保险公司拒绝赔偿各种改装引擎的两轮机动车），常常违反市区限速60千米/时的规定（1990年改为50千米/时），另外这

---

[1] Jean ORSELLI, *Usages et usagers de la route...*, *op. cit.*, p. 422.

些骑手往往没有驾照，而从 1958 年起，驾驶两轮机动车速度超过 50 千米/时（后来降为 45 千米/时）则必须持有驾照[1]。

尽管有以上种种规定，但实际行动中却难以真正约束两轮机动车，因此不法行为仍未杜绝。时至今日，针对此类车的管制力度依然较低。当然，我们也有专门的技术检验队（BCT），他们负责监督两轮机动车是否经过改装、噪声有无超标等问题，但其力量实在有限——一项近期报告显示[2]，该团队仅有二十余位工作人员，而据他们估计，"九成以上的两轮机动车都经过改装"。[3] 若对此类车辆实行强制性技术检查也许能够改善局面，可这条法令的颁布却一再推迟，它本应于 2012 年 1 月正式实施，然而至今未见消息。

强制戴头盔的规定也经过了十分坎坷的历程，前后一共分为六个步骤。如此复杂而缓慢地推进使人们更加摸不着头脑，不明白政府的用意究竟是鼓励人们佩戴头盔还是觉得它无关紧要。首先是 1961 年，在城镇外驾驶轻便摩托车须佩戴头盔；到了 1973 年，在城镇内驾驶也要求佩戴；1974 年，后座的乘客也须戴头盔；随后的 1976 年，须戴头盔的范围扩大到了城镇外的燃油助力车骑手[4]；

---

[1] Jean-Marie LEVERRIER, *Les Cyclomoteurs et les adolescents*, Ligue contre la violence routière, 1996.
[2] Dominique LEBRUN, *Les Conditions de mise en place d'un contrôle technique des deux-roues motorisés*, rap-port no 004620-01, Conseil général des Ponts et Chaussées (CGPC), 2007.
[3] *Ibid.*, p. 36.
[4] 轻便摩托车主要使用引擎动力，而燃油助力车使用人力与引擎混合的动力，前者速度比后者快。因此，佩戴头盔的规定首先从轻便摩托车开始，后来推及燃油助力车。——译者注

1979年推及城镇内的骑手,最后终于在1984年,燃油助力车的乘客也被要求佩戴头盔……在20世纪六七十年代时,年满14周岁的少年竟允许在速度低于60千米/时的情况下免戴头盔,而当时的人们也不以为然。这个年龄段的孩子正处在青春期,叛逆的性格尤为明显,有些已经开始学手艺,有些则即将升入高中(1958年起,凡不满16岁者都须接受义务教育)。在这个向成年人转变的时期,许多少年都让父母为自己买一部燃油助力车,以此作为成熟的标志,这个风气一旦形成,他们也就不再愿意骑着普通自行车去上学了。

　　德国在这方面的情况则不同于法国。"二战"后,盟国管制理事会[1]对德国生产的两轮机动车排量有严格的限制,要求其不得超过40立方厘米。这条限制于1953年1月被取消,同时设立了Moped车型等级,相当于燃油助力车,其排量在50立方厘米以下,重量在33千克以下,且骑手须满16周岁。三年后,对车身重量的限制取消,转而要求加装限速器,使其速度不得超过40千米/时。1965年4月,另一个车型等级在德国设立,称为Mofa或Motorfahrrad,也就是"轻骑",它的最高速度只能达到25千米/时,凡满15周岁者均可驾驶。荷兰对年龄限制则更为严苛,规定驾驶任何等级的两轮机动车都必须满16周岁。当然,在德国与荷兰这两个国家,人们还是比较遵守速度限制的,改装引擎的行为并不多见。至于头盔的问题,德国于1976年规定使用轻便摩托车者须佩戴头盔,1978年推广至燃油助力

---

[1] 第二次世界大战后,由美国、英国、苏联与法国组成的盟国管制理事会对德国有着极大的控制权。——作者注

车，后于 1984 年推广至轻骑。值得指出的是，德国的该项规定没有骑手与乘客之分，也没有城镇内外之别，所有使用者均适用。这些条条框框令青少年群体十分排斥，因此，燃油助力车在德国与荷兰的受欢迎程度显然不及法国。

法国当局对两轮机动车的宽松政策产生了两大后果：其一，自行车在法国的使用骤减，比欧洲其他国家的下滑速度要快得多；其二，两轮机动车速度较快，造成交通事故频繁发生。先来说说第一个后果。1978 年，法国与德国使用两轮车（机动或非机动）的人群比例相当，都是 11%。然而在这些人中，德国人主要是骑自行车，而法国有超过 55% 的人骑两轮机动车——这在整个欧洲也是独一例[1]。一项关于两轮车销售情况的调查显示，1972 年联邦德国的自行车销量是法国的 2 倍以上，而其两轮机动车的销量则不到法国的 1/3[2]。

第二个后果更加严重：两轮机动车在交通事故中所占比例甚高。1960 年，它造成的死亡数量比汽车还高（2629 ∶ 2540）。60 年代末的法国本土上，它独占交通事故死亡总数的 20%，其中有 90% 都是驾驶燃油助力车的骑手。当时死亡的青少年（综合各种死因）中，有 60% 都因驾驶助力车而丧生[3]。由于缺乏车壳保护，两轮机动车的驾驶员常常在事故中受重伤，并且有许多都承受着无法弥补的遗留

---

[1] John PUCHER, «Comparaisons d'expériences de pays d'Europe de l'Ouest et d'Amérique du Nord», *UITP Revue*, mai 1988, p. 69.
[2] Bernard AVEROUS *et alii*, *L'Essor des deux-roues*, *op. cit.*, p. 16, citant des données de la Chambre syndicale du cycle et du motocycle.
[3] Jean-René CARRÉ, «Les obstacles à l'usage du vélo...», *loc. cit.*

第三章　黄金三十年：自行车的没落　077

问题。

法国当局对此出台了一系列规定。1958年1月起，两轮机动车须购买强制保险，且驾驶员必须持有A1执照。这些规定引发了摩托车与轻便摩托车市场的巨大动荡，可是没想到燃油助力车却拾起了接力棒，它所能达到的速度越来越快，并且大肆改装、难以管制。这种情况持续了很久，直到70年代初，人们才渐渐意识到了它的危险性竟如此之大——1968—1973年，平均每年因燃油助力车而丧生的人数高达2500人[1]。如此骇人的数据使政府不得不采取应对措施，尤其在强制佩戴头盔方面力度明显加强。1973年，驾驶摩托车的年龄限制从16周岁提至18周岁，但驾驶燃油助力车的年龄限制却仅为14周岁，至今未变。

除政府的举措外，家庭教育也对两轮机动车的危险性越发重视了。终于，从1974年起，此类车辆的销售情况开始走下坡路，到20世纪80年代末，它们的销量已跌至从前的1/4[2]。

两轮机动车在北欧的发展情况就颇受阻力，在欧洲其他国家也没有像在法国一样备受青睐。如何解释法国的特殊现象？为何它在这里能够如此恩宠优渥？其制造商与使用者又为何能够长期享受政府的宽松政策，即使成千上万的人因此丧命，也不曾大受影响呢？其大规模的工业生产也许起到了一定的自我保护作用。1972—1982年担任部际道路安全代表的克里斯蒂安·热龙多

---

[1] Données fournies par la Sécurité routière et rassemblées par Jean ORSELLI, *Usages et usagers de la route...*, *op. cit.*, pp. 573-574.
[2] Gérard WOLF, «Les deux-roues légers: sécurité et aménagements», *in* Thierry BRENAC (dir.), *Sécurité des routes et des rues*, SETRA, CETUR, Bagneux, 1992, p. 172.

（Christian Gerondeau）曾指出："强制佩戴头盔的计划使得一些人认定这项措施将完结法国燃油助力车的工业生产。"[1]他的这番话从侧面体现了当时助力车工业在法国的重要性。人们不可能如此轻易地扼杀一条已经打入国际市场的工业命脉，况且法国在该领域独占鳌头，是国家出口商品的重要组成部分。另有其他一些因素导致了法国的宽松政策，也许其中还包括某些典型的宿命论——人们以前没有太看重两轮机动车带来的伤亡，直到后来17000名法国人血的教训才使人幡然悔悟，终于在1973年把道路安全保障推入国家要务之列。

无论如何，1955—1975年这二十年间，两轮机动车的飞跃发展明显加速了自行车的衰落。当助力车销量终于登高跌重时，受益的主要是公交系统和小汽车，而自行车已被看作是一种落伍的工具，渐渐淹没在汹涌而至的汽车浪潮中。

最后再补充一句，欧洲另有两个国家也曾经历过两轮机动车的飞跃，它们是意大利和西班牙。当然，它在这两个国家的发展与法国不同，与其说是追求自行车机动化，不如说是物质条件所限、生活拮据的缘故。平民百姓在当时几乎都负担不起昂贵的小汽车，但同时又迫切需要引擎所带来的速度优势，因此不得不退而求其次地选择两轮机动车。这种现象也存在于亚洲一些国家当中。

---

[1] Christian GERONDEAU, *La Mort inutile*, Plon, Paris, 1979, p. 135.

▶▷ 终于，汽车流行起来

从一开始，汽车就被看作一种无与伦比的自由交通工具。凭借它，人们可以快速到达遥远的地方，随时随刻都能出发。它既不需耗费人力畜力，也不需像公交车那样逢站必停；坐在里面安逸舒适，不仅可以躲避城市的拥挤与喧嚣，也免于受到恶劣天气的限制。然而，鉴于其价格不菲，最初汽车还是高贵人士的专属座驾。

"二战"后在美国的影响下，汽车渐渐走入千家万户，人人都想向机动化迈进一步。随着生活质量的提高，汽车的价格日益被大众所接受。它不断提升的舒适体验让人们自然而然地认为它是家的延伸，它飞快的速度成为现代性与效率的象征，乘坐着它可以有效节省时间和金钱，而且它所覆盖的距离广泛，让人们能够取得更多的资源，享受更好的服务，从事更惬意的工作。

在欧洲，法国的汽车事业发展甚早，20世纪30年代后期直至"二战"这段时间里，雪铁龙、雷诺公司先后推出几个广受欢迎的车型，如2CV、4CV以及R4等，每个车型的销量都在几百万辆。法国当时的汽车总数以平均每年10%的速度攀升，从1950年的230万辆到1960年的620万辆，再到1970年的1370万辆，二十年间翻了6倍之多[1]。

德国自然也不甘示弱。1938年甲壳虫汽车就已成形，而其批量

---

[1] Source: CCFA (Comité des constructeurs français d'automobiles).

生产则真正开始于"二战"之后。战后重建的种种困难在一段时期里拖慢了汽车的推广速度，但在马歇尔计划的推动下，20世纪50年代德国的机动化进程甚至比法国还要迅速[1]。

相反，在荷兰与丹麦，由于缺乏汽车工业，其机动化进程明显迟缓许多。20世纪60年代初期，法国居民人均占有汽车数量为荷兰的2.5倍。至于丹麦，从1924年起，政府对汽车的车牌照注册征收一笔高额税费，使人们拥有一辆汽车的成本翻了2—3倍，具体数额因车型而异[2]。这些特殊的市场情况足以拖慢汽车的推广速度，从另一方面来看，这一切虽不能阻挡自行车在这两个国家的衰落之势，却也大大减缓了其衰落的节奏。

▶▷ 美洲乃灵感之源

"二战"后，一切初步恢复繁荣，随着社会机动化程度的不断加深，越来越多的人对汽车产生了好感，从前努力推广汽车发展的说客也不必再大费周章地鼓吹它的好处了。民众所推选出的领导者们与技术人员前赴后继地宣布汽车时代即将到来，城市也将顺应全新的局面而做出适当的调整与改变。

仿佛一夜之间，世界就陷入了喧嚣的车流中，交通日渐繁忙，拥堵无处不在。面对如此情况，谁也没有时间去摸索前进了，人们

---

[1] Albert LANDRY, «Le marché international et la situation de l'industrie automobile», *Revue économique*, vol. 12, no 5, 1961, pp. 689-754.
[2] *Études économiques de l'OCDE: Danemark 2002*, OCDE, Paris, 2003, p. 68.

需要的是一套经过检验的、系统而可行的解决方案。于是，正如在其他种种领域一样，美国又一次地为世界照亮了前路。20世纪初，福特T型车以超低廉的价格风靡一时，美国从此成为汽车界的黄金国度。"二战"后，全欧洲的高水平汽车、道路工程师都渴望去福特和通用汽车的工厂一睹风采，看看美国飞速蔓延的公路网络，学习最先进的交通管理模式[1]。

1956年，美国国会投票通过了一项庞大的工程，其目标是修建超过6.8万千米的洲际公路，这些公路甚至需要穿过某些城市的中心地带，所谓对城市的"灌溉复苏"。公路一旦需要穿过市区，就意味着必须拆除许多房屋和街区。在当时美国的种族主义下，黑人街区与犹太街区是首先拆除的对象，当然这一行动也遭受到了强大的阻力。20世纪60年代，庞大的拆迁工程每年触及的居民大约有10万人，总共有超过一百万人被迫迁居他处[2]。

英国交通部在战后确立了城市公路网络的建设理念[3]，其原则是将环形道路与辐射型道路相互联结，形成蛛网状的结构，如此一来，过境车辆只需绕行即可，不必再给市中心造成交通压力。20世纪50年代的美国开发了第一套交通管理模式，有效地利用了道路基础

---

[1] La *Revue générale des routes et des aérodromes* – la revue des construc-teurs et exploitants des réseaux routiers et des voiries urbaines – relate fidèlement nombre de ces voyages. Créée en 1926, elle existe toujours aujourd'hui.
[2] Raymond A. MOHL, «Urban expressways and the central cities in postwar America», in *The Interstates and the Cities. Highways, Housing, and the Freeway Revolt*, Research Report, Poverty and Race Research Action Council, 2002.
[3] MINISTRY OF TRANSPORT, *The Design and Layout of Roads in Urban Areas*, HMSO, Londres, 1946. Voir aussi Clara CARDIA, «Les autoroutes urbaines des années 60, monuments historiques?», *Espaces et sociétés*, no 96, 1999, p. 108.

设施，不仅使之更加符合社会需求，而且不必过于担心与日俱增的车流。[1]对于60年代的欧洲来说，"秩序"一词的含义基本就是追赶上美国的脚步，无论在公路建设方面还是在交通管理方面皆是如此。

然而，就在汽车发展蒸蒸日上的20世纪五六十年代，一些反对"全体汽车化"的呼声却日渐高涨起来，先是在美国出现，后来蔓延到了欧洲。反对的呼声并非来自群众，而是某些汽车行业的专家带头呼起的——他们对伴随而来的污染忧心忡忡，尤其是当高气压降临风力不足时，尾气凝聚成巨大的云团笼罩在城市上空，经久不散。另外他们还担心不断攀升的事故率，频频发生的交通事故严重威胁着城市居民的生命安全。1963年，英国委员会中负责评估汽车未来发展趋势的科兰·比沙南（Colin Buchanan）直言不讳地说："汽车从方方面面危害着环境：危险、恐惧、噪声、烟雾、震动、妨碍美观。"[2]另有一个更严重的问题却不太受大众关注：专家们对汽车挤占空间的状况颇有顾虑，它们无论是行驶还是泊车都不可避免地占用着大量空间，而城市的空间寸土寸金，几乎不太可能毫无保留地向汽车敞开大门。

---

[1] Gabriel DUPUY, *Une technique de planification au service de l'automobile: les modèles de trafic urbain*, ATP, Paris, 1975; Konstantinos CHATZIS, «De l'importation de savoirs américains à la création d'une expertise nationale. La modélisation des déplacements urbains en France, 1950-1975», *in* Mathieu FLONNEAU et Vincent GUIGUENO (dir.), *De l'histoire des trans-ports à l'histoire de la mobilité?*, PUR, Rennes, 2009, pp. 159-169.
[2] Colin D. BUCHANAN (dir.), *L'Automobile dans la ville. Étude des problèmes à long terme que pose la circulation dans les zones urbaines*, L'Imprimerie nationale, Paris, 1965 [1963], p. 49.

1956年，新成立的道路交通研究学习服务中心（SERC）的负责人米歇尔·弗里堡（Michel Frybourg）对汽车化城市出行表示担忧，他认为："如果一切出行都指望靠汽车来完成，那么法国的各大干道就得纵横交错、八方贯通，这样一来，放眼望去将只剩下高速公路和交汇处，再也没有城市的容身之地，人们干脆就什么都别做了。"[1] 几乎在同时，美国的两位著名城市建筑师指出："要是所有来纽约的人都开着汽车，曼哈顿五十街以南就得全部盖成多层停车场了。"[2] 1961年，英国专家罗本·斯密德（Reuben Smeed）证实："倘若大城市中心的交通以汽车为主，那么相当大的一部分城市面积就须贡献给车道与停车场。"[3]

关于自行车，上述专家并没有做太多研究，而鉴于当时的情况，人们只能是把骑行者从车流中分离出来，让他们在别处骑自行车。科兰·比沙南解释道："随着汽车数量的不断增加，未来人们可能越来越多地考虑将自行车转移到不那么拥挤的道路上去，甚至将自行车和行人合并在同一车道上，在该车道内部再具体区分哪一部分供自行车行驶，哪一部分归行人使用。"[4]

---

[1] *Revue générale des routes*, no 415, novembre 1956, p. 68, cité *in* Michel BIGEY et André SCHMIDER, *Les Transports urbains, op. cit.*, p. 34.
[2] Geoffrey BAKER et Bruno FUNARO, *Parking*, Reinhold Publishing Co., New York, 1958, p. 18.
[3] Reuben J. SMEED, *Le Problème de la circulation dans les villes*, SERC, Arcueil, 1965 [1961], p. 29.
[4] Colin BUCHANAN (dir.), *L'Automobile dans la ville, op. cit.*, p. 65.

▶▷ 论城市对汽车的适应

"全体汽车化"这个字眼是法国特有的简化说法，在英语里没有对应。它十分精练地表达出了一个基本思想，即大面积的汽车化可以解决一切出行问题。比利时、瑞士和魁北克的法语倾向于使用另一个提法："一切靠汽车"，这个提法含有更深一层暗示，即经济的步伐完全取决于汽车的发展状况[1]。不管用哪个词语来表达，这种思想似乎从未真正被理论化。虽然它在美国已付诸实践，但欧洲城市并不非常认同。

法国的桥梁与车道建设行业自然而然地担起了关于城市适应汽车的论证工作。1966年起，他们投资城镇规划，将以前的公用事业部和建设部合并入新的设备部[2]。行政部门因此拥有了更多的资源，以便从美国的道路规划中寻找灵感与启发。正式负责这项工作的是公路局下设的公路与高速公路技术研究服务中心（SETRA），它于1976年更名为城市交通研究中心（CETUR）。

法国与美国的情况存在着巨大差异。法国的城市空间不似美国宽裕，因此不可能让汽车填满城市的角角落落——毕竟历史遗址和名胜古迹是神圣不可触碰的。商业、公共服务与就业的集中使市中心

---

[1] Voir notamment Michel HUBERT, «L'Expo 58 et le "tout à l'automobile". Quel avenir pour les grandes infrastructures routières urbaines à Bruxelles?», *Brussels Studies*, no 22, 2008.
[2] Jean-Claude THOENIG, *L'Ère des technocrates: le cas des Ponts et Chaussées*, Éditions d'Organisation, Paris, 1973.

密集而紧凑，城郊又遍布着狭窄且饱和的辐射状小路。要把这一切改造成适合汽车行驶的道路，势必要拆除一些建筑以拓宽干道，在市中心修建新路，并且彻底抹掉一些岛状楼群，以便给高速公路的交汇口腾出空间。

1971年，城市适应汽车的问题走向了一套折中的方案，公路与高速公路技术研究服务中心分管交通开发的负责人让·普利（Jean Poulit）总结出四条补充建议：第一，在城市中心地带建设足量的地下或垂直停车场；第二，修建通达的高速公路网络和城市快速干线[1]，同时在市中心的边缘修建"护城环线"，避免过境车辆涌入市区；第三，在城市活动最为密集的轴线附近增加公交设备，靠近郊区的地方采用地上公交，靠近中心的地方则采用地铁，这样做一方面可以给汽车多留出一些空间，另一方面也给人们进城提供了便利条件；第四，在城市历史与商业的最核心处（通常为老城区）修建步行街，让旅游与商业始终处于欣欣向荣的状态。除了以上四条之外，还有一些附加的"城市交通网络开发办法"，它们可以对车辆的行驶与停泊做出系统的规划，充分利用已有的道路网络，以求最大限度地发挥其作用[2]。为了推广这套方案，公路与高速公路技术研究服务中心选择了一些先锋城市首先进行实践，并收集了许多相关的资料辅助宣传[3]。

---

[1] 这里所说的城市快速干线是指连接城郊与市中心的直通道路。——作者注
[2] Jean POULIT, «La circulation urbaine», *Revue générale des routes et des aérodromes*, no 462, février 1971, p. 67. Jean Poulit a ensuite effectué une brillante carrière dans l'administration publique.
[3] Jean POULIT, «Voirie et transports urbains. Le présent et l'avenir», commentaire d'accompagnement d'un programme audiovisuel paru en 1975 et repris *in Travaux*, no 502, décembre 1976, pp. 68-76.

从我们现在的视角来看，这套方案仍然显得太过"公路化"[1]。然而它至少给公共交通留出了一席之地，而且在20世纪七八十年代，法国所有大城市都接受并采用了该方案。在这样的大背景下，我们也许能更好地理解蓬皮杜总统于1971年11月18日在巴黎发表的著名演讲："我们须放弃一些审美的坚持[……]阻挠汽车上路并不会让巴黎变得更美。汽车的存在是需要适应的，这意味着我们既要顾全巴黎市民的生活，也要接受汽车的必要性，只要开车的人们严格遵守交通秩序就好。"[2] 蓬皮杜总统所说的正是当时的主流观点，这场演讲也提及了后来意义非凡的公共交通项目，即建设巴黎全区快速铁路网（RER）和地铁[3]。

▶▷ 无路可走的步行者与骑行者

在法国的这套交通规划方案中，步行者与骑行者大多被忘得一干二净。所有采用其他出行方式的人都必须给汽车让位，他们被排挤到狭窄偏僻的荒街背巷，免得在大路上阻碍交通。

---

[1] 此处所说的"公路化"是指这套方案主要为汽车服务，鲜有考虑到包括自行车在内的其他交通方式，以至于城市道路规划几乎只涉及公路的修建。——译者注

[2] «Discours prononcé par Georges Pompidou au District de la Région parisienne, le 18 novembre 1971», Association Georges Pompidou (disponible sur <www.georges-pompidou.org>).

[3] Voir Mathieu FLONNEAU, «L'automobile au défi de ses excès. Le moment Pompidou, le "tout automobile", mythes et réalités», in Pascal GRISET (dir.), *Georges Pompidou et la modernité. Les tensions de l'innovation, 1962-1974*, Peter Lang, Bruxelles, 2006, pp. 25-36; et Mathieu FLONNEAU, *L'Automobile à la conquête de Paris, op. cit.*

第三章 黄金三十年：自行车的没落

20世纪50年代开始，行人目睹了人行道不断缩水、道旁树木渐渐消失的萧瑟景象[1]。为了尽可能地降低行人对车辆的妨碍，人行道不仅在数量上受到限制，而且还布满导流路障。70年代，人们在城市里开辟了少量步行街，它们通常都处于城市最中心车辆较少的地段，面积十分有限。荷兰与德国是步行街的诞生地，在那里，步行街的面积明显比法国要大很多。1943—1945年，战火毁坏了许多城市，后来的规划者们试图重建市中心的胡同小巷，使之恢复旧日的样貌。1953年后，在鹿特丹、卡塞尔、基尔和斯图加特陆续出现了最早的步行街。60年代末期，荷兰已拥有十五六条步行街，德国有35条，而法国人还没有跟上脚步，它们直到1971年才修建了第一条步行街，也就是鲁昂的大时钟街[2]。

骑行者的境遇比行人更糟：他们遭到了无情而彻底的遗忘。虽然根据普利的计算，人们日常出行的平均距离为4千米[3]，非常符合自行车的覆盖范围，而且事实上仍有10%—20%的出行活动需要靠自行车来完成，但在那个年代的道路规划中，再也没有人提起自行车，就连"两轮车"这个提法都被忘却了。于是在20世纪60年代，人们停止了对自行车道的养护，并且一有机会就将它们拆除。法国北部矿区的自行车道被扩建的马路替代；还有些地方为了给干线增加一条机动车道而不得不牺牲原有的自行车带。越来越多的单行道在居

---

[1] 当时巴黎的马路拓宽幅度很大，蒙帕纳斯大道的宽度从以前的13.5米变为21米，岱纳大街从16.5米拓宽至22米，马勒塞尔布大道和奥斯曼大道的一段由14米变为22米，马真塔大道和歌剧院大街由15米拓宽至20米。——作者注

[2] Cédric FERIEL, «Le piéton, la voiture et la ville. De l'opposition à la cohabitation», <www.metropolitiques.eu>, 10 avril 2013.

[3] Jean POULIT, «La circulation urbaine», *loc. cit.*, p. 61.

住区扩散开来，以便腾出一条车道来供人们泊车。

公路与高速公路技术研究服务中心里有一位专门研究自行车问题的工程师，1975年，他对法国全境自行车道的情况概括如下："1959—1968年间，法国自行车道工程的进展速度不超过每年80千米。这些车道不仅窄得可怜，而且缺乏维护，在安全方面根本无法达到预期的效果。1969年后，人们彻底放弃了这项工程。目前法国大约有950千米的自行车道，其长度仅为公路的0.35%，而这个比例仅是联邦德国的10%。"[1] 要知道法国比联邦德国拥有更多静谧的小路，按理说自行车道在法国的发展本应更具优势。

▶▷ 恶性循环

让城市适应汽车的各种努力给自行车带来了灾难性的结果。在各种出行方式之中，自行车的使用比例衰退得最快。

高速公路、快速干线以及它们之间的交叉点数不胜数，有时甚至就建在市中心附近，它们严重割裂了城市，一个个街区因此变得孤立起来，道路也愈加曲折迂回。里尔就是个例子，环抱城市的12千米大道对自行车来说几乎是不可逾越的屏障[2]，同时它也给行人造成了诸多不便。里尔变成了一座岛——讽刺的是，"岛屿"一词正是

---

[1] Geneviève DUBOIS-TAINE, «Les deux-roues en France: situation et perspectives», *Revue générale des routes et des aérodromes*, no 505 à 510, 1975, p. 40.
[2] 1997年，Arantxa Julien 在一项综合分析中得出结论，在自行车横穿这条大道的过程记录中，有50%几乎算得上是危险的，另有30%属于不愉快的过马路体验，仅有20%是正常的。——作者注

这个城市名字的起源[1],现在它真的变成了岛,一座自行车无法涉足的岛。

单行道的普及和协调好的信号灯导致汽车的流量更大、速度更快。没有了自行车道,汽车与自行车的速度差愈加明显,如此一来,在路上骑自行车就成了一件既不愉快又不安全的事情。同时,随着单行道的增加,原本不远的路也变得漫长了许多,像巴黎这样的城市,3/4 的路都穿插有单行道,计算下来,骑自行车的路线大约要延长 20%。除此之外,由于红绿灯星罗棋布,自行车不得不反复地停下来再启动,这一过程使骑行者不胜其烦,导致他们不肯遵守交通规则——毕竟这些规则在设立之初也没有考虑他们的实际情况。

骑行者和行人一起陷入了某种恶性循环[2],日益增加的汽车威胁着他们的安全,于是一部分人决定不再冒险,干脆放弃骑自行车或步行的方式,加入汽车的行列。这样一来,汽车逐渐充满了整条道路,而那些不开车的人成了汽车海洋中的一叶孤舟,更加渺小、脆弱、势单力薄。"家长出租车"的现象充分反映了这个问题:家长们出于安全考虑,不再放心让孩子步行或骑车去上学,因此天天开车接送孩子,这种行为进一步恶化了交通状况,使道路越来越不安全。

---

[1] 在法语中,Lille(里尔)的发音与 l'île(岛屿)一样。——译者注
[2] Frédéric HÉRAN, «La double spirale de l'insécurité routière à pied et à vélo», intervention à la 5e journée d'étude de la FUBicy *Villes cyclables, villes plus sûres*, Dijon, 11 avril 2003.

用数字说明安全性现象

1949年，英国数据分析家罗本·斯密德（Reuben J. Smeed）开展的一系列研究显示，驾驶汽车的人数量越多，他们发生事故的概率就越小。这一结论从未被推翻，而且"史密德法则"也被证实适用于任何一种出行方式。

对于骑行者和步行者的类似研究始于20世纪90年代[1]，随后在2003年，皮特·雅各布森（Peter L. Jacobsen）发表了一篇文章[2]，终于将之前的调查研究系统化。他重点研究了美国加利福尼亚州的68个城市、丹麦的47个城市以及其他14个欧洲国家的相关数据，每次研究均表明骑行者或步行者数量越多，他们遭受事故的可能性越小，因此在法国骑自行车的危险性要比在荷兰高3倍。

雅各布森估算说，如果骑行者的数量翻倍，那么每千米发生危险的概率将降低34%；相反，如果骑行者数量减半，危险性则会增加52%。事实上，当自行车的使用率降低时，骑行者发生事故的概率非但不能下降，甚至还会上升。反之，当其使用率升高时，骑行者发生事故的概率并不会随之上升，甚至还会下降。因此，减少自行车交通事故的要诀不在于限制它的使用，

---

[1] Ralf RISSER, «Can one make walking and cycling more attractive without causing safety problems?», *Proceedings of the International Velo-City'99 Conference*, Graz et Maribor, 13-16 avril 1999, pp. 470-475.
[2] Peter L. JACOBSEN, «Safety in numbers: more walkers and bicyclists, safer walking and bicycling», *Injury Prevention*, vol. 9, no 3, 2003, pp. 205-209.

而在于大力倡导人们使用自行车。

这一现象的存在有多种解释。首先,骑行者数量越多,他们在马路上就更容易被注意到,驾车者适应了他们的突然出现,也会更加谨慎;其次,相对慢速的骑行者会使交通速度整体变缓,比如在有红绿灯的十字路口,如果有好几个骑行者停在汽车前面,那么汽车便不能迅速起步;最后,从长期来看,当骑行者数量上涨时,一系列的限速举措便会随之实施,专供自行车使用的配套设施也会建立起来,以保障骑行者的安全。[1]

另一个恶性循环则跟距离的增加有关。汽车的飞跃发展推动了城市的扩张,直接导致出行距离普遍增加,当人们发觉单凭自行车很难到达目的地时,就会自觉地向汽车靠拢。于是汽车的数量继续飙升,造成各种各样的困扰(污染、噪声、挤占空间),在这种环境下骑自行车更是不悦,致使骑行者倒向汽车的阵营,进一步加剧环境问题……这些恶性循环互相助长[2],结果就是居民们最终选择把新生活建立在使用汽车的基础上,而渐渐远离了自行车。

▶▷ 实用自行车的没落

直到 20 世纪 50 年代初,自行车在欧洲的使用仍然是非常广泛

---

[1] Atze DIJKSTRA et Fred WEGMAN, «Le vélo en toutesécurité aux Pays-Bas», *Routes-Roads*, no 354, 2012, pp. 42-49.
[2] Frédéric HÉRAN, «Pour une approche systémique des nui-sances liées aux transports en milieu urbain», *Les Cahiers scientifiques du transport*, no 59. 2011, pp. 83-112.

的，从法国的情况便可见一斑。1951年有人在里尔进行了一次统计，结果表明，当时自行车依然是主流交通工具。在24小时内调查登记的31409辆车中，有52%是自行车，44%是汽车，4%是摩托车，另有1%[1]的车辆依靠畜力驱动[2]。

20世纪五六十年代，工人和职员仍习惯骑着自行车成群结队地上班。人们还记得50年代初横跨塞纳河的贝宗桥，每天早晨都被自行车挤得水泄不通，大家纷纷赶赴巴黎西边工厂林立的楠泰尔和白鸽城（正如吕菲耶博士在1929年回忆的情景一样）。仅仅隔了一代人的时间，穿梭的汽车霸占了贝宗桥，几乎再也没有人愿意在这座桥上骑自行车了。另有人回忆起60年代初的情景，在格勒诺布尔的殉道者街上，梅兰·热兰（Merlin Gérin）工厂前，"每天晚上自行车连着串儿从工厂鱼贯而出，嘲笑着堵在路上的为数不多的汽车"。1960年在雷恩完成的第一次家庭出行调查（EMD）显示，该城市有60%的上下班活动都离不开两轮车，其中普通自行车的比例尚不明确。[3]

很明显，自行车的使用比例在工人居多的城市里最为坚挺，瓦朗谢、鲁贝、敦刻尔克、格勒诺布尔、斯特拉斯堡、瓦朗斯和圣纳泽尔都是这样。最早的家庭出行调查采用的是标准方法，它反映了自行车在一些城市的使用比例：1976年里尔的比例为6%，1978年

---

[1] 以上百分比相加结果为101%，应是笔者对个别数据进行了四舍五入的结果。——译者注

[2] Voir *Urbanisme*, no 9-10, 1951, p. 46. Le taux d'occupation des voitures particulières n'étant pas précisé, il est toutefois probable qu'il devait y avoir une courte majorité d'automobilistes.

[3] Christian GERONDEAU, *Les Transports urbains, op. cit.*, p. 43.

在格勒诺布尔和1980年在南特的比例也是6%，1981年在瓦朗斯的比例为5.5%，1985年的瓦朗谢讷为6.5%，1988年的斯特拉斯堡为8%，1991年的敦刻尔克为4%。一项在冈城的研究（关于此研究没有更详尽的信息）描述道："每当工厂下班时分，自行车的大潮如此汹涌，以至于没有一辆汽车能从中间通过，路有多宽，自行车流就有多宽。"[1]

针对较长时期的统计数据往往稀少而且难以达到统一，但它们也足以显示出20世纪五六十年代一直到70年代中期自行车地位的瓦解[2]。自行车在法国的衰落来得太早，也来得太快。尽管支持这一观点的数据并不丰富，但至少我们有2007—2008年国家运输与出行调查（ENTD）的结果，它根据一些法国国民的回忆重建了交通工具使用比例的数据。40年代前后，包括步行在内的城市出行总数中有21%都由自行车来完成，而步入70年代，这个比例跌至6%[3]。造成这种衰退的主要原因有二，其一是来自两轮机动车的直接竞争，其二是飞速发展的汽车以及越来越偏重汽车出行的城市规划。在局面大致相似的英国，我们还有一项令人吃惊的统计数据，即1952年出现的混合了各种交通方式的"乘客数·公里"（passagers.km）[4]数据。结果显示，1952—1973年，自行车的运输

---

[1] Geneviève DUBOIS-TAINE, «Les deux-roues en France...», *loc. cit.*, p. 41.
[2] On les trouvera rassemblées sur le site compagnon http://heran. univ-lille1.fr.
[3] Francis PAPON, «L'évolution de la mobilité à vélo en France», communication à la XXIIe conférence internationale d'histoire du cycle (CIHC), Paris, 25-28 mai 2011 (SŒS – INRETS-INSEE: volet Biographie de l'ENTD 2007-2008. Traitements IFSTTAR, DEST).
[4] "乘客数·公里"是一个计量单位，代表某种交通工具在1公里的距离中运输乘客的数量。比如两个人乘坐汽车走了10千米，那么就计作20乘客数·公里。——作者注

能力下降84%，从230亿乘客数·公里减少至37亿乘客数·公里；而汽车则提高了6倍，由580亿乘客数·公里增加至3450亿乘客数·公里[1]。

自行车在德国的衰落速度也许稍慢于法国，不过情况大致相似。虽然在德国，以汽车为主导的城市规划不像法国那样来得迅猛，但德国从未经过两轮机动车的阶段，因此汽车的普及速度反而比法国快。自行车飞快退出法国舞台的原因，也许恰恰归于两轮机动车带来的直接竞争压力，而缺少了这一阶段的德国自然显得对自行车稍留情面。即便如此，柏林（340万居民）1974年的自行车使用比例仅为1955年的1/10[2]。

即使在荷兰，自行车使用比例也遭受了大幅度衰退，我们找到的一些数据说明，从1950年到1978年，自行车使用比例下降了63%[3]。一项关于荷兰城市的研究也可以印证这一点[4]。然而这场衰退降临荷兰的时间较晚，加之自行车在这里有较为稳固的根基，因此后续的影响也小于欧洲其他国家。1952年，自行车使用比例在英国、

---

[1] Source: Ministère des Transports britannique (<www.dft.gov.uk>).
[2] Helgard JAHN et Joachim KREY, *Mobilität des Stadt. Daten zum Berliner Verkehr*, Senatsverwaltung für Stadtentwicklung, 2010, p. 38.
[3] NETHERLANDS MINISTRY OF TRANSPORT cité par John PUCHER et Ralph BUEHLER, «Making cycling irresistible: Lessons from the Netherlands, Denmark and Germany», *Transport Reviews*, vol. 28, no 4, juin 2008, p. 53.
[4] Adri A. ALBERT DE LA BRUHEZE et Frank C.A. VERAART, *Fietsverkeer in praktijk en beleid in de twintigste eeuw. Ove-reenkomsten en verschillen in fietsgebruik in Amsterdam, Eindhoven, Enschede, Zuidoost-Limburg, Antwerpen, Manchester, Copenhagen en Bazel* [Déplacements à vélo et politique de ville cyclable au XXe siècle. Similitudes et différences dans l'utilisation du vélo à Amsterdam, Eindhoven, Enschede, Sud-Limbourg, Anvers, Manchester, Copenhague et Bâle], Ministerie van Verkeer en Waterstaat, Rijkswaterstaat-serie, no 63, 1999.

法国甚至德国都像自由落体般骤降，而在荷兰，这种急剧衰减仅出现在1965年以后。当然，衰减一旦开始就势不可当，它在英国持续的时间为1952—1973年，在荷兰则是1965—1976年，它迟迟没有席卷荷兰的原因有二：首先，荷兰缺乏国有的汽车工业；其次，荷兰整个国家较为集约，所以许多城市并不迫切需要适应汽车的存在[1]。鹿特丹之所以是对自行车接受程度最低的荷兰城市，正因为它作为欧洲第一大港，不得不以汽车为主导来进行城市规划[2]。另外，20世纪50年代初期，荷兰的自行车使用比例很高，远远超过英、法等国，可谓打下了良好的基础，这一优势在70年代自行车重回欧洲的时刻将会起到至关重要的作用。

丹麦曾做过一项调查研究，它周期性地在哥本哈根的各个路口进行统计，得出的结论是1950—1970年的20年间，骑行者的数量减少了87.5%[3]。哥本哈根的情况有所不同，在这里城市的发展更倾向于轨道交通，生活在郊区而在市区工作的人们喜欢乘火车上下班。在斯德哥尔摩，1950年自行车的使用比例高达29%，而1960年降为2.4%，1970年仅剩0.8%[4]。瑞典的机动化进程迅雷不及掩耳，直接造成了自行车的衰落。

---

[1] Gijs MOM, «Mobility for pleasure. A look at the underside of Dutch diffusion curves (1920-1940)», *Transportes, Servicios y Telecomunicaciones*, no 12, 2007, pp. 30-68.
[2] Kees SCHUYT et Ed TAVERNE, *Dutch Culture in a European Perspective: 1950, Prosperity and Welfare*, Palgrave Macmillan, New York, 2004, p. 151. On notera que l'index de cet ouvrage imposant portant sur l'histoire culturelle des Pays-Bas au XXe siècle ne comporte aucune entrée concernant la bicyclette.
[3] Dirk LIGTERMOET, *Bicycle policies of the European principals: continuous ant integral*, Fietsberaad Publication, no 7, 2009, p. 54.
[4] Martin EMANUEL, «Understanding conditions for bicycle traffic...», *loc. cit.*

那些曾经骑着自行车的人们都投向了何方？一些人改骑摩托车了——至少在法国是这样，一些人奔向了汽车，也有人选择当乘客。在公共交通快捷发达的城市里，很多人愿意乘坐公车，可对于中小型城市来说，离这一步还相当遥远。另有人回归了步行，不过这种出行方式很难长期地作为人们的首选。

▶▷ 褪去色彩的自行车与城市骑行者

曾在 20 世纪 30 年代象征自由出行、代表工人身份的自行车，到了五六十年代却失去了往日的荣光。随着机动化进程的推进，自行车的形象已锈迹斑斑，它变成人们眼中过时的出行方式，陈旧、俗气、粗鄙不堪。在当时，驾驶一辆带有引擎的车是件十分荣耀的事，这不仅代表了时尚与进步，更意味着人力的解放——从此不再需要气喘吁吁地蹬车了。坐在汽车里的人有舒适的车厢保护，即使遇上恶劣天气也没有太大影响；而那些依然蹬车上班、买菜的人风里来雨里去，渐渐成了旁人嘲弄的对象：他们若不是老古董，便是有旧情怀，甚至有人认为他们已经生活在了社会的边缘。在《节庆日》(*Jour de fête*) 这部电影中，雅克·塔蒂 (Jacques Tati) 饰演的邮差角色与世界格格不入，当他看到自己的工作在大洋彼岸是如何进行的时候，他骑着自行车茫然离去，仿佛一只坏了的罗盘。就这样，城市不再需要自行车了，除了一些上学的孩子以外，就只剩下穷困潦倒的人不得不用它了，这些人没有能力过上体面的生活，甚至都买不起一辆轻便摩托车。自行车被打上了"穷人座驾"[1]的印记,它不仅配不上现代社会,甚至还被当作阻碍进步的绊脚石,就像在此之前马匹的地位一般。它沦落成了孩子的玩物,消遣的工具,唯有在晴朗的天气中,才有人想起骑它出去散散心。许多忆往昔的歌曲都唱到它,最有名的应属伊夫·蒙唐(Yves Montant)1968年演唱的那首:"当我们清早出门,前行在路上,骑着自行车……"

后来的城市道路几乎角角落落都为汽车而设计,因此对于勇敢坚持骑自行车的人来说,他们面临着各种窘迫的情形:在密集快速的车流中艰难前进,在星罗棋布的红绿灯下走走停停,在随处可见的单行道前迂回徘徊,为躲避拥堵不堪的干线而颠簸绕行,为穿过车来车往的街道而胆战心惊。为了摆脱这些束缚,一些冒失的骑行者自然而然地选择了某种大胆的尝试:闯红灯、逆行,甚至骑上人行道、闯入公园等。这些问题的根源并不是他们天性顽劣,而是城市规划过于以汽车为中心造成的,无路可走的骑行者只能以一些不文明的行为来跳出条条框框,毕竟以汽车为本的交通规则硬套用在骑行者身上并不完全合适。

然而随着这种现象越来越多,采用其他交通方式的人——包括一些民选代表和技术人员——认为自行车是马路上的不安全因素,骑行者不遵守交规,常常闯上人行道,冲撞老人和小孩。于是一个不可思议的剧情大反转出现了,骑行者这个被边缘化的群体原本是汽车交通事故最大的受害者,却一下子成为汽车的替罪羔羊。这是英

---

[1] Dès 1929, le docteur Ruffier constatait déjà que «la bicyclette "ça fait pauvre"», *in Vive la bicyclette!, op. cit.*, p. 77.

国社会学家戴夫·霍顿（Dave Horton）的观点[1]。在法国，直至今天还有人认为自行车是危险的，在警察群体和一些道路安全研究者眼中，这甚至属于主流观点。

---

[1] Dave HORTON, «Fear of cycling», *loc. cit.*

| 第四章 |
20世纪70年代：反弹式回归

  自行车既能快捷地把人们带到目的地，又不需要消耗大量的空间、时间与能源之类日渐稀有的事物。骑行者可以随心所欲地移动，同时又不会给他人的出行带来不便。这种工具非常自给自足，不像汽车那样，每一次提速都贪婪地吞噬着人们更多的时间与空间。

    伊万·伊里奇（Ivan Illich），《能源与公平》，1973。

第二次世界大战后的几十年里，全球汽车的总数不断飙升，在欧洲的几个发达国家，其上升速度为平均每年10%。以法国为例，1950年，全国各类汽车的总数为230万辆，到1960年变成620万辆，1970年则高达1370万辆[1]。这个惊人的增长速度给一些专家敲响了警钟，他们强烈建议完善公交系统，以免城市最终因汽车的"血栓"而瘫痪。和专家统一战线的还有不堪滋扰的城市居民，在年复一年的噪声与拥堵中，人们最终爆发出了不满的情绪。政府当局试图重新推广一系列可以替代汽车的交通工具，其中就包括一度被遗忘的自行车。然而鼓励骑车出行的政策很快就遇到了障碍，因为在一些国家，自行车的使用比例已经低到难以回天的地步，人们几乎不相信它还能有未来。

▶▷ 轻轨、地铁、巴士——公交复兴

20世纪60年代是法国公交系统的低潮期：公共汽车刚刚取代了有轨电车，转身就陷入交通拥堵的泥潭。乘客纷纷厌弃了公交车，奔向私家汽车的阵营，反而加剧了拥堵[2]。在巴黎地区，从30年代开始，政府对公交系统的投资就宛如一潭死水。不过当局后来也意识到这个问题，毕竟不是所有居民都能购买或驾驶汽车的，私家车无法解决穷人、残疾人还有儿童等群体的出行问题。按照当时的估计，

---

[1] Source: CCFA (Comité des constructeurs français d'automobiles).
[2] Alain Bonnafous, «Le système des transports urbains», *loc. cit.*

这类人群占人口总数的30%[1]，他们离不开公共交通系统。此外，小汽车需要占用很大的空间，在密集的市区中心，它根本无法独立承担所有的出行活动。简言之，先前被搁置的公交建设计划必须重新提上议程。20世纪六七十年代，重建公交系统算得上是巴黎的大事件，随后推广到了外省的各个地方。

为了复兴公交事业，许多社会团体先后成立。1967年，现代城市交通研究团（GETUM）宣布成立并创办了《城市交通》期刊，它刊载了各方人士的声音，社会学、经济学以及技术方面的思考一应俱全。1970年11月18日，在公会和左翼政党的号召下，一场示威活动在巴黎进行，参与游行的人数少则2万，多则5万，他们提倡发展公共交通，并对地铁票价的提高表示抗议[2]。1980年，交通负责人协会（GART）成立，其目的是集结一批负责公交规划与建设的民选代表，在提供交流平台的同时依靠他们的力量向政府施压，以获得更多的资金、优惠的政策，从而支持公交系统发展。

在实现的方法上，巴黎为人们指明了前路[3]。政府当局在20世纪60年代恢复了针对公交设施的投资，随后逐步修建了巴黎全区快速铁路网（第一条线路于1977年开放），并将地铁延伸至郊区。在不影响

---

[1] Michel BIGEY et André SCHMIDER, *Les Transports urbains*, *op. cit.*, p. 32.
[2] *Ibid.*, p. 163.
[3] Mathieu FLONNEAU, «L'action du district de la région parisienne et les "dix glorieuses de l'urbanisme automobile"», 1963-1973», *Vingtième siècle*, no 79, 2003, pp. 93-104.

私家车行驶的前提下，一些公交专用道也先后开通[1]。1973年，法国开始征收城市交通税，其征税对象是拥有超过11位员工的雇主。在这项财政收入的帮助下，马赛、里昂和里尔这样的大城市都陆续修建了地铁[2]。对于中小型城市来说，修地铁的成本依然令人望而却步。

1977年，南特找到了一个每公里节约2/3成本的方法，那就是，利用曾经的有轨电车线路，对它们进行现代化改造。第一条轻轨在一段旧铁路的基础上建成，它位处老城区的城堡脚下，虽然不太影响汽车的行驶，但也让一条市区快速干道的工程化为泡影。修建这条轻轨可谓一波三折，由于拨款姗姗来迟，工程出现了明显滞后，城市到处都是挖开的土坑，这引起了市民的强烈不满，当时的市长阿兰·谢纳尔（Alain Chénard）在1983年的选举中败北，输给了一群反对轻轨的人。历尽周折的轻轨终于在1985年建成并投入使用。在一场公投之下，新任市长批准并开始修建第二条轻轨，后于1989年又轮到他黯然下台[3]。

经过一系列激烈的争论，格勒诺布尔于1983年开始了一项在法国前所未有的工程——占取汽车道路修建轻轨，这条线路于1987年

---

[1] 继右岸快线开通后，巴黎的第一条公交专用道于1964年在卢浮岸与皮革厂岸正式开通。1965年，在博斯凯大街宽阔的单行道上开辟了一条反向公交车道，肯尼迪总统大街上也有一条与右岸快线平行的反向公交车道。1973年，一条隔离带沿着罗斯福大街延伸开来，专门用来分隔公交车道。参考马修·弗洛诺（Mathieu Flonneau）《汽车对巴黎的征服》，第162—164页。——作者注

[2] 城市总倾向那些未来感极强的先进设备，但这些东西昂贵而不可靠，目前只有VAL这种无人驾驶全自动化轻型地铁得以真正投入城市公交系统。它首先在阿斯克新城和里尔进行试用，后来又引进其他城市。事实上，VAL的造价和运营成本并不比普通地铁低。参考米歇尔·比杰（Michel Bigey）、安德烈·史密德（André Schmider）《城市交通》，大学出版社，巴黎，1971，第2章。

[3] Michel BIGEY, Les Élus du tramway, Lieu Commun, Paris, 1993.

开通，取得了巨大的成功。随之而来的是南特的第二条轻轨和斯特拉斯堡的 A 线。虽然整个过程不乏曲折，但轻轨的传奇之路可谓一往无前。公交专用道也逐渐增多，并且受到了更好的保护。

轻轨的回归对自行车是个喜忧参半的消息。好的方面在于轻轨有利于减少线路附近的汽车，缓和的交通环境对骑行者来说自然是好事；而坏的方面在于，这场轻轨的复苏从一开始就怀着吞并一切交通方式的野心。到 80 年代我们就能清楚地看到，在公共交通倡导者眼中，自行车其实是被当作竞争对手来看待的。

在汽车骤增的时代，有些欧洲国家依然较好地保护了公交系统，从他们的角度来看，重启公交建设便不算是当务之急，重要的问题是如何平衡地发展各种替代汽车的出行方式。20 世纪六七十年代间，这些国家执着地尝试将公交系统转入地下，德国在大约 15 座城市里分区修建了轻轨[1]，比利时在布鲁塞尔、安特卫普和沙勒罗瓦修建了一些地下轻轨，以便后期可以直接转换为地铁。

▶▷ 道路投资及其结果

根据公路与高速公路技术研究服务中心所作出的论证，许多高速公路和城市快线实际上已经侵入了城市中心，有的距离核心地带的老城区仅 1 千米，例如里尔的 A25 高速公路、斯特拉斯堡的 A34、兰斯的 A4、昂热的 A11 和里昂的 A6，等等。很多高速干线甚至直

---

[1] Philippe-Enrico ATTAL, «Le pré-métro, une fausse bonne idée au secours du tramway», *Historail*, no 20, 2012, pp. 44-57.

插城市核心区,如巴黎的右岸快线、斯特拉斯堡的市集干线、马赛的 A7 和南特的 A801 高速公路等。曾经还有不少新奇大胆的道路工程,后来由于多数人的反对或者资金不足而勉强告吹,比如在巴黎,本有人打算在圣马丁运河的河床上修建一条连接意大利广场和斯大林格勒的快线,再如斯特拉斯堡差点也在运河上覆盖一条快速干线,南特则险些让一条快线直通老城堡脚下[1]。

除了快线之外,一座座停车场也出现在城市的中心车站和大型广场周围,有些建在地下,有些向上层层叠起,甚至有些免费的地面停车场不惜占据市中心附近的宝贵空间,如里昂的罗讷河与索恩河岸边、鲁昂的塞纳河畔、波尔多的加龙河畔、里尔的防御工事前,等等。在当时的土地使用规划(POS)中(如今称作地方城市规划,PLU),每座新楼的底层都预留有地下停车位。

此类规划给城市带来的麻烦还不止如此。市中心附近的高速公路不仅迎接着过境车辆,同时也吸引着大量当地汽车;这些公路因此愈加拥堵,于是人们开始斥巨资修建外部环线;环线的大承载力引来更多车辆,推动着城市不断向外扩张(斯特拉斯堡、里尔、里昂和波尔多都是如此)。长驱直入的市区快线早已拥堵到需要疏导的程度,而市中心的停车场却仿佛在鼓励更多的人把车开进来。

到了如此地步,系统化的交通规划呼之欲出[2]。50 年代的巴黎开始了首次尝试,1951 年 8 月,几条主要大道都被改造为单行线;60

---

[1] 正是上文中提到的,由于轻轨的修建而化为泡影的快速干线工程。——译者注
[2] Jean-Pierre LE COCQ, «Les plans de circulation. Organisation générale de la circulation», *Revue générale des routes et des aérodromes*, supplément, no 484, février 1973; Jean POULIT, *Les Plans de circulation*, ministère de l'Équipement, DRCR, 1975.

年代，这种做法推广至外省的一些大城市；到了70年代，国家决定出资推进单行道进程，1971年4月16日，法国政府发布通告，将补贴下发到每位司机，从那以后，城市的大街小巷纷纷变成了单行线。交通规划的原则就是协调管理路口，使复杂的通行简单化，在这个思想下，单行道的普及是必然趋势，信号灯也须统一管理。就这样，城市交通变成了一个纯粹的水利问题：街道如同管道，车流如同水流，而当地生活的品质却完全被忽略了。

这种做法的收效的确不可小觑：在大城市的中心街区，交通规划不仅能将道路容量提高40%，而且能让车流行驶得更加顺畅[1]。交通工程师这项新的职业应运而生，他们在当地政府的道路管理部门任职，尽可能地优化城市道路这件精密而复杂的艺术品。70年代末期，在法国政府8000万法郎的补贴下，200座城市接受并采用了这套交通规划思路[2]。如今，在巴黎这样规模的城市里，单行道占道路总数的3/4，至少有1740个路口配有统一管理的信号灯。像在里昂或里尔这样的城市，几乎所有的主路都是单行道，且直至今日还有一些"绿灯浪潮"来保证车辆快速通过（45—50千米/时）。

正如英国和法国一样，北欧国家也对城市进行了一系列适用于汽车的改造和规划，但是这些国家似乎并没有一味地扑向汽车城市，其改造进程相对缓慢，而且从结果上来看，也没有造成太多负面的影响。在北欧的许多城市，主干道躲开了全体单行化的命运，路口

---

[1] Christian GERONDEAU, *Les Transports urbains*, PUF, coll. «Que sais-je?», 2e éd., Paris, 1977, p. 58.
[2] Jean-Marc OFFNER, «Les plans de circulation français et américains. Une évolution convergente de la planification des transports urbains», *Métropolis*, no 37-38, 1979, pp. 18-19.

的信号灯数量较少，拆除的有轨电车线路也不多；相反，人行道保留了适当的宽度，自行车道也一直受到较好的维护，城市严格实施限速，并且，虽然这里也有不少环线和快线，但每条路上都给非机动车与行人设置了方便的穿行通道。这一切大概要归功于市民的批判精神和城市规划者的耐心聆听。与欧洲其他国家相比，北欧的交通政策并非有什么本质区别，但在实施的过程中却将程度把握得恰如其分。

▶▷"小汽车，受够了！"

在20世纪60年代经济、社会、文化的巨大变革中，许多国家都掀起了一阵反对消费社会的浪潮。1965年，阿姆斯特丹的一群青年无政府主义者占据了新闻头条，他们提出一系列怪诞有趣的"白色自行车计划"，提倡废除汽车交通，同时给公众免费提供漆成白色的自行车，看上去仿佛是某种十分超前的共享单车[1]。他们分发出去的自行车虽然很快就消失不见了，但废除汽车交通这样大胆的想法却在人们心中生根发芽。另有一则新闻便是笑谈了：1967年4月1日愚人节，法国电视台播出了一条假消息，声称："交通管理新政策规定，禁止汽车驶入巴黎的某些街区，以免干扰居民骑自行车"，还假装采访了一些路人[2]。这

---

[1] Nicolas PAS, «Images d'une révolte ludique. Le mouvement néerlandais Provo en France dans les années soixante», *Revue historique*, no 634, 2005, pp. 343-373.
[2] Voir ce reportage sur le site de l'Institut national de l'audiovisuel (INA), <www.ina.fr>, en cherchant les mots «sujet 1er avril 1967» (ou directement à cette url: <http://url.ca/glrjm>).

虽然只是一个玩笑,但它的出现意味着自行车的脉搏又重新跳动了起来。

同一时代还有少量反对"全体汽车化"的呼声：支持发展公共交通的让·罗贝尔（Jean Robert）和人口学家阿尔弗雷德·索维（Alfred Sauvy）在《幸运四转轮》一书中列出了许多反驳论据[1]。然而他们在当时势单力薄，还被认为是泥古不化，直到1968年五月风暴的到来。1968年，一些乐于思考时局的经济学家、科学家和企业家在罗马聚首，展开了一场针对西方世界自然资源、环境、人口以及快速增长问题的讨论。70年代初，罗马俱乐部委托麻省理工学院撰写一篇文章，题目为《增长的极限》[2]，该文章于两年后公开发表并引起轰动，尽管批评和质疑的声音不绝于耳，但公众却由此意识到了自然资源的有限性，增长无度极有可能给环境带来不可逆转的破坏，因此人们也开始懂得不能肆意开采这颗脆弱的星球。

面对汹涌澎湃的汽车海洋对环境造成的威胁，文明社会终于觉醒了，"发达国家"的自行车环保者日渐增多，组织着一场又一场的游行。自行车不仅成为反对"全体汽车化"的象征，更是反对消费社会的一面旗帜，而伊万·伊里奇就是它的护旗手[3]。大城市涌现出了许多保护自行车的社团，它们之间很快结成了同盟[4]。

---

[1] Alfred SAUVY, *Les 4 roues de la fortune. Essai sur l'automobile*, Flammarion, Paris, 1968.
[2] Donella MEADOWS, Dennis MEADOWS, Jorgen RANDERS et William BEHRENS, *Halte à la croissance?*, Club français du livre, Paris, 1972.
[3] Ivan ILLICH, *Énergie et équité*, Seuil, Paris, 1973; Thierry PAQUOT, *Introduction à Ivan Illich*, La Découverte, Paris, 2012.
[4] Benoît LAMBERT, *Cyclopolis, ville nouvelle. Contribution à l'histoire de l'écologie politique*, Georg, Genève 2004.

1972年4月22日，大群市民聚集在巴黎，从星星广场一直游行到文森森林，高喊着："小汽车，受够了！"警方称现场有5000人，而组织者表示有近2万人参加了游行，一年后上映的电影《零一年》（*L'An* 01）还反映了一些当时的画面。这场游行的组织方是"地球之友"（*les Amis de la Terre*）在法国的分支，主要成员有后来的环境部长布里斯·拉隆德（Brice Lalonde），也许还受到了大受欢迎的演员阿吉吉·穆纳（Aguigui Mouna）的影响。同年12月，乔·达桑（Joe Dassin）也唱起了"骑车在巴黎，超越小汽车"的歌曲。

1973—1974年的能源危机使油价暴涨，忽然之间，人们意识到了问题的严峻性，寻找替代汽车的出行方式迫在眉睫。荷兰、比利时、德国、奥地利、瑞士、意大利等国家纷纷开展了"无车周末"的活动，而法国却没有加入。1974年，勒内·迪蒙（René Dumont）以生态学家的身份参与了总统竞选，并亲自出席了多场自行车会议。

▶ ▷ **骑行运动**

1974年，雅克·埃塞尔（Jacques Essel）倡导了自行车保护运动（MDB），他强烈反对将借用公交道骑车的行为记为违章。在巴黎，这些狭窄的公交专用道当时是禁止自行车通行的，于是自行车被挤到了马路的正中间，一侧是庞大的公交车，另一侧是飞驰的小汽车，如此境遇可谓既尴尬又危险[1]。在雅克·埃塞尔的抗议下，交警对骑

---

[1] MIEUX SE DÉPLACER À BICYCLETTE, «Le Mouvement cycliste à Paris depuis 1974: un aperçu», <www.mdb-idf.org>, 7 mars 2010.

上公交道的自行车稍微宽容了一些，不再记为违章（但也没有名正言顺地让骑行者使用公交道）。直到1999年，终于有一些公交专用道正式对自行车开放，2001年，巴黎市政府做出了新的决定，又拓宽了某些公交道。

同样在1974年，格勒诺布尔成立了公共交通发展协会（ADTC），以便在该市修建更好的自行车道和人行道。协会提倡发展轻轨，并希望"让自行车找回贵族的身份"。1976年5月的一个星期六，5000余名骑行者因此上街游行[1]。

1975年，在让·肖米安（Jean Chaumien）的推动下，斯特拉斯堡成立了两轮车行动委员会（CADR）。这位性格鲜明的牧师后来在法国甚至全欧洲的自行车运动中起着不可替代的重要作用。1980年，他帮助建立了法国骑行者联盟（FUBicy），联合了法国最早的几个城市自行车协会，从此以后，斯特拉斯堡就成为联盟的根据地。1982年，还是在让·肖米安的领导下，法国骑行者联盟与欧洲其他国家的同等联盟进一步结盟，终于创立了欧洲自行车联合会（ECF）。

英国的骑行者相对来说比较缺乏组织性。伦敦自行车保护协会（LCC）直到1978年才成立，而1990年以前，英国自行车观光俱乐部（CTC）几乎没有为城市骑行者做出实质性的贡献。瑞士的第一个自行车协会成立于1975年，当时叫作巴塞尔自行车团，十年后，多个城市的自行车协会结成联盟，形成了瑞士自行车团，后于2007年

---

[1] A. BOURRET et F. VAILLANT, «Le vélo, un nouvel avenir», *Transports urbains*, no 38, janv.-mars 1977, pp. 27-40.

更名为自行车推广团。

北欧骑行者相互结盟的速度惊人。荷兰的自行车协会1975年成立，同年，比利时建起了日常骑行者研究与行动小组（GRACQ）。1978年，德国自行车俱乐部（ADFC）在不来梅成立。丹麦自行车协会资历最高，自1905年起就孜孜不倦地保护着骑行者的权益。

自行车的回温之势与日俱增。1975年，几千名骑行者在布鲁塞尔游行宣传。1977年6月4日，正值世界自行车日，9000多名骑行者聚集在阿姆斯特丹的街道上游行（当日柏林和哥本哈根的骑行者也取得了成功）。游行群众要求立即停止在市区修建停车场，只允许汽车在城市周边停放，同时呼吁大力发展公共交通，修建适合骑自行车的城市道路，并在市区内严格限速20千米/时[1]。限速的要求并不仅限于自行车道，两年后，该运动与其他协会联合倡导市区限速（当时市区内限速为50千米/时，对非机动车和行人来说还是太快了），终于获得了大面积的"限速30千米/时区"。

一些社区组织和家长协会也连连抗议，担心路上川流不息的汽车会威胁孩子和行人的安全，给不开车的人造成隐患。每当有放学回来的孩子被车撞伤甚至死亡的时候，这些组织便会含泪游行。人们渐渐意识到，这样快速而霸道的汽车交通正在破坏人们平静的生活，于是各类调研、讨论陆续开展起来，聚焦于汽车过

---

[1] Bram DUIZER, «Pays-Bas. Trente ans de militantisme», *Heurovélo*, no 49, 2005, pp. 10-11.

第四章 20世纪70年代：反弹式回归　111

多的问题[1]。历史学家菲利普·阿里耶斯（Philippe Ariès）在一篇文章中阐述了汽车是如何渐渐将孩子们逐出街道的[2]。加利福尼亚的城市学家唐纳德·埃普亚德（Donald Appleyard）在旧金山的三条街道上做了深入的居民调查，结果显示密集而快速的交通会使邻里关系变得紧张，很多家庭也会因此而迁往郊区居住[3]。

面对这个问题，北欧国家又快人一步做出回应，其解决问题的速度和力度都远远超过法国。荷兰最早开始反思，包括乔斯特·瓦尔（Joost Vahl）在内的一群刚从学校毕业的城市规划师决定重新考量当时街道设计的传统理念[4]。他们认真研读了比沙南关于建设"生态街区"的报告，主张让汽车的喧嚣远离生活区。于是，这些年轻人依靠居民的帮助，在代尔夫特开发了一块试验区，1968年，他们在那里建起了第一个"城市庭院"，孩子们可以尽情地在里面玩耍跑跳，汽车只有在回家的时候可以慢速进入街区。这次试验的成功很

---

[1] Par exemple: Stina SANDELS, *Children in Traffic*, Elek Books, Londres, 1975; Colin WARD, *The Child in the City*, Architectural Press, Londres, 1977; Marie-Josée CHOMBART DE LAUWE (dir.), «Dans la ville, les enfants», *Autrement*, no spécial, 1977; Mayer HILLMAN, Irwin HENDERSON et Anne WHALLEY, *Personal Mobility and Transport Policy*, Policy Studies Institute, Londres, 1973; *Transport Realities and Planning Policy. Studies of Friction and Freedom in Daily Travel*, Political and Economic Planning, Londres, 1976.
[2] Philippe ARIES, «L'enfant et la rue, de la ville à l'anti-ville», *Urbi*, no 2, 1979, pp. III-XIV.
[3] Donald APPLEYARD, M. Sue GERSON et Mark LINTELL, *Livable Streets*, University of California Press, Berkeley, 1981.
[4] Francine LOISEAU, *Le Piéton, la sécu-rité routière et l'aménagement de l'espace public. Étude comparative des politiques et réalisations aux Pays-Bas, en Allemagne et en France*, CETUR, Bagneux, 1989, p. 9.

快推广到了豪达[1]，继而在荷兰全国掀起了城市庭院风[2]。

70年代中期，德国也对这样的街区理念产生了浓厚的兴趣，在城市居民与生态学家发起的各种运动的助力下，一座座安全街区在城市里绽放，行人与自行车在中间往来自如，其乐融融，这一切都少不了政府机关、技术人员与知识分子的共同努力[3]。

▶▷ 70年代，单车归来

1974年的能源危机之后，自行车的使用比例在整个西欧都呈明显的回升趋势，而这段时期，各国政府还没有对此进行过多干预。

荷兰的自行车使用比例在1978年停止了下滑，并且在随后的五年里增长了30%。哥本哈根城市入口处的调查统计显示该市的自行车回升情况更为可观。1974年起，英国也出现了明显的回升。特里尔大学地理学教授海纳尔·蒙海姆（Heiner Monheim）作为德国自行车俱乐部的创始人之一，详细地记录了自行车在德国的回归情况："尽管在之前的二十年里，自行车的使用比例持续下滑，但1976—1982年却出现了强力的反弹，自行车出行数量提高了30%。当时人们还没有开始重新修缮自行车道，因此这个增长现象与道路规划并无太大关联。这说明早在政府推出鼓励政策之前，德国人民就已

---

[1] H. G. VÀHL, «La ville de Gouda et l'intégration de trafic», *Transport Environnement Circulation*, no 25, 1977, pp. 20-28.
[2] Francine LOISEAU, «Intégration de trafic et habitat urbain. L'expérience de Delft», *Transport Environnement Circulation*, no 12, 1975, pp. 24-30.
[3] Francine LOISEAU, *Le Piéton, la sécu-rité routière et l'aménagement de l'espace public*, *op. cit.*, p. 11.

自发地回到了自行车上，重新开发起这种方便实用的交通工具。即便在自行车道简陋破败的城市里也能观察到它回归的趋势。"[1] 阿德里·阿尔贝·德·拉布吕埃泽（Adri Albertdela Bruheze）和弗兰克·弗拉特（Frank Veraart）在九座欧洲城市里收集的数据也证实了这一点[2]。

法国方面没有足够的数据来证实或否认这一回升趋势的存在[3]，但可以确定的是，全国各地的自行车销量都有较大幅度的提高：受能源危机影响，1973—1974年，自行车在法国国内市场的销量提高了24%，从160万辆增至200万辆[4]，迷你自行车尤其受欢迎。当然，如此庞大的销量与休闲自行车的流行有着密切的关联，但无论如何，这一现象对实用自行车来说也是件好事。

这些新增的骑行者从何而来？荷兰历史学家曼努埃尔·斯托弗斯（Manuel Stoffers）表示，70年代西欧各国政府开始鼓励骑行，然而自行车的回温与汽车使用比例是平行增长的，也就是说当时自行车与汽车之间并非相互替代的关系[5]。实际上，当这两种出行方式的使用比例都在提高时，步行者的数量却大大降低了。

---

[1] Heiner MONHEIM et Rita MONHEIM-DANDORFER, *Straßen für alle. Analysen und Konzepte zum Stadtverkehr der Zukunft*, Rasch und Röhring, Hamburg, 1990, p. 140.
[2] Adri A. ALBERT DE LA BRUHEZE et Frank C.A. VERAART, *Fietsverkeer in praktijk en beleid in de twintigste eeuw...*, *op. cit.*
[3] Francis PAPON, *Le Retour du vélo comme mode de déplacement*, *op. cit.*
[4] Véronique GRANGER, «Une erreur de prospective», *loc. cit.*, p. 5, statistiques issues de la Chambre nationale du cycle et du motocycle.
[5] Manuel STOFFERS *et alii*, «Bicycle history as transport history: the cultural turn», *loc. cit.*, p. 274.

▶▷ 荷兰与德国当局的务实回应

整个欧洲都试图根据新情况作出调整。为了回应人民的要求，各个国家与地方政府先后推出一系列有利于步行者与骑行者的新政。当然，由于国与国之间的差异，其政策所呈现的风格形式也不尽相同。

为了让自行车新城扬帆起航，荷兰当局吹了一股劲风，1974 年，政府决定对两座先锋城市——蒂尔堡和海牙——给予 100% 的财政支持，以向全国证明自行车新城的可行性。这两座城市大刀阔斧地改建道路，给自行车修起了优先通行的轴线，骑行者可以安全无虞地穿越整个市区[1]。蒂尔堡（人口 17 万）的成功十分振奋人心；海牙（人口 50 万）由于居民较多，情况更为复杂，其效果没有蒂尔堡那样显著。

在阿尔梅勒和莱利斯塔德等新兴城市里，政府总结出了一套富有弹性的道路规划方法，使自行车在整体交通中时而分离，时而合并，始终保持平衡。干道上都修建有独立的自行车道，而进入街区后，它就可以和其他车辆共享道路，全体限速 30 千米 / 时，如此一来既免去了改建车道的麻烦，又保障了自行车的安全。快速干道上每隔 500 米就有一座过街天桥以便行人与自行车穿行[2]。

---

[1] LAMBERT et TACHET, «Promotion des deux-roues aux Pays-Bas», *Transport Environnement Circulation*, no 25, 1977, pp. 36-41.
[2] Bernard MILLÉRIOUX, «La fonction déplacement en ville nouvelle des polders de l'Ijsselmeer», *Transport Environnement Circulation*, no 25, 1977, pp. 29-34. Cet article fait partie d'un dossier intitulé «Les Pays-Bas: intégration-ségrégation de trafic et influence sur l'aména-gement urbain». pp. 17-41. Pour la doctrine actuelle, voir Tom GODE-FROOIJ, «Segregation or Integra-tion? The Dutch approach», *Velo Mondial 2000* (<www.velomon-dial.net>), Amsterdam, juin 2000.

1976年的一条法令正式鼓励修建城市庭院，到了1983年，荷兰已有城市庭院2700余座，然而这种街区耗资巨大且修建不易。在居民协会的要求下，技术人员在一些地方试行"限速30千米/时区"并证明了其可行性，1983年，政府正式发文推广限速30千米/时区。当时荷兰城市道路规划的主要原则就是给所有干道都配备自行车道，同时缓解专用路线附近的交通压力。另外，1977年自格罗宁根开始，许多城市都不再允许过境车辆进入市中心[1]，泊车也受到了严格限制。为了避免公路的基座阻断道路，一些立体化通道在城市中有序地修建起来。

比利时弗兰德省的一些城市亦步亦趋地效仿着北方的邻居：80年代初，科特赖克为学生骑车上学创造了良好的环境，1994年，根特也推出了一项宏伟的自行车计划。

荷兰之所以能够成为自行车的先锋国家，归因于许多方面。先来谈谈第一个原因。由于地理条件的限制和城市的密集程度，荷兰的城市不能肆意向周围扩张，因此公路建设可谓困难重重，并不发达，加之这里沙质与泥炭质的土地过于松软，路面极易塌陷，如此条件迫使人们每隔一段时间就要对道路进行翻新，因此交通设计的演变速度很快。为了方便一次次地翻新，荷兰的街道多以砖块铺成，只是根据不同的限速而在材料上略作区别。比如在乌得勒支，限速低于30千米/时的路面由红砖铺就，而限速高于50千米/时的路面则使用沥青，拆解起来都十分便捷，增加一条自行车道不费太多

---

[1] FIETSBERAAD, *Le Vélo aux Pays-Bas*, Ministerie van Verkeer en Waterstaat, La Haye, 2009, p. 29 (disponible sur <www.fietsberaad.nl>).

工夫。

另一个重要的原因则关乎荷兰城市的古老传统。早在 1650 年，荷兰就已达到了高度城市化，现在的国民中，有一半家庭从 17 世纪开始就习惯了城市生活[1]。这种城市文化流淌在整个社会的血脉中，长久以来都保持着特有的建筑模式：低矮的房屋并肩相连，与街道处于同一平面，前庭是整个房屋不可分割的一部分。在居民看来，家门口的这块地方不属于街道，而是自家的小院，woonerf 一词的字面意义就是"居住庭院"。孩子们总在前庭跑来跑去，因此临街的窗户是不装窗帘的，以便随时照看孩子。居民有权在门口的人行道旁种植花草作为点缀，栽上一两棵攀爬的蔷薇更是惬意至极。所以当汽车打扰到这样的生活节奏时，居民的激烈反应自然不难理解[2]。

最后还有一个原因，就是多数荷兰城市规模都不大，虽然少有完备的公交系统，但短短的距离非常适合骑自行车。从家到上班的地方通常也不太远，若要去较远的地方，则完全可以依靠通达的铁路网络，在这里，自行车加火车可谓完美搭档。比利时弗兰德省的情况也相似，就近工作的人口远多于瓦隆地区[3]。

沿着荷兰前进的轨迹，德国于 70 年代后期也开始尝试节制汽车交通，增建自行车专用道，这股流行风从邻近荷兰的地区吹起，主要有不莱梅、北莱茵—威斯特法伦州的明斯特、下萨克森州位于汉

---

[1] François BRAUDEL, *Civilisation matérielle, économie et capitalisme, XVe-XVIIIe siècles*, Armand Colin, Paris, 1979, tome 3, p. 154.
[2] Francine LOISEAU, «Évolution des "rues à vivre" dans quelques villes européennes», compte rendu pour le CERTU de la conférence *Childstreet 2005*, Delft, août 2005.
[3] Alain HORVATH, *Une géographie du vélo utilitaire en Belgique...*, op. cit.

堡西南边的布克斯特胡德等城市。1979年,联邦德国参照荷兰的经验,选择了十个城市作为发展自行车的先锋,它们享有政府的专项投资,整个城市交通规划都以亲和自行车为原则。入选的城市有埃朗根、海德堡、明斯特、特罗斯多夫等[1]。

德国之所以紧跟荷兰的脚步,也是许多因素共同影响的结果。除在地理位置上近水楼台之外,德国也有着悠久的城市化历史,孩子们一样习惯在路边玩耍。街道和房屋之间的区域在法国叫作"公共空间",而在德国,人们更喜欢将它称为"住宅周边",也就是说街道,尤其是人行道,在德国人眼中是住宅的延伸[2]。城市规划者在其中起的作用亦不可小觑。法国的建设部于1966年被并入公用事业部,以便给设备部让出资源;而德国的建设部一直独立于交通部,因此建设部能够成为节制交通的中流砥柱。此外,德国各部门之间的合作也比法国要密切许多。

践行总能让人们一点一点积累经验,从而找到增修自行车道与节制交通流量之间的平衡点。实际上,在市区最繁华的中心修建自行车道也许不是一个好主意,那里空间紧缺,交通复杂,自行车在十字路口穿行将是既困难又危险的。更好的解决方法是给城市的几条轴线配备自行车道,而在中心地带以全体限速的方式保障安全,这样一来,各种出行方式能够和谐共处,同时又免去了修建专用道路的麻烦。

---

[1] Michael FELDKÖTTER, «Das Fahrrad als städtisches Verkehrsmittel. Untersuchungen zur Fahrradnut-zung in Düsseldorf und Bonn», *Studien zur Mobilitäts-und Verkehrs-forschung*, no 6, MetaGIS, Mannheim, 2003.
[2] Francine LOISEAU, *Le Piéton, la sécurité routière...*, *op. cit.*, p. 9.

20世纪70年代在优化自行车交通方面还出现了一些创新。荷兰的几座先锋城市率先尝试在单行道上增加"反向自行车道",允许自行车在专用区域逆行通过单行道。这一创新颇有益处,汽车和自行车在相遇时可以迎面看到对方,大大提高了安全性。到了70年代后期,荷兰全境都采用了这一方案。还有一项创新是允许自行车使用公交专用道,实践证明这么做并不影响公交车正常行驶,同时也给自行车提供了一块安全地带。在路口设置闸区,将自行车集中起来统一放行的做法也能让骑行者显得更加醒目,尤其方便了左转的自行车。1991年,右转车辆获得了红灯右转的许可。

▶▷ **英国当局的自由主义回应**

正如西欧其他国家一样,英国的实用自行车曾一度发展迅速,但同样在1950年前后开始衰落。不同的是,英国的许多城市在"二战"中严重损毁,曾经的道路结构几乎没有保留,后来在大规模重建过程中,整套设计方案都以美国为模板,导致英国交通的汽车中心化比其他国家更彻底,城市结构也更接近于美国。1940年被纳粹夷为平地的考文垂就是一个活生生的例子:重建后的市区内有一条长度仅3.6千米的公路环线,市中心外挤满了停车场,道路网络因此支离破碎,导致自行车全无用武之地。1963年比沙南的报告强烈建议修筑"生态街区",以保护居住区不受与日俱增的车辆侵扰,可惜他的主张未能得以实现,仅是一纸空文。这件事背后别有文章。当时预订这份报告的是交通部长厄耐斯特·马尔普勒（Ernest Marples），然而报告完成后内容却与他的想法背道而驰，因此他转而敌视这份报告。事实上，马尔普勒出任交通部长之前曾是一家公路建设公司的股东，为了避免利益冲突，他将自己的股份全部卖出后才上任，但之后不久人们就发现原来他把持有的股份卖给了自己的妻子，这在当时是一起不小的丑闻。

如此背景下，汽车交通的增长加剧，相伴而来的是自行车使用的持续衰退。1974年能源危机的到来引得公众纷纷要求英国当局采取措施，但后者对此却支支吾吾，没有给出确定回应——自行车曾一度被认为是不安全的出行方式，现在真的要重新推广吗？如果推广，又如何实现大量的自行车道建设呢？难道这些不是地方政府的职责范围吗？

所有这些犹豫、疑问都因一个人的出现而画上休止符。1979年，玛格丽特·撒切尔（Margaret Thatcher）出任英国首相，随后的十一年里，一切政策都变得干脆、明晰起来。面对居高不下的失业率，以及修建铁路、公交系统的巨额成本，是时候加大力度发展公路网络了，与此同时，铁路应当逐渐私有化，公共交通的负担也需要从政府肩上卸除。根据1989年的白皮书，英国当局决定推出"罗马时期以来英国最雄伟的公路建设计划"。1985—1995年，英国共计修建了约4万千米的公路。随后的方向显而易见："繁荣之路"将直接通往"汽车超级经济"。至于自行车，出于为失业人口考虑，还是有必要做一些努力的。政府的主要思路就是将自行车从汽车交通中分离出来，利用废弃的铁路修建一些自行车道，以解决少许问题[1]。撒切尔在任期间，英国的汽车使用比例疯狂飙升，而火车、公交则出现了退步，自行车停滞不前，已然徘徊在各种出行方式的边缘[2]。

七八十年代的西班牙和意大利也同样推行这种政策，大力支持民众使用汽车出行。然而对于这两个国家来说，这么做主要是为了追上欧洲其他国家机动化的步伐，以免掉队太远。自行车是这里最不受关注的问题，只有意大利的费拉拉和波尔萨诺属于例外，我们会在后面的章节中详细讨论。

▶▷ 法国当局的摇摆回应

60年代后期，在设备部的主导下，法国的城市纷纷开始系统性地向汽车中心化转变。1974年能源危机爆发后，民众向政府强力施压，要求解决人行道与自行车的使用问题。为了安抚人心，公路与高速公路技术研究服务中心撰写了三本指南，分别针对轻型两轮车（自行车与排量低于50立方厘米的轻便摩托车）、人行道与城市道路的使用进行解释和说明。这一举动至少表明各种出行方式都终于受到了关注[3]。

---

[1] Cet historique et les citations proviennent de Laura GOLBUFF et Rachel ALDRED, *Cycling Policy in the UK. A Historical and Thematic Over-View*, University of East London, Londres, 2011, p. 9 (disponible sur <http://rachelaldred.org>).

[2] Source: Ministère des Transports britannique (<www.dft.gov.uk>).

[3] *Aménagementsenfaveurdescyclistes et cyclomotoristes*, SETRA, Bagneux, 1974; *Les Aménagements en faveur des piétons*, SETRA, Bagneux, 1975; *Les Voies urbaines. Guide technique*, SETRA, Bagneux, 1975.

第四章　20世纪70年代：反弹式回归

然而，本着保留汽车交通的目的，政府大力提倡的仅仅是将不同的交通方式分隔开来。1974年，公路与高速公路技术研究服务中心指出："当务之急是优化交通的组织与管理，最大限度地避免不同交通方式之间的冲突，尽可能地提高安全性，并让交通工具以各自适合的速度行驶。这一切都要依靠交通分离来实现，理论上说，就是给每种交通工具开辟一片专属空间。"[1] 这段话暗示着汽车可以在城市里高速行驶，因为这是它"适合的速度"，1969年，汽车在法国市区内的限速为60千米/时。

虽然提出了交通分离原则，但公路与高速公路技术研究服务中心也心知肚明，有些地方的分隔是不可能实现的："若要对整个车流严格执行交通分离，必然会遇到很多复杂问题，这个想法在结构已定型的城市表面是无论如何也做不到的。另外，在某些地段，不同交通方式的混合无法避免，只有尽可能地调解它们的冲突。"[2] 事实上，1975年推出的三本指南对汽车保有明显的偏袒。关于人行道的指南主要提倡行人在过马路时使用地下通道，以免影响路面上的车流："横穿马路自然是最快的办法，因此有必要在人行道上设置障碍，让行人无法随意横穿马路，从而迫使他们走地下通道。"[3] 关于轻型两轮车的那本中，大多数提倡修建自行车道的言语都透露着希望骑行者远离马路、减少干扰的意味[4]。讽刺的是，这本指南的封面正是一个

---

[1] *Les Aménagements en faveur des piétons*, op. cit., p. 7.
[2] *Les Voies urbaines. Guide technique*, op. cit., p. 8.
[3] *Les Aménagements en faveur des piétons*, op. cit., p. 8.
[4] *Aménagementsenfaveurdescyclistes et cyclomotoristes*, op. cit., p. 12-13, bien qu'il cite encore les surlargeurs de chaussée préconisées dans les années 1930-1950, p. 3.

"自行车强制专用道"的警示牌。这些指南印数很多，发放范围极广，在它们的指导思想下，城市规划者、技术人员和设备部门秉承这样的宗旨设计城市竟长达十多年[1]。

同在1975年，法国设备部部长罗贝尔·加莱（Robert Galley）发布了一篇通函，提倡着重发展环保节能的交通工具，尤其是自行车。通函中说："面对能源危机，我们必须坚决反对浪费，同时建造更加人性化的城市道路。这一切都需要我们以开放的思想重新审视现有的交通情况，优先发展节能环保的出行方式，比如公交系统、自行车或者轻便摩托车"。[2] 为了助推自行车道的建设，他在所有七个设备技术研究中心（CETE）里安排了专门的自行车项目负责人。

自行车重建工作起步以来，国家开始有规律地给予一些创新项目财政支持。1976年8月14日，拉罗谢尔市为公众免费提供了250辆黄色自行车，这些车的成本有60%由国家承担。每天8:00—20:00，市民们可以随心所欲地借用，只需在使用完毕后将它们放回固定停放点即可。市中心分散设置了23个停放点，通常都在停车场附近，就好像超市的小推车一样方便实用。这项创新一夜之间引来无数关注，法国和其他国家的媒体竞相报道此事。不过这批免费自行车不够结实耐用，而且敌不过小偷的飞快身手，因此没有持续太久。

---

[1] Arantxa JULIEN, *Comparaison des principaux manuels européens d'aménagements cyclables*, collection Rapports d'étude, CERTU, Lyon 2000, p. 26.
[2] Circulaire no 74-209 du 6 novembre 1974.

1977年12月，部长推出了一套系统化的财政方案来支持自行车道的建设工作，给市区工程补贴50%的建设费，给乡村工程补贴85%[1]。然而在1979年，第二次石油危机袭来，国家财政陷入了困局，这项补贴仅仅维持了两年便于1980年遭到取消。1982年，设备技术研究中心也失去了财政支持，国家从此决定将建设自行车道的工程全部交由地方政府负责。1976—1982年，法国政府为此共计支出8000万法郎[2]。

70年代后期，许多法国城市本想借助国家之力来完成自行车道工程，但苦于失去了补贴，只好半途而废，波尔多、格勒诺布尔和里尔都是如此情况。当时唯有斯特拉斯堡排除万难，坚持完成了自行车道建设。

自行车究竟是更"自行"还是更"车"？

统计类别的划分往往难以做到恰如其分，关于出行方式的类别划分就是一个典型例证[3]。

在50年代末和60年代的首批家庭出行调查中，法国统计学家们习惯将自行车和两轮机动车划为一类。1975年，城市交通研究中心（CETUR）的各项调查研究也采用了同一划分法。表面上看来，这仿佛很有道理：自行车和两轮机动车难道不是

---

[1] Circulaire no 77-670 de décembre 1977.
[2] Frédéric HÉRAN, «Gérard Wolf quitte le CERTU. Parcours d'un expert vélo», entretien avec G. Wolf, *Vélocité*, no 49, 1998, pp. 17-20.
[3] Frédéric HÉRAN, «Déplacements urbains: pourquoi les maires se trompent sur l'opinion de leurs administrés», *Transports urbains*, no 102, 2000, pp. 13-20.

表亲吗？毕竟它们的外貌是那么相似。事实上，它们之间可谓霄壤之别，无论是在速度上、安全性上还是环保问题上，自行车都不在两轮机动车的阵营。然而在1976年、1983年和1991年的整体交通调查（EGT）中，地区设备管理中心（DRE）甚至荒谬地将自行车看作是"机动化出行方式"！在公众多次集会呼吁后，2001年的整体交通调查终于将自行车划分为"机械化出行方式"，与1975年以来城市交通研究中心所提倡的思想相吻合（只是当时的统计未能如此分类）。另外，在当时的统计学家眼里，司机和乘客都被划归为"特殊交通工具使用者"，而步行者在调查中经常被忽略，理由是他们只做极短距离的出行，可以忽略不计。

　　德国的家庭出行调查则没有被统一化，多个调查机构一直保持平分市场的状态，社会数据研究所（Socialdata）便是其中之一。该机构位于慕尼黑，负责德国半数左右的相关调查。自80年代初以来，该机构便一直秉承其负责人威纳·布罗格（Werner Brög）所提出的三大主张：其一，将两轮机动车骑手和汽车司机统一划分为"独立机动车使用者"；其二，为汽车乘客开辟一个单独的类别，因为他们当中，有人主动选择乘坐汽车，有人则由于没有其他选择而不得不乘坐汽车（如青少年乘坐父母的汽车）；其三，将自行车骑行者、步行者和乘坐公交者归入"环保出行人群"中。与此同时，步行者也不会被忽略不计，同样，距离低于1千米的汽车出行比例高达20%—25%，也

第四章 20世纪70年代：反弹式回归 125

需要专门记录[1]。另外，从德国1976年的国家交通调查（KONTIV 76）结果中我们可以看到，轻便摩托车（Moped，限速45千米/时）和摩托车归为一类，而轻骑（Mofa，限速25千米/时）则和自行车归为一类。

▶▷ 七零八落的自行车道网络

另有两个问题进入了城市规划的考虑范围：第一是如何设计自行车道，第二是怎样保障交通安全。

公路与高速公路技术研究服务中心的指南中明确写着，应该给自行车修建分离式车道，而不是依靠标线划分出一条自行车带，后者紧挨机动车道，有很大的安全隐患。弦外之音是汽车速度神圣不可侵犯，因此并不打算让它减速而达到与自行车和谐共存。在当时，这是人们的普遍观点。克里斯蒂安·热龙多在1979年出版的《无谓的死亡》一书中也说道："大多数受害者都是在汽车沉重的撞击下死亡或严重受伤的，因此必须尽量将自行车从汽车流中分离出来，给它一条专属的安全通道。这类通道可以有多样化的形式，或沿着马路修一条分离车道，或另辟蹊径，远离车来车往的区域。"[2]

从实际操作的角度来看，修建自行车道的地方须满足三个条件：

---

[1] Werner BRÖG et Erhard ERL, «Les transports mécanisés à courte distance. Importance du trafic non motorisé pour la mobilité dans nos villes», *in Les Déplacements à courte distance*, rapport de la 96ᵉ table ronde d'économie des transports, CEMT, OCDE, Paris, 1994, pp. 5-69.

[2] Christian GERONDEAU, *La Mort inutile, op. cit.*, p. 125.

有人数众多的骑行者；存在一定的安全隐患[1]；有足够宽广的空间（言下之意是不能挤占汽车的地盘）。在这些条条框框的限定下，自行车道网络必然呈支离破碎的形态——只要道路稍有变窄，或是遇上拥堵的路口，自行车道就戛然而止，到头来，它们如同线头一般七零八落。

阿斯克新城和马恩—拉瓦雷这样的新兴城市则另有对策，它们编织了一张完整的自行车道网，几乎彻底脱离了城市的公路网络，和汽车井水不犯河水。然而这些路线并不方便，骑行者经常得左弯右绕，遇到快速干线还得从地下通道穿行（前提是有地下通道的地方），纵有百眼千手也难以将路线熟记于心，况且到了晚上更加难辨方向。另有一个严重的问题：完全分离的道路网络让汽车司机很不习惯自行车的存在，当骑行者突然出现在城市干道的交汇处时，常常会使双方都手忙脚乱，危害安全。

这些所谓的自行车道实际上并不能起到应有的作用，骑行者每前进几百米就会遇到一个难题：危险的路口、缺少自行车道的环线和大街、被高速公路或城市快线截断的自行车道……种种原因导致自行车的使用比例持续下滑。很多技术骨干和政府官员看到无人问津的自行车道，渐渐认为这是一种无用功，继续下去只会浪费纳税人的钱，于是选择不再为其投资。

以上许多自行车道网在修建时太过急功近利，后来一些专家发现了其弊病所在，但可惜为时已晚。设备技术研究中心里的自行车

---

[1] 此处是指只有在汽车流密集而快速的地方，骑行者的安全可能受到威胁时，政府才会考虑修建自行车道。——译者注

专家们虽然失去了财政支持，却还会时而私下聚集起来交流讨论。城市交通研究中心的一位专家热拉尔·沃尔夫（Gérard Wolf）仍利用闲暇时间继续研究该问题[1]。他精通德语，并一直跟进关于北欧自行车道的各种讨论[2]，随后发表了许多文章来分析自行车城市政策、自行车交通事故以及自行车带来的益处等[3]，只是在当时人们对他的研究鲜有关注。

▶▷ 被高估的自行车事故率

法国当时所推崇的并不是真正意义上的自行车，确切地说，应该是重返"轻型两轮车"时代。从前面的章节中我们也了解了法国的特殊情况——它是欧洲唯一一个两轮机动车胜过自行车的国家，如此结果主要归因于轻便摩托车的现象级成功。综览法国当时的科学技术领域，各种会议、文章几乎都对"自行车"一词绝口不提。他们所使用的提法是"轻型非机动两轮车"，这个词语如今听起来似乎叠床架屋、滑稽可笑，但仔细琢磨，它的目的就是要用如此生硬的语言提醒人们不要忘了两轮机动车这回事儿。法国人把各种两个

---

[1] Maxime HURÉ, «La création d'un réseau de villes: circulations, pouvoirs et territoires. Le cas du Club des Villes Cyclables (1989-2009)», *Métropoles*, no 6, 2009.
[2] Frédéric HÉRAN, «Gérard Wolf quitte le CERTU», *loc. cit.*
[3] *Politiques en faveur des deux-roues légers dans quatre pays européens, RFA, Pays-Bas, Danemark, Suède*, CETUR, Bagneux, 1983; *Accidents des deux-roues légers dans la circulation*, CETUR, Bagneux, 1984 (traduction d'un document de synthèse allemand «Unfälle im Radverkehr», in *Radverkehrsanlagen*, Cologne, 1982); *Les Deux-Roues légers, aménagements simples et sécurité en milieu urbain*, fiche technique no 07, CETUR, Bagneux, 1985.

轮子的交通工具简单粗暴地归为一类，仿佛是发泄对自行车的恼怒，嫌弃它安全性低。然而自行车却是蒙冤受屈，人们其实高估了它的事故率。相比之下，两轮机动车才更加危险，因为它质量更大，速度更快，遇到紧急情况难以制动。

90 年代初，在德国研究的启发下，城市交通研究中心对不同出行方式的事故比例做出了统计。从斯特拉斯堡的统计结果来看，导致严重伤亡的交通事故中，相对 1 例汽车事故，步行或自行车就有 2 例，轻便摩托车有 17 例，而摩托车高达 50 例[1]。如此高的危险性在法国城市里还没有其他事物能与之相提并论，而且这种情况长期以来也没有多少改变[2]。

尽管如此，人们却迟迟未将自行车与两轮机动车的危险性区别对待，原因是 70 年代以来，道路安全方面的期刊总公布一些令人胆寒的"两轮车事故"数据，并将自行车与两轮机动车混为一谈[3]。以城市交通研究中心的一篇报告为例，文中说："1976 年，5000 人死于城市交通事故，其中 30% 是两轮车的使用者。"[4] 这些数据的混淆使人们渐渐相信自行车是危险的。许多技术骨干人员都尽力说服政府停止建设自行车道，以免招来更多的人选择这种危险的出行方式。时至今日，这种不问青红皂白的混淆数据还偶

---

[1] Gérard WOLF, «Les deux-roues légers...», *loc. cit.*, p. 174.
[2] 这实际上是个物理问题：动能取决于物体的质量与速度，公式为 $e=1/2mv^2$。一辆轻便摩托车加上驾驶员的质量比自行车加驾驶员的质量高 50%，其速度是自行车的 2.4 倍，其动能则是自行车的 8.5 倍，所以危险系数自然要高很多。——作者注
[3] Jean-Claude ZIV et Charles NAPOLÉON, *Le Transport urbain. Un enjeu pour les villes*, Dunod, Paris, 1981.
[4] *Évolution des caractéristiques des déplacements dans les agglomérations françaises*, CETUR, Bagneux, 1979.

尔可见。

汽车交通的强势碾压颠覆了自行车昔日的安全形象。其实从专家们得出的客观统计结果来看，自行车在路上的危险性也并不是那么骇人听闻——毕竟非常脆弱的群体如老人、幼童并不会骑车上路，而车技熟练的人群大多可以自保——可是公众却在主观上对它十分恐惧，认为骑自行车的风险极高。部分人群本应是自行车的潜在使用者，但都出于安全顾虑而纷纷放弃了骑行[1]。父母不放心让学龄的孩子骑车上路，一些成年人也担心车祸而不敢跨上自行车。

人们对自行车危险性的极端迷信引出了一系列安全举措，然而这些举措反而造成了负面的影响。英国学者戴夫·霍顿总结了三条当时的主要措施[2]：第一，大力提高对骑行者的教育力度，反复强调让他们小心谨慎并且严守交规；第二，强制佩戴头盔；第三，修建与机动车分离的自行车道，以保骑行者安全。这些措施本意都是提高骑行安全性，但实际效果确是越描越黑，公众更加深信自行车的危险，继而瓦解了对它的信心，适得其反。到了这一步，情况已是格外明朗，如果想在保障安全的同时推广自行车，那么必须找到一套平衡的方案，让人们客观地看待这种出行方式。

---

[1] Marie PRÉMARTIN et Anne FAURE, «Sécurité subjective, sécurité objective et comportements: l'apport des opérations "Ville plus sûre, quartiers sans accidents" », communication à la *Cinquième Conférence internationale sur les comportements de déplacement*, octobre 1995.
[2] Dave HORTON, «Fear of cycling», *loc. cit.*

从全面速度到全局速度：重访伊里奇

自行车爱好者大约听说过伊万·伊里奇在 1973 年所做的著名论断："一个普通美国人每年有超过 1600 小时都花在汽车上（包括用车的时间和挣钱养车的时间），而这些人平均下来，每人每年仅行驶 1 万千米左右，这也就是说大约每小时行驶 6 千米。"[1] 从实质上来看，开车还不如比步行者速度快，更比不上自行车了。这一论断令人瞠目结舌，而让—皮埃尔·迪皮（Jean-Pierre Dupuy）利用法国 1967 年的调查数据展开一项有板有眼的研究，竟为此说法提供了有力的佐证[2]。

然而，从 70 年代起，这一论断需要重新考量了，因为驾车者的"全面速度"（不仅考虑出行时间，也要考虑负担该次出行所需的必要劳动时间）发生了翻天覆地的变化，如今已大大超越了自行车的全面速度。事实上，全面速度在绝大程度上取决于时薪。随着生活水平的提高，时薪在 1967—2012 年翻了 2.5 倍。诚然，长远看来，随着汽车出行成本的提高、大众购买力的下降以及限速政策，自行车的全面速度极有可能再次超越汽车[3]。

---

[1] Ivan ILLICH, *Œuvrescomplètes*, volume 1, Fayard, Paris, 2003, pp. 395-396.
[2] Yves DEBOUVERIE et Jean-Pierre DUPUY, *L'Automobilechronophage*, CEREBE, Paris, 1974; voiraussil'annexe de la version française du livre d'Illich, *Énergie et équité*, reprise dans ses *Œuvres complètes, op. cit.*
[3] Frédéric HÉRAN, «À propos de la vitessegénéralisée des transports. Un concept d'IvanIllichrevisité», *Revue d'économierégionale et urbaine*, no 3, 2009, pp. 449-470 et «Automobile versus bicyclette. Illich et la vitessegénéralisée», *in Mobilité et démocratie. De l'histoire des transports à l'histoire de la mobilité*, 2014, à paraître.

第四章 20世纪70年代：反弹式回归

换个角度来看，自行车还从另一个方面为人们节省了时间（或者说增加了时间），而这一点是伊里奇和迪皮时代无法洞悉的。最近二十年的研究中，人们渐渐发现，骑自行车是一种很好的锻炼，可以延年益寿。在基于6项调查所获得的65.4万个样本中，一个国际流行病学研究团队以目前最精密的手段对这一作用进行了测量，结果显示，与不参与锻炼的人相比，40岁以上人群若每周锻炼3小时，可以延寿1.8年，每周锻炼5小时可延寿2.5年，每周锻炼9小时可延寿3.4年[1]……

沿着这个思路，汽车消耗的时间不仅要算上买车所需的劳动时间，还应算上由于缺乏锻炼而减少的寿命，或是为弥补寿命损失而专门进行锻炼的时间，比如有规律地远足、慢跑、光顾健身中心，等等[2]。在这种"全局时间"的基础上，我们也能得到一个"全局速度"，汽车的全局速度比全面速度要低得多，而使用自行车在出行的同时也可以兼顾完成锻炼，因此它的全局速度远高于汽车。

为了增强这个理论的画面感，试想象一个上班族的生活：如果他愿意放弃开车而选择骑自行车上下班，那么每天需要在路上多花30分钟时间（假设开车往返需要30分钟，而骑自行车需要60分钟）。若他坚持骑车上下班43年（该年限为享受全额

---

[1] S. C. MOORE et alii, «Leisure time physical activity of moderate to vigorous intensity and mortality. A large pooled cohort analysis», *PLoS Medicine*, vol. 9, no 11, 2012, p. 6.
[2] «En France, 40% des citadinsprennentaujourd'huileurvoiture pour aller faire du sport.» *in* Jean HAËNTJENS, *La Ville frugale, un modèle pour préparerl'après-pétrole*, FYP Éditions, Limoges, 2012, p. 87, source non précisée.

退休金所必需的时间），那么他将比开车上下班多花费生命中的0.6年（按照一年工作250天计算），但骑自行车的同时却可以让他延寿2.5年，等于在时间上赚了4倍。

自20世纪30年代以来，法国持续出版《市民行为手册》以纠正不文明行为。手册上能看到许多批判自行车的内容，例如在车流间"之"字形穿行、并排骑车、闯红灯、大摇大摆地逆行、干扰行人等。然而关于汽车的不文明行为却无迹可寻，手册上既不批评它从骑行者身边飞驰而过，也不提及它超车后立即窜回内道，至于不打转向灯、大声鸣笛、突然开车门等行为更是只字不提。看起来仿佛在暗示，如果自行车被撞了，那必然是骑行者自己的责任。如此观点让自行车的处境十分被动：明明是汽车带来的危险更致命，却偏偏把责任都推到自行车上，弱势的一方反而成了交通问题的根源，成了人们谴责的对象[1]。骑行者既要承担路上的风险，还要承受社会的责备，不堪重负的他们自然很难坚持下去。

---

[1] Ivan ILLICH, *Œuvres complètes*, volume 1, Fayard, Paris, 2003, pp. 395-396.

| 第五章 |

20 世纪八九十年代：迎回单车的崎岖路

　　真正把人们从汽车驾驶舱里揪出来摁回自行车座上的，正是人们日益开阔的眼界。放眼望去，你也许会问：什么？这还是城市吗？忽然之间，城市不再是塞满了挡风玻璃、橡胶轮胎和保险杠的巨兽，不再眨着红黄绿色怪异的眼睛；忽然之间，那些眯着眼睛、盯着柏油路开了二十多年汽车的老司机们睁大了双眼，从此人们的眼界从迷你电视屏变成了巨幕电影。

迪迪埃·特龙谢（Didier Tronchet），
《浅谈自行车的哲学》，2000。

20世纪八九十年代是欧洲自行车历史的决定性时期，各国的实用自行车发展趋势在这个关口分道扬镳。在此之前，欧洲各国的步调大致相同，虽然偶尔有些时间差，但总体来说都属于平行发展阶段。到了这个分化时期，荷兰、德国、丹麦、比利时弗兰德省、瑞士德语区、意大利北部等国家和地区成功扭转了战后自行车衰退的势头，如今已是蒸蒸日上；而法国、英国、西班牙却与实用自行车渐行渐远，直至其衰落到无以复加的地步。这期间究竟发生了什么？看上去，节制交通流量的政策似乎起了至关重要的作用。

▶▷ 在德国：交通流量节制

受荷兰的影响，德国于20世纪70年代后期开始推行一项新政策，这项政策的名称字面意义是"平静的交通"，换个说法就是交通流量节制。不来梅（55万人口）、汉堡（180万人口）、柏林（340万人口）、北莱茵—威斯特法伦州（1780万人口，包括科隆、多特蒙德、杜塞尔多夫、明斯特等城市）都处于创新政策的风口浪尖[1]。

交通节制的进程先后分为三个阶段[2]。70年代末，人们从荷兰、德国、北欧国家的摸索尝试中积累了不少经验：城市庭院、限速30

---

[1] Catherine PARADEISE, *The Contribution of Social Sciences to Transport Research in Germany*, IRT, Bron, 1980; Christian JACOB et Barbara DAHM, «Circulations douces en Europe: Berlin, Munich, Hambourg, Berne», *Cahiers de l'IAURIF*, no 111, novembre 1995, pp. 44-76.
[2] Peter MÜLLER, Frank SCHLEICHER-JESTER, Marie-Pascale SCHMIDT et Hartmut H. TOPP, *Konzepte flächenhafter Verkehrsberuhigung in 16 Städte* [Concepts pour une large modération de la circulation], Fachgebiet Verkehrswesen, Universität Kaiserslautern, Grüne Reihe, no 24, 1992.

千米/时街道、自行车优先街道等都取得了一定的成功。到了 80 年代，有些街区开始推行整体限速 30 千米/时，同时减少过境车辆，夏洛滕堡、柏林的克罗伊茨贝格区、美因兹的诺伊施塔特都将其付诸实践。乃至 90 年代时，出现了"限速 30 千米/时城"，将此限速标准推广至城市的角角落落。1983 年，汉堡西南边 20 千米处的布克斯特胡德是第一个整体完成"限速 30 千米/时城"改造的地方（除几条轴线以外），不来梅、汉堡和柏林也紧跟其步伐。1985 年在柏林召开的研讨会上，人们总结了实践中的经验与不足，并对下一阶段的进展做出了预期[1]。

当街区的交通略见舒缓、过境车辆大幅减少之后，人们发现原来不用修建自行车道也可以安全无忧地骑车。这一发现可是城市规划的福音，它意味着从此不需耗费巨资、牺牲空间去建设专门的车道了。节约下来的物资与人力只需给几条轴线配套自行车道即可，毕竟占用一窄条汽车的地盘无伤大雅。当然，不能只把力量集中在市中心，郊区的问题也需要得到解决，那些被快速干道基座割裂的道路，也都用天桥或地下通道重新连接了起来。

再来看看杜塞尔多夫（55 万人口）。这座城市里有一条 B1 快速干道（每日通行量为 5 万辆车），它紧邻莱茵河，阻断了人们去往河边的路。90 年代初，政府不惜投入 2 亿欧元将这条路的 1.9 千米改建成地下隧道，只为方便市民在河边漫步，同时将这段密集的交通埋

---

[1] UMWELTBUNDESAMT, *Kolloquium Forschungsvorhaben Flächenhafte Verkehrsberuhigung* [Bureau fédéral de l'environnement, *Colloque sur les projets de modération de la circulation à grande échelle*], Berlin, 1985.

入地下,恢复地面的平静。为了提高通过率,隧道内的限速为 60 千米/时,而且出口很少,以免车流渗入市区。这项努力的收效颇丰,市区里许多地方都因此受益,交通状况明显有所好转。在竣工后的第八年,弗朗辛·卢瓦索(Francine Loiseau)和樊尚·德·布里松(Vincent de Brisson)说道:"各个政党、市民和游客都为这一工程拍手称赞:这就是大家的梦想!"[1]

在德国这样一个汽车备受拥护的国家,一切节制交通的想法都难免遭到反对和质疑。为了打消人们的顾虑,每个创新尝试都必须先在小范围内进行实验,每次实验前后也必须开展总结研究,这样一来,万一失败,人们也尚有足够的余地。"限速 30 千米/时区"在多次实验和反复研究中鲜有败绩,因此也没有再受到质疑;对于极个别不适合限速 30 千米/时的地方,可以允许其限速 40 千米/时[2]。

节制交通的政策带来了许多积极影响:恶性交通事故减少了 20%—30%,噪声与环境污染有明显改观,一部分原先使用汽车的人转而奔向其他交通工具,自行车尤受欢迎[3]。唯一的缺点就是严格的

---

[1] Francine LOISEAU et Vincent DE BRISSON, *Exemple. Voie B1 le long du Rhin à Düsseldorf – Allemagne. Conception intégrée des infrastructures routières en milieu urbain*, CERTU, Lyon, 2003.
[2] Lydia BONANOMI, «La modération du trafic au niveau local: des mesures ponctuelles aux stratégies globales», *SIA – Ingénieurs et Architectes Suisses*, no 18, 1991, pp. XI–XIV.
[3] Lydia BONANOMI, *Le Temps des rues. Vers un nouvel aménagement de l'espace rue*, École polytechnique fédérale, GCR, IREC, Lausanne, 1990; Todd LITMAN, *Traffic Caming. Benefits, Costs and Equity Impacts*, Victoria Transport Policy Institute (<www.vtpi.org>),1999; Chris GRUNDY, Rebecca STEINBACH, Phil EDWARDS, Paul WILKINSON et Judith GREEN, *20 mph zones and road safety in London*, report to the London Road Safety Unit, LSHTM, Londres, 2008; Frances BUNN *et alii*, «Area-Wide Traffic Calming for preventing traffic related injuries (Review)», *The Cochrane Library*, no 4, 2009.

限速会耽误汽车一些时间。然而，汽车被浪费的时间远比人们预期的要少：虽然速度从 50 千米/时到 30 千米/时降低了 40%，但实际行驶的平均速度仅降低了约 10%，高峰时段则更少[1]。

1988 年，德国学者提尔曼·布拉舍（Tilman Bracher）在一篇关于欧洲自行车政策的研究中直言不讳地说："单凭修建自行车道是不足以把汽车司机拉进自行车阵营的。关于代尔夫特、格拉茨、布克斯特胡德、罗森海姆等地的研究均显示，交通节制和停车管制的政策是必不可少的。"[2] 1992 年召开的第四届自行车城市俱乐部年会上，城市交通研究中心的帕特里西亚·古（Patricia Gout）将德国的发展思路总结得格外透彻："要让自行车一跃成为城市的主流出行方式，最要紧的不是技术层面的问题，而是在于采用怎样的政策。我们需要一套严密的政策，需要它不惜成本地规范城市汽车的行为，只有这样才能最终走向环保的城市出行。"[3]

▶▷ 在意大利：交通限制区

在阿尔卑斯山的阻隔下，西风吹不进意大利的波河河谷。汽车在此地造成的污染弥漫在城市上空经久不散，尤其容易聚集在拱廊

---

[1] ADTS, CETUR, IBSR, IREC, La sécurité routière, *La Rue, un espace à mieux partager. Concilier circulation, sécurité et vie locale*, Amarcande, Paris, 1990.
[2] Tilman BRACHER et H.C. VAN HALL, *Radverkehrspolitik und Radverkehrsanlagen in Europa* [Politiques vélo et aménagements cyclables en Europe], IVU-GmbH, Berlin, 1988, p. XIII.
[3] Patricia GOUT, «Incitation à l'usage du vélo et modération de la circulation en Allemagne», *in Le Vélo, un enjeu pour la ville*, actes du quatrième congrès national du Club des villes cyclables, Strasbourg, 9-10 octobre 1992, pp. 18-22.

形的古建筑中。为保护古迹、复兴旅游业，60年代后期，包括费拉拉在内的几座城市首次设置了交通限制区，没想到竟然旗开得胜，1989年3月24日，法律正式明确了交通限制区的概念，并将其推广至许多地方。它的主要思想非常简单，就是只允许符合条件的车辆进入特定区域。有权进入限制区的车辆通常包括：该区域居民的私家车、急救车、公共服务车、残障专用车、公交车、自行车（不包括两轮机动车）、出租车、货运车，以及出入该区域的手工业者、机修工人、酒店住客、医院病人的车辆，等等。这听起来似乎是个很长的放行名单，但实际上符合以上条件的车辆仅占城市交通的10%—20%，而且在整个区域内的限速为30千米/时。这个方法非常经济，省去了修建专用车道的麻烦，只需明确地标记出限制区边界，并且在入口处标明有权通行的车辆和出入时间即可[1]。

八九十年代，数十座意大利城市采用了交通限制区，其中包括波尔萨诺、梅斯特雷、帕多瓦、佛罗伦萨、博洛尼亚、比萨、帕尔马、摩德纳、拉文纳、里窝那，等等。限制区有效舒缓了城市的交通，于是自行车的小轮又飞快地转了起来[2]。时尚总是让人捉摸不透，忽然之间，自行车又吹起一阵流行风，其他城市也纷纷修建专用车道来迎合这一趋势，进入市区的主要道路上几乎都有自行车的一席之地。里窝那（16万人口）1998年的自行车使用比例占全部出行方式

---

[1] Yan LE GAL et Éric CHEVALIER, «Zones à trafic limité. Limiter intelligemment la circulation automobile en ville: l'exemple italien», *Ville, Rail et Transports*, 19 octobre 2011, pp. 79-83.
[2] Gilbert LIEUTIER, «Déplacements urbains. Les solutions mises en œuvre dans les villes italiennes: les ZTL, zones à trafic limité», *Transports urbains*, no 94, 1997, pp. 5-14.

的 11.8%，该数据在 1991 年为 6%，而 1981 年仅为 2.3%，可见其增长速度之快[1]。

费拉拉（13 万居民）是意大利久负盛名的自行车城市，与波尔萨诺并列榜首。这里的发展情况比较特殊，正如上文所说，费拉拉是历史名城。出于美观考虑，市政早在 60 年代末就将市中心设为限制区，不对机动车开放[2]，然而城里的公交设施却并不完备，因此许多市民选择骑自行车出行。1995 年，费拉拉被联合国教科文组织选为世界遗产。当市政府意识到城里数量众多的自行车时，便借势把它作为城市的特色招牌，自称为"自行车之城"。在这个头衔下，市政又想出了更多主意，他们给游客发放自行车卡，让前来观光的人将开来的汽车停放在城外，租辆自行车游览古城。到了 2000 年，又推出了"自行车计划"，将城市交通中不适合骑车的地方全部整改，截断的车道、危险的路口等问题都——解决，同时增加了许多自行车停放点[3]。2008 年的统计结果显示，费拉拉的全部出行方式中，汽车占 56%，两轮机动车占 3%，出租车占 1%（不环保出行相加为 60%）；而自行车占 27%，步行占 8%，公共交通占 5%（环保出行相加为 40%）[4]。显然，汽车的使用比例仍然居高不下，尤其在喧嚣的郊区。自行车增长的部分基本上都来自以前步行

---

[1] ASSOCIATION 4D et ALTERMODAL, *Analyse des expériences étrangères des modes de déplacement non motorisés*, rapport final d'une recherche pour le PREDIT 2, 2001, p. 59.
[2] Pietro OSTI, *Ferrara in bici*, Agenzia Mobilità Impianti, Ferrare, 2010.
[3] Jean-Pierre VALLAR et Alain KERVEILLAN, *Politiques en faveur du développement du vélo. Bonnes pratiques de villes européennes. État de l'art 2001*, Énergie-Cités pour l'ADEME, Paris, 2001.
[4] Pietro OSTI, *Ferrara in bici, op. cit.*

的人群[1]。

意大利的例子更加佐证了节制交通在自行车复兴过程中的重要作用。然而交通限制区有一个缺陷，它可能反而推动两轮机动车的发展，比萨和帕尔马就是这样，两轮机动车半路杀出，破坏了发展公交系统的希望。

▶▷ 在法国：交通节制的尝试

法国最初关注的问题仅仅是如何提高道路交通安全。设备部长于1982—1983年发起"事故减少10%"的活动，以期降低交通事故率。1984年，城市交通研究中心决定推出"安全城市，无事故街区"计划，循着荷兰与德国的路线，在许多社区尝试进行交通节制，并根据法国的特色做出了一些调整。这一系列尝试中总结出的经验教训写成了两本厚实的书籍，内容非常丰富[2]。

为保障道路安全，法国政府于1990年宣布降低市区的50千米/时限速，并将"限速30千米/时区"写入交规。这一动作比邻居晚了三十三年——德国早在1957年9月1日便已施行。伴随着这项政策，

---

[1] Les parts modales de La Rochelle sont similaires, avec inversion des parts vélo et marche. Voir Frédéric HÉRAN, «À pied ou à vélo? Ferrare ou La Rochelle? De l'utilité de considérer les combinaisons modales», *Transports urbains*, no 122, octobre 2013.
[2] *Ville plus sûre, quartiers sans accidents. Savoir-faire et techniques*, CETUR, Bagneux, 1990; *Ville plus sûre, quartiers sans accidents. Réalisations, évaluations*, CERTU, Lyon, 1994. Voir aussi: H. G. VÀHL et J. GISKES, *Urbanisme et trafic, de la guerre à la paix*, CETUR, Bagneux, 1988.

城市交通研究中心又写出一大堆文件[1]，然而多数城市并没有立即接纳这项新政。限速 30 千米 / 时区在法国的推进缓之又缓，非但设计不合理，面积也很小，有时甚至只占一条街，并且在区域内部和入口处都缺乏相应的设施来保障限速[2]。当时，省级设备管理部门和议会纷纷站出来反对限速 30 千米 / 时区。由于选区划分问题，上述部门和议会几乎是乡下人的天下，他们不在城市生活，却反对在城市的轴线上设置限速 30 千米 / 时区，即使人口稠密的商业区和古迹附近也不例外。

即便如此，在当时也能看到些许曙光。虽然限速 30 千米 / 时区没有得到快速发展，但随着轻轨的回归，加上市民的呼吁，一些公共空间还是从汽车轮下被夺了回来。三座城市为法国照明了前路。1985 年，格勒诺布尔首次占用汽车道路发展轻轨，彻底禁止汽车驶入某些街道，如此挑战汽车霸权，可谓打响了在法国的第一枪。1991 年，南特为给轻轨 2 号线开拓空间，将一条街上原本的八车道改为两车道外加一条公交专用道。1992 年，斯特拉斯堡要在市中心修建第一条轻轨[3]，为此将从前每日通行 5 万辆车的南北轴线设为禁行区，

---

[1] *Réduire la vitesse en agglomération. Mesures localisées d'exploitation et d'équipement de la voirie*, CETUR, Bagneux, 1989; *Modération de la vitesse en agglomération, recommandations techniques sur la limitation généralisée à 50 km/h*, CETUR, Bagneux, 1991; *Guide «zone 30»*, CETUR, Bagneux, 1992.

[2] Patrick DE LA SABLIÈRE, «Dossier zone 30. La révolution en panne», *Circuler*, no 62, 1994; Corine PIN et Catia RENNESSON, *Les Zones 30 en France: bilan des pratiques en 2000*, CERTU, Lyon, 2003.

[3] 斯特拉斯堡曾经拥有几条有轨电车线路，后来为了发展汽车交通而拆除。书中所说的"第一条轻轨"是指第一条现代化轻轨，与从前有轨电车的技术不同。——译者注

轻轨沿线的街道和广场尽数整改，焕然一新，从此"城市轻轨"被奉为美谈[1]。这三座城市打开了缺口，其他城市便蜂拥而至。波尔多犹豫再三之后终于选择了发展轻轨，1996年修建了三条线路，于是城市中心渐渐趋于安宁。然而自行车并没有立即从中受益，因为轻轨出现的同时也带来了竞争，它对女性和青少年充满吸引力——这类人群骑自行车比较容易受到伤害，所以自然而然地倾向于乘坐轻轨。南特和斯特拉斯堡的情况都证实了这一观点。

敦刻尔克（20万人口）的情况也许能引发一些思考。这座城市拥有长达170千米的自行车道网，不仅质量过硬，而且维护得当，在整个法国都十分罕见。然而这里却从未有过节制汽车交通的尝试，人们开着车可以轻松穿越城市，无论何处都有数量充足的停车场。城里也没有轻轨来跟汽车争夺空间。在这样一座城市里，自行车的数量少得惊人，其使用比例至今仅有2%—3%左右。这进一步证明了节制交通才是发展自行车的关键。

▶▷ 德法情况大不同

许多方面的事实都证明，德国有很强的能力和意愿推行节制交通政策，而法国还远远落在后面[2]。德国是联邦制国家，各州都保持着较强的自主权和雄厚的经济实力，这一点是法国各个大区无法企

---

[1] Francis BEAUCIRE, *Les Transports publics et la ville*, Milan, coll. «Les Essentiels», Toulouse, 1996.
[2] Anne HECKER, «Urbanisme, société et mobilité durable en Allemagne», *Revue géographique de l'Est*, vol. 47, no 1, 2007.

及的。例如德国的北莱茵—威斯特法伦州，在整个地区面临全面工业转型期间，仍能拿出足够的资金来支持自行车城市建设。从市级层面来看，德国城市也比法国城市富强。1973年，德国乡镇大范围合并之后，城市面积骤增，整体性也大为提高，给市区交通政策的统一推行提供了优越条件。法国的市镇间缺少合作，关系十分疏离，在交通设施建设方面几乎是自扫门前雪。在德国，市长的连任时间非常有限，这也要求他们在做决策前广泛倾听民意并参考各种研究结果。另外，德国人对影响生活品质的一切事物都抱有更为严苛的态度，而法国人对此则宽松得多。

德国的环保精神历史悠久且深入人心，它是生态学的摇篮，也是第一个绿党的诞生地（1980年1月绿党Die Grünen成立）。在这样一个国家里，环境破坏、核威胁、空气污染、酸雨等问题牵动着每个人的心，民众热切盼望找到一套解决的办法，因此非机动化的出行方式很快博得了人们的赞赏。

另有一点不得不提，那就是人口密度。德国的人口密度虽比不上荷兰，但却是法国的两倍。在各种复杂问题的试炼下，久而久之，德国人变得非常精于城市规划，给自行车设计一些便利条件可谓得心应手。正如前面的章节所说，德国的城市化也比法国早很多，20世纪初城市人口就已占大多数。此外，德国各个城市的发展相对来说比较均衡，不像法国那样集中，许多城市规模适度，非常适合骑自行车来往，加之少有公交系统的竞争，可以说是自行车的天堂。

▶▷ "自行车城市"政策的成与败

欧洲各国在 70 年代末纷纷播撒下"自行车城市"的种子，之后的十年里，它们陆续绽放出了不同的花朵。

荷兰仍旧一马当先，它的复兴成果耀眼至极：1978—1985 年，自行车出行增加了 30% 以上。随着交通节制的开展，这一成绩再次得到巩固，汽车严格限速之后，路上的事故率也显著降低。一个良性循环就此开启：骑行人数越多，安全性就越高；有了安全保障，人们就备受鼓舞，于是激励了越来越多的人重新跨上自行车。在阿姆斯特丹（80 万人口），自行车使用比例在 1988 年是 21%，到 2006 年已增至 28%[1]。

德国也不甘示弱，1972—1995 年，城市地区的自行车出行总体提高了 50%[2]。慕尼黑（140 万人口）的自行车使用比例在十六年里翻了 2.5 倍，公交车比例翻了 1.3 倍，减少的出行方式有步行，同时也有汽车和两轮机动车[3]。巴伐利亚州的埃朗根（10 万人口）也是类似，其自行车使用比例从 1974 年的 14% 跃至 1993 年的 30%[4]；弗赖堡（22 万人口）的自行车使用比例在十七年里也几乎翻倍，由 15%

---

[1] Dirk LIGTERMOET, *Bicycle policies of the European principals...*, *op. cit.*, p. 73.
[2] John PUCHER, «Bicycling boom in Germany. A revival engineered by public policy», *Transportation Quarterly*, vol. 51, 1997, pp. 31-46.
[3] Source: Socialdata (<www.social-data.de>).
[4] Dietmar HAHLWEG, «L'expérience d'une ville allemande: Erlangen», actes du colloque *Le Vélo dans la ville*, Rennes, 10 septembre 1993, pp. 18-21.

增至28%[1]。这座城市1973年封锁了老城区内的50公顷路面，禁止汽车进入，该事件是其交通方式变革的重要转折点。

此处我们必须再次提及北莱茵—威斯特法伦州，那里的中型城市特罗斯多夫（7万人口）进步神速，其自行车使用比例在1970年只有5%，而1990年已是21%[2]。柏林西部的自行车的使用在一段时期内低迷至极，1974年仅有2%的比例，在社会呼吁下，政府采取了一系列措施，使其于1990年升至8%，虽然并不算多，但也是4倍于从前[3]。

令人惋惜的是，德国城市中大部分新增的骑行者都来自从前的行人，而非机动车司机——至少看上去是如此。对于这个现象，有两点值得注意：其一，骑自行车毕竟比步行更加快捷而且拥有更大的自由度：不可否认，在消耗相等体力的前提下，骑自行车覆盖的距离是步行的12倍，因此步行者选择骑车是自然而然的；其二，自行车的飞跃与公交的进步和汽车的衰落不可分而论之，城市交通是有机的整体，谁也不能断言所有新加入的骑行者都是曾经的行人，而不是经过一番周折多次选择后的其他人群。

1975—2005年，早高峰进入哥本哈根（120万人口）的自行车

---

[1] STADT FREIBURG, *Verkehrsentwicklungsplan Freiburg*, Teil A: Problemanalyse, p. 21.
[2] BUNDESMINISTERIUMFÜRVERKEHR,BAU UND WOHNUNGSWESEN, *Erster Bericht der Bundesregierung über die Situation des Fahrradverkehrs in der Bundesrepublik Deutschland. 1998* [Premier rapport du gouvernement fédéral sur la situation du cyclisme dans la République fédérale d'Allemagne. 1998], BmV, Bonn, 1999, p. 111.
[3] Helgard JAHN et Joachim KREY, *Mobilität des Stadt. Daten zum Berliner Verkehr*, Senatsverwaltung für Stadtentwicklung, 2010, p. 38.

翻了4倍。这个现象说来有趣，其实跟七八十年代该市的财政危机有关：当时市政府财政告急，不得不放弃了一些公路建设项目，转而投资经济实惠的自行车[1]。斯德哥尔摩（80万人口）的自行车使用比例在1970年惨跌至1%以下，1991年回升至4%，到2006年增至10%[2]。至于瑞士，经过一系列节制交通和修建自行车道的努力，伯尔尼州（100万人口）在1980—1990年的十年中，该比例由7%提高至15%[3]。日内瓦的自行车也有复兴的迹象，由1987年的2%变为2011年的7%[4]。

斯特拉斯堡，法国首座自行车城市

斯特拉斯堡成为法国首座自行车城市的原因很多，与德国毗邻倒不见得是个重要因素。自1960年废除最后一条有轨电车线路后，阿尔萨斯的首府长期依靠几趟公交车来维持交通，穷人想出门只能靠自行车。1974年，市政想修建一条现代化的轻轨，以此唤醒城市的公交服务系统，但修建这条轻轨意味着牺牲南北轴线上的汽车交通（每日通行量为5万辆），对此，市政

---

[1] Walther Bach KNUDSEN et Thomas KRAG, Pa °cykel i 100 a ̊r: Dansk cyklist forbund 1905-2005 [À vélo depuis cent ans: la Fédération des cyclistes danois, 1905-2005], Dansk Cyklist Forbund, 2005.
[2] Martin EMANUEL, «Understanding conditions for bicycle traffic through historical inquiry: The case of Stockholm», loc. cit.
[3] Éric CAMPBELL et Philippe CHABANNE, Les Deux-Roues dans les déplacements urbains, mémoire de fin d'études à l'ENTPE sous la direction d'Edith METZGER, Lyon, 1992, p. 68.
[4] VILLE DE GENÈVE, Les Comptages vélos 2011. Rapport technique, Direction générale de la mobilité, 2012.

又犹豫再三,考虑将轻轨方案改为地铁。后来1989年,城市的多数派有所变动,新一届市政府终于拍板决定,在南北轴线上修建轻轨,驱逐汽车,并将人行道加宽一倍。

与此同时自1976年起,当地的城市自行车协会得到了市长皮埃尔·弗里姆兰(Pierre Pflimlin)的关注——这位市长有汽车恐惧症,连驾照都未曾取得。1978年,城市规划局组织了一个访问团去荷兰参观,归来之后,市长心悦诚服地决定发展自行车交通。城市规划局借机提议沿着城市的50千米运河与其他河道修建自行车道网络,这样一来既能缓解市区交通压力,又不妨碍汽车正常行驶。更幸运的是,市中心附近的一所大学鼓励学生使用自行车。1988年,斯特拉斯堡首次开展家庭出行调查,并惊喜地发现自行车使用比例竟高于公共交通(分别为8%和7%)。1991年,市政府决定加快自行车城市建设的步伐,完善相关基础设施建设,并提高服务质量。这些举措在自行车的下坡路上成功拉住了刹车,随后一段时间,其使用比例渐渐回升,到了2000年以后更是加速奔跑。

英国的情况则恰恰相反。1973年,自行车的使用已跌入谷底,人们在70年代曾几番犹豫:到底要不要恢复这种看似不安全的出行方式?后来撒切尔政府坚决将道路优先权授予汽车,此后的自行车经过一阵短暂的挣扎起伏,终于停滞在1%的使用比例上奄奄一息。

法国的家庭出行调查似乎有失精准,结果显示,自行车在各个城市都一退再退,连斯特拉斯堡也不例外。从数据上看,格勒诺布尔仿佛有一段时间略显回升，但正是这一点让人颇有怀疑，因为这里的自行车使用比例按理应该较低，而且调查开展的那段时间天气恶劣，本应得到更低的数据。抛开这些不谈，自行车在法国的总体趋势仍然是一片狼藉，人们越来越不相信它还能有未来，很多人在心目中已经淘汰了这种过时而危险的出行方式。有些乐观主义的人仍觉得它是个不错的消遣，也许将来会流行在远郊骑车兜风，或是在旅游旺季骑车观光[1]。要在法国看到自行车的复兴，大概要等到2000年。

▶▷ 公交系统与自行车的复杂关系

法国政府终于在七八十年代开始为公共交通说话。随着第一次自行车复兴的失败，研究公共交通的学者们争论不休，他们有的是公交运营公司的负责人，有的是全国公交用户联合会（FNAUT）成员。尽管这些人也有许多意见不合的地方，但他们几乎一致将自行车看作竞争对手，想方设法地排挤它。他们这样想也不无道理，在以汽车为主导的交通环境下，公共交通和自行车谁也抢不了汽车的风头，只能互相争抢用户，形成直接的竞争关系[2]。它们的矛盾体现在很多方面。

有人觉得停放自行车很占地方。这个想法从70年代就开始形成，

---

[1] Jean-Marc OFFNER, «Et le vélo? Pour une relance sélective des politiques de promotion des deux-roues légers en ville», *Transports*, no 325, 1987, pp. 48-50.
[2] Frédéric HÉRAN et Philippe TOSTAIN, «Vélo et transport collectif urbain, opposition ou complémentarité?», *Transports urbains*, no 90, 1996, pp. 5-16.

最终回到了一个当时普遍的错误观念中，那就是将自行车与两轮机动车混为一谈[1]。事实上，自行车轻便易于收纳，停放的时候其实只占两轮机动车位置的一半，如果双层停放，则节省的空间更多——而两轮机动车十分沉重，不能双层停放。在自行车发达的城市里，即便在人员密集的火车站附近修建容量高达数千的自行车停放点也不会吞噬太多空间，正是这个道理。德国的北莱茵—威斯特法伦州于1995年开启了一项工程，计划修建一百座自行车停放站[2]，平均每座耗资近一百万欧元[3]。在荷兰的乌得勒支，市政在火车站附近为自行车提供了3.3万个停车位，其中有1.25万个是地下停车位，三层叠放[4]。这虽然是一笔财政支出，但相比起修建汽车停车场或开设火车站往返大巴来说已经划算很多了。

公交车司机不大乐意看到自行车使用公交专用道。运营商们态度非常强硬，他们从70年代以来历尽艰辛才争取到了这些公交车道，自然希望能够专享，不容他人占用。他们还就安全性提出质疑：倘若

---

[1] Louis MARCHAND, «Qu'est-ce que la mobilité», *Métropolis*, no 24-25, 1977, pp. 51-54. Son analyse erronée sera reprise jusqu'au milieu des années 1990. Voir: Christian LEFÈVRE et Jean-Marc OFFNER, *Les Transports urbains en question, usages, décisions, territoires*, Celse, Paris, 1990, p. 12 et 44; Pierre MERLIN, *Les Transports en région parisienne*, La Documentation française, Paris, 1997, p. 158; ADEME *Transports, énergie, environnement. Le défi*, ADEME, Paris, 1995, p. 12; Dominique DRON et Michel COHEN DE LARA, *Pour une politique soutenable des transports*, rapport au ministre de l'Environnement, cellule de prospective et stratégie, La Documentation française, Paris, 1995, p. 129.

[2] 自行车停放站是有偿使用的，里面可以保障自行车的安全，同时提供租赁、维修、配件、咨询等服务。——作者注

[3] Claude SOULAS, «Intermodality between Bicycle and Urban Public Transport. Some research questions (in the French context)», proceedings *Interdependency of bicycle traffic and public transport*, Technische Universität Dresden, 2008.

[4] Voir «Voor fietsers» [Pour les cyclistes], <www.cu2030.nl>.

自行车在公交道上前进，左边是飞驰的小汽车，右边是庞大的公交车，处境岂不堪忧？然而经过多方研究调查，结果显示，自行车在公交车道上并无太大危害，只是略微降低公交车的速度而已[1]。后来在城市自行车协会的热切呼吁下，公交车道终于陆续向自行车开放了，1988年先是在安纳西和雷恩，1995年轮到里尔，1999年巴黎也加入队伍，不过里昂仍然迟迟不予开放。为了方便公交车超自行车，许多公交车道都得到了扩建[2]。

有的骑行者也会携带自行车乘坐火车、地铁和轻轨，但这么做不仅容易延误列车，而且还有一定的安全隐患，在上下班的高峰时段尤其惹人反感：大量自行车在狭窄的列车里搬上搬下，非常耽搁时间，而且在紧急刹车的情况下，如果自行车没有固定好，还可能伤到其他乘客。不过在非高峰时段或者乘客较少的列车上，它们几乎不会造成什么麻烦。对于远途骑行者来说，倘若列车允许他们搭个顺车，那就算帮了大忙，因此，公交公司先后同意有条件地允许乘客携带自行车乘车。首先是法国省际列车（TER）为骑行者敞开大门，后来轻轨也在非高峰时段对自行车开放。许多列车也为此接受了一番设备改造，以便固定自行车，但因车内空间宝贵，一趟也不能容纳太多自行车。这就是为什么荷兰、丹麦、德国和瑞士的铁路公司鼓励在火车站周围提供自行车租赁服务的原因。

说到底，自行车与公交的友谊没能走太远。法国各地忽然之间

---

[1] *La Circulation mixte bus deux-roues à Grenoble et à Annecy: document de synthèse*, CETUR et CETE de Lyon, Bagneux, 1988.
[2] Gilles GARDET, «Vélos et voies bus: une entente possible», *Velo-forum'92*, atelier 4 «Vélos et voies réservées aux bus: cohabitation possible?», Genève, 1992.

开始大量投资停车换乘[1]，而且似乎没有经过什么深思熟虑。在北欧、中欧和英国，停车换乘一直颇受争议。它占地过大，而且这些地方通常已有完备的公交设施，本该用于修建商业中心、住宅、服务中心之类的场所[2]。它耗资巨大，而使用者甚少（在法国外省，乘坐轻轨、地铁的人中大约只有6%会使用停车换乘）。诚然，它能够在一定程度上减少进入市区的车辆，但市区内的密度非常大，汽车腾出的地方很快会被其他车辆占据。从实际效果上看，它为郊区行车提供了便利条件，推动了城市的扩张[3]。

校车与自行车的较量

中学生本该是自行车的天然使用者，对他们来说，自行车代表着自由与活力，而且经济实惠。但大多数家庭和团体并不打算鼓励他们骑自行车，校车团体就是其中之一。

---

[1] 停车换乘是公共交通服务的一种，该服务将公共交通与停车场联系在一起，人们可以在此停放自己的私家车，然后改用公共交通进入市区，夜间再乘坐公共交通返回停车场，将车辆取回。停车换乘服务一般设在城市的郊区或者大型城市圈的外围，用于截留进入城区的车辆以减少城区的拥堵。——译者注

[2] Patrick FRENAY, «P+R versus urbanisation autour des nœuds de transports publics», *Transport Environnement Circulation*, no 166, 2001, pp. 20-29.

[3] David ASSÉO, *Le Bon Usage des parcs d'échange*, Association Transport et Environnement, Delémont, Suisse, 1992; John RIGBY et Graham PARKHURST, «Debate: Park et Ride is bad for the environment», *Transport Report*, vol. 20, no 2, 1997, pp. 12-13; Lydia BONANOMI, *Les Parkings d'échange: une fausse bonne idée*, École polytechnique fédérale, GCR, IREC, Lausanne, 1997; Rolf MONHEIM (dir.), *Park et Ride, ein Beitrag zum stadtverträglichen Verkehr?* [Parcs relais, une contribution au transport urbain durable?], Arbeitsmaterialien zur Raumordnung und Raumplanung, Heft 188, Universität Bayreuth, 2001 et notamment dans cet ouvrage: Christian HOLZ-RAU, «Zu Risiken und Nebenwirkungen von Park + Ride – Analysen und Konzepte» [Les risques et les effets secondaires des parcs relais – Analyse et concepts].

在50年代,随着人口增长及农村人口外流,国家采纳学校建议,撤销了部分地方人数较少的班级;作为补偿,国家为有需要的学生提供上下学接送服务(相关法令出台于1953年9月4日)。1958年,义务教育到十六岁的制度使乘坐校车的学生数量呈爆炸式增长,1968年超过百万,1980年接近两百万,此后便稳定在两百万左右。校车的出现是学区划分的结果。自1964年起,众多学校的校车管理者纷纷加入国家公共教育交通管理协会,他们联合家长协会共同指出:"无论孩子住在哪个地方,国家都应确保其平等入学的权利。"[1] 然而政府面对现存的数千条交通路线已是手足无措,除了租用更多校车之外别无他法,这一做法导致已经饱和的交通更加混乱[2]。

1982年,校车管理权由国家下放到地方政府手中。为了尽快理顺之前纷繁的头绪,地方政府打算将不同年级的学生分类管理,然而就在这里遇到了问题。本来,高年级的孩子们完全可以骑自行车独立上学,但此时才想到这个主意为时已晚:自行车在马路上已被边缘化,暴露在车流中很容易导致伤亡,对学生来说太不安全了。

地方政府也尝试在上学路上给自行车开辟一席之地,可是家长协会护子心切,采取的策略反而给自行车的使用雪上加霜。当时的情况是这样:一方面,80年代初的几场悲剧性的交通事

---

[1] Éric BRETON, «La véritable histoire des transports scolaires», *Transports scolaires*, no 145, avril 2004, p. 14.
[2] *Ibid.*

故在家长心里留下了阴影，学生的安全问题成为绝对的重中之重；另一方面，出于对某些社会问题及地区平等问题的考虑，校车的免费制度被越来越多的省份及地区采纳[1]。然而这也带来一些负面作用：由于校车服务是免费的，许多家长不假思索地登记接送服务，但是却并不常常让孩子乘坐，导致校车空来空往，浪费资源。另外，国家公共教育交通管理协会规定，住宅距离学校超过3千米的学生乘校车可以享有额外补贴。这样一来，家长们觉得骑自行车既危险又费钱，几乎没什么用处；至于它能够强身健体的优点，则完全被抛在九霄云外了。于是多数地区都把资金投向校车线路建设，而不用以修建自行车道。

不久前，国家公共教育交通管理协会承认说，骑自行车和步行上学也许是可行的，但在组织过程中需要采取极端小心谨慎的态度[2]，责任太过沉重。而且协会其实认为，青少年并不具备独立使用自行车的能力，更不要说骑行超过3千米的距离了。

▶▷ 小汽车——大卖场的宠儿

大型超市是法国在20世纪50年代的发明。它借鉴了美国零售超市的自选模式，集中售卖各类商品，号称"一站式购物"。这种大型超市坐落在郊区，开着汽车很方便就能到达。60年代，法国的商

---

[1] ANATEEP, «Transports scolaires gratuits: une dynamique est enclenchée», *Transports scolaires*, no 167, octobre 2009. pp. 15-19.
[2] ANATEEP, «Pour une écomobilité adaptée et sécurisée», *Transports scolaires*, no 162, juil. 2008, p. 19.

界精英争先恐后地前往美国俄亥俄州的代顿，参加一个名叫贝尔纳多·特吕约（Bernardo Trujillo）的人开办的研修班，此人宣扬着一套大型超市的运营理论，被奉作某种精神领袖。他提出的一些口号朗朗上口，路人皆知，比如"没有车位就没有生意""未来尽在汽车中"等。1963年，第一座大卖场开业大吉，随后的五十年中，1800个类似卖场纷纷开张，一个比一个规模庞大，里面是一望无尽的货架，门口有数不胜数的车位。它们通常都开在城市的边缘，这样既能招来市区的消费者，也能吸引乡村的消费者[1]。法国成为全世界大卖场最多的国家，在几十年中，大型超市占据了总交易量的2/3[2]。

八九十年代的法国人甚至觉得没了汽车就没办法买东西，他们大概不知道，荷兰人买东西大多是骑自行车去的。即使当时最谦逊的法国商人也认为，要想生意红红火火，就必须把商铺设计得方便汽车停靠，因为按照他们的猜想，购买力强的客户必定一次买走很多东西，所以也必然是开车前来的。在这样的观念下，一切节制交通、限制停车的行为都是在破坏他们苦心经营的生意。

然则商人们的想法跟现实颇有出入，一项有趣的调查为我们揭示了某些事实。该调查主要统计使用不同交通方式的消费者的购物习惯，它在德国、奥地利、比利时、荷兰等多个国家分头开展，而

---

[1] Jean-Marie BEAUVAIS, *Stratégie de localisation de la grande distribution alimentaire et conséquences sur la mobilité*, rapport de recherche pour l'ADEME, Tours, 2000.
[2] René-Paul DESSE, *Le Nouveau Commerce urbain. Dynamiques spatiales et stratégies des acteurs*, PUR, Rennes, 2001.

最终获得的数据却非常一致，法国也不例外。2003年，法国调查的对象是某市中心及周边的1300名消费者。结果显示，许多商店的忠实客户是步行者和骑行者，开汽车的人中间反而少有回头客。一般来说，步行者和骑行者走不了太远的路，因此喜欢在固定的商店买东西，一旦找到适合自己的商店，就不肯再去别家。在每一笔交易中，他们比开汽车的客户平均少花1/3的钱，但光顾同一家商店的频率却是开汽车客户的2—3倍。算下来，骑自行车的客户平均每周比开汽车的客户多消费12%，而步行的客户更甚，平均每周比开汽车的客户多消费86%[1]。

每当受到质疑时，大型超市往往拿出它的撒手锏，声称它价格低廉，提高了大众的购买力。然而事实上消费者真的能够因此省钱吗？人们不知不觉地承担了把商品从卖场搬回家的运输成本。试想如果不去大型超市，人们大可以走两步路在家门口的商店买东西；而现在为了去郊区的大型超市，首先得拥有一辆车——这是前提，其次得消耗油钱，最后还得算上在无边无际的货架里走迷宫的时间，更不要提在收银台排队所花费的时间了。

说来讽刺，法国卖出自行车最多的地方，正是在这些倘若骑车去根本找不到北的大卖场里。迪卡侬等运动用品卖场和各种大型综合超市能包揽法国3/4的自行车销量。这些遥远如同梦境的卖场让自行车看起来越来越没有实际用途，导致实用自行车在法国只占有

---

[1] Marie BRICHET et Frédéric HÉRAN, *Piétons et cyclistes dynamisent les commerces de centre-ville et de proximité*, étude réalisée pour la FUBicy et financée par l'Ademe, le ministère de l'Équipement et des Transports et le ministère de l'Écologie et du Développement durable, 2003.

10%的市场[1]。

▶▷ 欧洲各国的自行车新政

八九十年代欧洲国家在自行车发展方面可谓冰火两重天，一边是法国、英国、意大利和西班牙，它们的步履沉重迟缓，几乎没有进步可言；而另一边则是北欧诸国，其雄心壮志远非上述四国可以相提并论[2]。

人们或许还记得，法国在1980年前后曾尝试过复活久被遗忘的自行车。当时应城市骑行者的要求，许多城市陆续出台了鼓励自行车的政策。成立于1979年的法国骑行者联盟（FUBicy）致力于恢复实用自行车，提倡人们把它作为真正的出行工具，而非消遣娱乐。联盟在多个自行车协会之间扮演信息中枢角色，并代表各协会与法国政府交涉。

尽管1982年后法国政府的权力分散到了地方，仍然有些城市支持城市交通研究中心（CETUR）与设备技术研究中心（CETE）继续规划自行车道。于是这两个机构在巴黎组织了一场研讨会，讨论主题为"如何让城市更好地接纳轻型两轮车"，那一天是1984年6月

---

[1] Communiqué du Conseil national des professions du cycle sur les ventes de cycles d'équipement et d'accessoires en 2012 qui ont représenté 1,28 milliard d'euros. Si on ajoute toutes les activités indirectes, le chiffre d'affaires s'élève à environ 4,5 milliards d'euros soit 35 000 emplois (Nicolas MERCAT, *L'Économie du vélo en France*, étude réalisée par Indiggo-Altermodal pour Atout France, 2009).

[2] *Politiques nationales en faveur du vélo*, OCDE, CEMT, Paris, 2004.

14日。会上，多个城市代表提议成立"两轮车友好城市俱乐部"[1]。有了这个基础，后面的事情便顺理成章。1988年10月28日，波尔多负责管理轻型两轮车的埃莱娜·德普拉（Hélène Desplats）将各城市代表聚在一堂，召开了第一次自行车城市全国会议[2]，次年1月，自行车城市俱乐部正式成立，由波尔多、斯特拉斯堡、图卢兹、洛里昂和尚贝里等九座城市组成。俱乐部的目标在于加强自行车城市之间的经验、信息交流，让参与城市各抒己见，同时也将它们的意愿反馈到政府当局。在俱乐部的支持鼓励下，各城市纷纷表达了推行自行车新政的意愿。

俱乐部在90年代成长飞快，两位了不起的自行车顾问四处游说，引起了政府的重视。1990年，法国的几座自行车城市合作举办了"骑行游法国"活动，洞悉时事的顾问伊莎贝尔·勒桑（Isabelle Lesens）紧扣时机列出了一张优胜者名单，并在当年6月的《五千万消费者》杂志上见刊。一颗小石子引起了轩然大波，媒体竞相报道，将自行车推到了聚光灯下。1993年3月，萨瓦省的米歇尔·巴尼耶（Michel Barnier）出任环境部长，他在顾问皮埃尔·洛尔泰（Pierre Lortet）的建议下设置了专人来负责自行车推广，伊莎贝尔·勒桑在这个位置上任职数月。

1994年7月5日，设备部长贝尔纳·博松（Bernard Bosson）和环境部长米歇尔·巴尼耶共同宣布在全国推行自行车新政。他们

---

[1] Maxime HURÉ, *La Création d'un réseau de villes...*, *op. cit.*
[2] GROUPE VILLÀVÉLO, *Villàvélo*, Ville de Bordeaux, Communauté urbaine de Bordeaux, Conseil d'architecture d'urbanisme et d'environnement de la Gironde, Bordeaux, 1988.

在城市交通研究中心和每个设备技术研究中心都安排了专门的联络人，任命让·肖米安为全国自行车项目主管，并设立相关委员会，由桥梁道路工程师于贝尔·佩涅（Hubert Peigné）出任主席。就这样，一项浩浩荡荡的工程在法国展开，全国各地都筹措修建自行车道网络，并试图与整个欧洲接轨。与此同时的另一项重要任务，就是改变相关法律与法规。

1995年11月，设备部发布通函，要求各个城市认真对待自行车使用问题。1996年12月30日颁布的《空气与合理使用能源法》第一条就表明其主要目的在于"削减汽车交通，发展公共交通，推广无污染、低成本的出行方式，尤其是步行与自行车"。法律规定人口超过10万的城市必须做城市交通规划，且必须全面考虑各种出行方式在路上的位置。1998年9月14日，法令禁止两轮机动车使用自行车道，同时不再强制要求自行车使用自行车道[1]——它从此可以骑上人行道，只要与行人保持同速即可。1999年，巴黎的公交车道正式向自行车开放。最后，2000年12月13日颁布的《团结与城市更新法》再次强调了削减汽车交通的目标。

90年代，各研究中心的自行车专家合作研究了斯特拉斯堡以及欧洲其他自行车城市的成功案例，并写出一本智慧的结晶——《自行车设施指南》，它的出现终于替代了1974年公路与高速公路技术研究服务中心撰写的指南。

撒切尔任期结束后，英国出现了许多研究报告，认为"全体汽

---

[1] 参见本书第四章"法国当局的摇摆回应"部分。——译者注

车化"是个死胡同，于是渐渐提出了恢复自行车的建议[1]。1992年，英国医学会对社会中越来越多的肥胖现象表示堪忧，并列出骑自行车的诸多好处，比如有益健康、减少污染、降低噪声、缓解拥堵等[2]。自行车观光俱乐部和宣扬可持续交通的慈善机构立即表示赞同，并建议国家出台自行车新政。1996年，政府推出了雄心勃勃的国家自行车战略，可惜，由于缺少财政支持外加管理不善，且更致命的是这项战略根本没有涉及任何对汽车的改变，最后无疾而终[3]。

意大利和西班牙与其他国家完全不在同一个频道上，它们刚刚追上了交通机动化的脚步，汽车在这两个国家正是如日中天的时候，因此不可能立即讨论恢复自行车的问题。

荷兰交通部从70年代就开始支持自行车城市的起步。1990年，第一项国家自行车计划为人们树立了长远目标：推广自行车使用、促进自行车与公交系统的配合、提升道路交通安全性、降低自行车被盗风险，等等。该计划推出后不久，两本指南随之问世，一本关于自行车设施建设[4]，另一本关于如何在火车站周围建设停放点[5]。1995

---

[1] Phil GOODWIN, Sharon HALLETT, Francesca KENNY et Gordon STOKES, *Transport: the new realism. Report to Rees Jeffreys Road Fund*, TSU working paper (ref. 624), School of Geography and Environment, Oxford, 1991.
[2] BRITISH MEDICAL ASSOCIATION, *Cycling: Towards Health and Safety*, Oxford University Press, Oxford, 1992.
[3] Laura GOLBUFF et Rachel ALDRED, *Cycling Policy in the UK*, op. cit.
[4] CROW, *Sign Up for the Bike. Design Manual for a Cycle-Friendly Infrastructure*, CROW, 1993.
[5] CROW (dir.), *Bicycle Parking in the Netherlands. Recent Experiences of Bicycle Parking Policies in the Frame-work of the Masterplan Bicycle*, CROW, 1997.

年，相应的税收政策正式推行，收来的税款主要用于补贴自行车在许多方面的使用：各种通过自行车提供的专业服务（货运、客运等）可以享有该补贴，购买自行车作为上下班的代步工具也可享有补贴。这项计划的实施情况良好，于是 1998 年又推出了第二阶段计划。

德国是联邦制国家，因此自行车计划的起步工作基本上都由地方政府自主完成[1]。国家的角色是不断组织各类竞赛，以促进各州之间的经验交流。1982 年，德国政府要求各州在所有的国道上修建自行车道，而许多州并未止步于此，它们给一些交通活跃的次要公路也配备了自行车道。1997 年，新的交通法允许人们设置自行车优先街区，同时允许在单行道上设置双向自行车道。此外，骑自行车上下班的人群还能享有一定的税务减免。到了 2002 年，在荷兰的启发下，德国也推出了全国自行车十年计划（2002—2012 年），目的是提升自行车在交通中的地位、加强各地的经验交流、优化相关法律法规、广泛传播优良成果，同时共同定位将来的研究方向[2]。

比利时自 1993 年采用联邦制以来，三个大省都拥有较高的自主权。弗兰德省迅速从荷兰的工作中吸取经验，把自行车事业发展得蒸蒸日上；而瓦隆则像法国一样，一开始认为自行车没有前途[3]；布鲁塞尔则因各种机构之间错综复杂的关系而掣肘，没能快速迎回自行

---

[1] Geneviève LAFERRÈRE, *Les Politiques cyclables en Europe*, CERTU, Lyon, 2001, p. 35.
[2] BUNDESMINISTERIUM FÜR VERKEHR, BAU UND WOHNUNGSWESEN, *Nationaler Radverkehrsplan 2002-2012. Fahrrad! Maßnahmen zur Förderung des Radverkehrs in Deutschland* [Plan pour le cyclisme national, 2002-2012. Vélo! Mesures visant à promouvoir le cyclisme en Allemagne], BmV, Bonn (existe aussi en anglais).
[3] Alain HORVATH, *Une géographie du vélo utilitaire en Belgique...*, *op. cit.*

车，但政府当局认为布鲁塞尔作为首都，必须拥有一套适宜汽车行驶的交通系统[1]。

▶▷ "自行车革命万岁！"

在一些自行车发展落后的国家，只要政策稍微流露出一点对自行车的善意，就足以让爱好者们重燃希望之火，当然也有些人急不可耐地谴责政府进展缓慢。在这样的背景下，法国掀起了一场自行车革命运动。"自行车革命"的提法来自阿吉吉·穆纳博人一笑的滑稽口号"自行车革命万岁"。[2]这场运动受到了1992年旧金山的"单车临界量"[3]活动的启发，并于90年代产生发展，其目的是让机动车司机和选民代表意识到自行车的存在，从而争取到马路上的一席之地[4]。单车临界量活动现已发展到全世界的几百座城市，每月的最后一个星期五举办一次，届时几千名骑行者聚在一起，气氛有如节日，人们也会借机表达一些诉求。

法国骑行者联盟加入这场"革命"的目的是引起政府的重视，而大多数参与活动的群众并没有这样的野心。他们只是想唤回曾经

---

[1] Michel HUBERT, «L'Expo 58 et le "tout à l'automobile"», *loc. cit.*
[2] 法语原文为"Vive la vélorution !""vélorution"是个编造的词，它集合了vélo（自行车）和révolution（革命）的两部分，意为自行车革命。这个发音用法语念出来有一定的滑稽效果，是个文字游戏。——译者注
[3] "单车临界量"是一项自行车集结活动，大量自行车爱好者聚在街头，最初的诉求是反对城市里对自行车不友善的道路设计。——译者注
[4] Voir Benoît LAMBERT, *Cyclopolis, ville nouvelle, op. cit.* pp. 28-32 et Chloé GRÉPINET, *Vélorution! Enjeux d'une mobilisation cyclo-écologiste*, mémoire de Master 2, direction Bruno Villalba, Institut d'études politiques de Lille, Lille, 2012.

的自行车乌托邦之梦，发泄一下对小汽车的不满情绪。自行车革命呼吁市民们尽自己的一份力量，创造没有噪声、没有尾气的清新环境，从此跨上自行车，甩掉发动机，在能源枯竭之路上悬崖勒马。为了达到更好的宣传效果，这场革命喊出了许多口号："从汽车上下来，造福子孙后代！""熄灭引擎，幸福呼吸。""单车登场，汽车靠边。""不堪滋扰？蹬车逍遥！""百公里耗油量为零"，诸如此类。这场运动的魅力显而易见：它既有全球化的环保意识，又年轻富有活力，不仅趣味十足，而且有些乌托邦的意味。它为人们提出了不少值得深思的问题。

这场运动特别推崇伊万·伊里奇（1926—2003年），这位自由思想者在《能源与公平》一书中对自行车的分析鞭辟入里，该书于1973—1975年出版[1]。书中的一些观点有时难免显得有些过激，但总体来说富有启发性。作者提供的一些数据则需要谨慎看待，目前已有许多人的研究纠正了他的计算错误。

---

[1] Repris *in* Ivan ILLICH, *Œuvres complètes, op. cit.*

| 第六章 |
2000 年：华丽回归

一个简单的事实足以给我们希望：自行车给世界带来的是一个乌托邦的理想维度，在这里，每个人都把生活的乐趣放在第一位，人与人之间能够互相尊重爱戴。回到乌托邦，回到现实，其实是一回事。来吧，用你们的自行车改变生活！自行车主义就是人文主义。

马克·奥热（Marc Augé），《自行车礼赞》，2008。

进入21世纪，当自行车在北欧国家青云直上时，法国、英国、西班牙甚至美洲和澳洲终于迎来了自行车的复兴——当然，这场复兴迟到了二三十年，因此也不是一朝一夕就能改天换地。自行车在这些国家的使用仍局限在市中心和一小部分特定人群中。想要重新捡起这种被人遗忘的出行工具并非易事，尤其是经过几十年高度集中的机动化交通后，城市周边已完全成为汽车的天下。不过也有一些新的论据陆续出现，引人深思。

▶▷ 北欧的"自行车复兴"

20世纪八九十年代，北欧的自行车复兴运动首战告捷，获得了公众的广泛支持。备受鼓舞的北欧诸国决定再进一步，立下更宏伟的目标，并加快了前进步伐。环境问题和经济萧条使人民忧心忡忡，更激发了拓展自行车交通的决心。

在柏林[1]（340万人口），节制交通的成果斐然，许多街区都回归了缓慢安宁的节奏，自行车专用道呈网状扩散在城市各处，限速30千米/时区的面积越来越大[2]，这一切为自行车创造了优越的条件，其使用比例在二十年里几乎翻倍，由原来的8%升为15%，预计2020年能够达到20%[3]。自行车在明斯特（27万人口，其中包括5万名

---

[1] 由于德国的自行车发展程度很高，其节奏也一直与北欧国家保持相对一致，因此作者在这一节中把德国算在了北欧国家的队伍里。——译者注
[2] Christian JACOB, *Comparaison de l'utilisation de la bicyclette dans trois capitales européennes: Paris, Berlin, Londres*, IAURIF, Paris, 2004.
[3] Isabel HEINS et Klaus WAZLAK, «Berlin: le succès du vélo, un défi pour les transports publics!», *Public transport international*, vol. 59, no 4, 2010, pp. 44-46.

学生）的使用比例起步就很高，后来呈持续上升态势，1982年已有29%，2007年超过了38%，甚至比汽车更胜一筹——算上司机和乘客，明斯特的汽车使用人口比例勉强达到36%。更细化的同类数据显示，该市中心地带的自行车使用比例为44%，郊区为33%，学生中为50%，距离2—3千米的短途出行中自行车的使用比例则高达62%[1]……明斯特地势平坦、规模居中，且人口较为稠密，以上种种数据足见自行车在此类城市的巨大潜力。

荷兰的情况已经上了一个新台阶。当节制交通、增加车道等需求都已得到满足之后，骑行者们开始提出更高的要求——其一是减少中途停车次数（撤销部分路口的红绿灯、修建立体通道等），其二是优化路面质量（平整路面、增加照明、按时清理、铲除霜雪等）。为了敦促市政的相关工作，荷兰城市自行车协会于2000年发明了一套评价方法，让装有特殊传感器的自行车沿着专用道前进，测试并记录整段行程的质量。这套方法现已被150多个市镇采用，并升级更新40余次。同样的理念生发出一个新产物——"自行车高速公路"。1998年，一条长达7千米的自行车高速公路在布雷达和埃顿—吕尔之间修成。在这条路的成功经验指导下，更多类似的工程在荷兰遍地开花。2009年，政府解冻了2500万欧元的资金专门用于建设自行车高速公路网络，以期将各个城市联结起来[2]。

---

[1] STADT MÜNSTER, *Verkehrsverhalten und Verkehrsmittelwahl der Münsteraner. Ergebnisse einer Haushaltsbefragung im November 2007* [Le comportement et le choix du mode de déplacement à Münster. Résultats d'une enquête auprès des ménages en novembre 2007], Amt für Stadtentwicklung, Stadtplanung, Verkehrsplanung, Münster, 2008.
[2] Voir <www.fietssnelwegen.nl>.

哥本哈根（120万人口）目前的自行车使用比例已高达35%，而这座城市却志在更上一层楼，计划在2020年超过50%。要达到这个数字，只靠市中心的自行车自然不够，郊区也需要调动起来。为了鼓励郊区居民骑自行车上下班，同时降低郊区火车的饱和度，市政于2010年决定开启一项浩大的工程：编织一张总长300千米的超级自行车道网络。这张网络由26条长度不等的辐射状路线构成，最短的7千米，最长的20千米[1]。具体来说，该工程需要提高车道的安全性和连续性——这倒不难，哥本哈根的车道已有良好的基础——现在只需增加或拓宽一些路段，在路口修筑地下通道并保障自行车的优先权，在高峰时段为自行车开启一路绿灯，同时改善路面条件、增加照明设备、优化标志标线、定时保养车道等。每条路线上都设有服务站，里面充气、补胎的工具一应俱全。第一条超级自行车道已于2012年竣工并使用。

修建这些自行车高速公路的目的在于延长自行车的覆盖距离。在高速公路上，骑行者除休息外几乎不用中途暂停，这样一来，前进的速度可以轻松达到20千米/时，只需要半个小时便可以到10千米外的地方。倘若自行车可以普遍提速20%—25%，那么它的覆盖距离就能提高50%，这个进步是非常可观的。

如今，专家们一致认为，北欧的"自行车复兴"已不容置疑[2]。

---

[1] Voir le site consacré à ce projet: <www.cykelsuperstier.dk>.
[2] John PUCHER, «Bicycling boom in Germany», loc. cit.; Adri A. ALBERT DE LA BRUHEZE et Frank C.A. VERAART, Fietsverkeer in praktijk en beleid in de twintigste eeuw, op. cit.; John PUCHER et Ralph BUEHLER, «Making cycling irresistible», loc. cit.; Manuel STOFFERS et alii, «Bicycle history as transport history...», op. cit.; Trine Agervig CARSTENSEN et Anne-Katrin EBERT, «Cycling cultures in Northern Europe...», loc. cit.

而对于那些错过了 20 世纪 70 年代大好机会的欧洲国家，我们是否也能这么说呢？

▶▷ 在英国：行为习惯的革命

在英国这个清教主义的摇篮里，要想说服人们使用自行车，最自然的办法是让他们相信这是一种高尚的行为，接着用环保的理念作为吸引，再告诉他们这样做有益于健康。以上过程倘若顺利，其他的一切便会水到渠成，比如改建车道、舒缓交通之类的事情，统统不成问题。沿着这个思路，有两项计划分别展开，一项针对学生，另一项则针对职员。

在丹麦 70 年代创意的启发下，英国的可持续交通慈善会于 1993 提出了"安全上学路"计划，其目的是提高通往学校道路的安全性，以鼓励学生骑车或步行上学。这项计划中，提高安全性的方法并不仅仅是加强对学生的陪护，而是联合市政府一起完善上学路上的自行车道和人行道，降低汽车速度，并在学校附近设置限速 30 千米/时区（在英国叫 20 英里区）。"骑车上班"计划于 1999 年诞生，其原则是鼓励职员骑自行车上下班。如果雇主给职员提供自行车作为代步工具，那么他就可以享受一定的税务减免；而职员若想自己买辆自行车上下班，也能享受一个优惠的价格。2010 年，有 25.5 万人受惠于此计划[1]。

---

[1] Laura GOLBUFF et Rachel ALDRED, *Cycling Policy in the UK, op. cit.*, p. 22.

2005年，英国交通局开启了"骑行英国"计划，给六座选中的先锋城市提供3年补贴。随着一系列起步工作的完成，这些城市的自行车的使用比例平均提高了27%。面对如此成果，又有11座城市入选计划，其中剑桥、约克和布里斯托是英国榜上有名的自行车城市，而布里斯托（43万人口）位居榜首，同时也是可持续交通慈善会的中心。

伦敦的自行车使用比例在2001年有所回升，十年中翻了1倍还多，不过其起步太低，至今也只有2%左右。2010年，伦敦市政府借助这个回升现象发起了属于英国的"骑行革命"，号称要将伦敦建设成"像哥本哈根或阿姆斯特丹一样伟大的自行车城市"——至少市长是这么说的——随之而来的有三项措施[1]。第一，在巴克莱银行的慷慨赞助下，伦敦市拿出了6000辆自行车免费供市民借用，2013年年底又新增了4300辆。这项服务取得了很好的效果。第二，市政计划在伦敦近郊修建12条辐射状的"自行车超级高速公路"，其中有5条已经建成。然而，这些自行车道设计欠佳，路口的等待闸区往往挤在公交车道上，有的甚至位于汽车道的正中央，并漆成了醒目的巴克莱银行蓝。第三，在伦敦远郊实现自行车区，不过这项计划的具体工作从一开始就交由区政府全权负责。

这些措施的确起到了一定的作用，至少让骑行者在路上更加显眼；然而安全性仍是不够，2013年11月的几场惨烈车祸登上了报纸头条。必须承认，伦敦在发展自行车方面有特殊困难。这里的道路

---

[1] TRANSPORT FOR LONDON, *Cycling Revolution London*, Mayor of London, 2010.

相对狭长，且饱和度很高。另外，伦敦的骑行者不同于巴黎，他们受到的约束更严苛，骑行的路程也要远得多（伦敦比巴黎大而分散）。在如此艰苦的条件下，他们几乎已是百炼成钢，不仅骑行的速度很快，而且习惯穿荧光服、佩戴头盔。为了给骑行队伍争取更多成员，同时为了回应各方对先前自行车道工程的批评，伦敦市政府在2013年一掷千金，决定给自行车计划提供5倍于前的资金，预计10年中将花费9亿英镑[1]。修建新的安全自行车道，就不可能不占用汽车的地盘。

总体来说，英国自行车道的使用频率没有法国高，然而交通节制方面却比法国进展更快。英国重新规划交通的步伐也先于法国，大致因为他们动手较早，在20世纪60年代便已开始筹划，而早先规划伦敦交通的一批人都已退出历史舞台，因此在破旧立新的问题上阻力较小。牛津、伦敦等城市已经开始反思交通设计，将主干道改为双向行驶，并减少路口的信号灯，改为小型环岛。英国的交通明显有所缓和，尤其是伦敦[2]。说到底，各种研究和实践都表明，平静的街道是自行车回归的最佳路线。

▶▷ 在法国：自行车重返市中心

美国有半数以上的人不会骑自行车，而在法国，骑车是一项大

---

[1] TRANSPORT FOR LONDON, *The Mayor's Vision for Cycling in London. An Olympic Legacy for all Londoners*, TfL, Londres, 2013.
[2] Chris GRUNDY *et alii*, *20 mph zones and road safety in London, op. cit.*

众技能。在环法自行车赛的国度,孩子们从小就开始学习骑车,这对平衡能力是很好的训练,而且一旦学会便可受益终生。根据国家运输与出行调查(ENTD)2007—2008年度的统计结果,法国有40%的人口仍然在使用自行车,其中13%为经常使用,27%为偶尔使用。在距离不超过80千米的出行中,自行车的使用比例下降至一定程度后基本保持稳定,不再大幅下跌,1982年为4.5%,1994年跌至2.9%,2008年为2.7%。最近一次家庭出行调查(EMD)的结果也证实了这一点,在一些城区甚至能看到略微上升的趋势,这说明城市出行方式正在经历一系列转变。我们一方面看到汽车的使用比例有所下降,虽然它的覆盖距离仍在增加,但其攀升速度明显平缓了许多;另一方面公交出行和步行的比例有所提升[1]。

仅仅隔了一代人的时间,法国骑行者的结构就发生了脱胎换骨的变化。1982年,人们心目中的骑行者大致是这样:一个小伙子,年纪轻轻,没有车也没有驾照,家里有好几口人,大约是工人家庭,或者是农民,通常还是从别处移民而来的,家庭收入微薄。他住在大城市的郊外,抑或是某个安宁的小镇中,每天蹬着自行车颠簸在小路上,可能是去上学,也可能去干活,梦想着有一天能给自己买一辆汽车[2]。如今这样的形象已成为老电影。从国家运输与出行调查的结果看来,2008年前后,法国的骑行者大多是男性(63%左右),

---

[1] *La Mobilité urbaine en France: enseignement des années 2000-2010*, CERTU, Lyon, 2012.
[2] Jean-Pierre ORFEUIL (dir.), *Un milliard de déplacements par semaine*, La Documentation française, Paris, 1989, p. 73.

主要是公职人员里的干部或是自由职业者，鲜有工人或普通职员[1]。里昂1995年和2006年的家庭出行调查显示，短短11年里，在骑行者中，公司机构的骨干人员比例从6%增加至24%，而工人比例从23%下降至15%[2]。

另外，自行车的使用地点也发生了巨大变化。国家运输与出行调查显示："相比起1994年，城市中心部分的自行车使用比例有明显上升，小巴黎由0.3%上升为2.7%，一些大城市中心由2.6%上升为3.9%，就连一些小城市中心也由2.4%上升为3.0%。至于郊区部分，大巴黎的数据尚且稳定，但外省各城市的郊区都呈下降趋势。10年中观察到的主要现象就是自行车在市中心的活跃性显著提高。"[3]家庭出行调查也反映了相似现象，法国大城市的自行车使用比例在中心地带飙升很快，但若算上郊区，趋势就明显变缓。考虑到生活在郊区的人口比市中心要多，出现这样的数据说明郊区的自行车活跃性停滞不前，甚至在走下坡路。

市中心与郊区的这种"剪刀差"属于法国的特殊现象。德国2002年的国家交通调查显示，市中心与郊区的自行车使用比例均为10%[4]。另有数据证明，在北莱茵—威斯特法伦州的12座大城市里，

---

[1] Francis PAPON, «Le vélo représente 2,7 % des déplacements en semaine», *Vélocité*, no 105, 2010, pp. 9–11. Une étude sur les quatorze dernières EMD le confirme: voir Bernard QUÉTELARD, *Usagers et déplacements à vélo en milieu urbain, op. cit.*

[2] Emmanuel RAVALET et Yves BUSSIÈRE, «Les systèmes de vélos en libre-service expliquent-ils le retour du vélo en ville?», *Recherche Transports Sécurité*, no 108, 2012, pp. 16–24.

[3] Francis PAPON et Régis DE SOLÈRE, «Les modes actifs: marche et vélo de retour en ville», *loc. cit.*, p. 76.

[4] Voir le site Mobilität in Deutschland: <www.mobilitaet-in-deutschland.de>.

市中心的自行车使用比例平均为 16.6%，算上郊区则平均为 15.1%，并无太大出入[1]。法国的特殊现象可以做出如下解释：与德国不同，法国的节制交通政策基本上只涉及大城市的中心，并未在郊区实施，更没有推广至中小型城市，因此这些地方仍然是一片汽车的海洋。罗昂（7万人口）是唯一一个经过两次家庭出行调查的中型城市，这里的汽车使用比例在 2000 年是 63%，到了 2012 年变成 67%，不减反增。许多选民代表和普通居民仍然认为节制交通是大城市的事情，不该给其他地方的汽车用户添麻烦。

说起来，郊区的密集程度小于市中心，原本应该是自行车大显身手的好机会。在郊区骑自行车的效率相当于在市中心步行的效率。市中心的密集程度是郊区的 10 倍，因此在市区走几步路就能到达想去的地方，而在郊区单纯靠走路很难成行；自行车的覆盖距离是步行的 12 倍左右，刚好平衡了这个差距，所以在郊区骑着自行车可以轻松到达很多地方，可谓潜力无穷。然而要开发这一潜力，则需要在郊区给骑行者提供更为便利的条件，让他们享有类似市中心步行者那样的各种优先待遇，可惜理想的丰满不敌现实的骨感，目前还远远达不到这一程度。

其实，市民日常出行的距离大多在自行车的覆盖范围内，比如在斯特拉斯堡、里尔和里昂，约有 2/3 的出行活动都不超过 3 千米。

---

[1]　Iris MÜHLENBRUCH, *Evaluation der Radverkehrsförderung in NRW. Eine Vorstudie zur Erhebung des Modal-Splits in nordrhein-westfälischen Kommunen* [Évaluation de la promotion du vélo en Rhénanie du Nord-Westphalie. Étude préliminaire sur la répartition modale dans les municipalités], Agentur für Kommunikation und Mobilität, Cologne, 2009, p. 26.

但是从统计结果来看，距离少于1千米的出行活动中有28%居然是靠汽车完成的，而1—3千米的出行中有60%用的都是汽车[1]。在大城市郊区和中小型城市里，此类短途出行的数量十分庞大。外省居民中，38%的工作人口就在自己居住的城镇里上班，从住宅到工作地点的往返距离非常短；在大巴黎地区的工作人口中，十个里面就有四个在住宅附近上班[2]。如此高的短途出行比例也显示着自行车的潜力。

面对自行车的回归趋势，选民代表也开始行动了。里昂于2005年推出一批"V单车"，放在城市里供居民自助取用，这一举措好评如潮，取得了意想不到的成功。随后许多城市竞相推出类似服务，也多多少少获得了一些成就。然而市政也很快意识到，仅靠这些举措来发展自行车城市是远远不够的。于是，很多市政府先后制订了宏伟浩大的自行车计划，我们目前还无法预言它们最终是否能够得以实现。

近年来，法国针对自行车的国家政策也加强了力度，这一方面是自行车项目主管于贝尔·佩涅敦促所致，另一方面也是2004年发表的一篇报告的结果，报告的主要目的在于鼓励自行车在法国的发展[3]。受比利时的启发，法国于2008年7月30日颁布法令，包括以

---

[1] *Distances de déplacement et effet de serre. Où sont les enjeux en milieu urbain?*, CERTU, Lyon, 2008. Il s'agit de distances à vol d'oiseau. Pour s'approcher des distances réelles, il faut multiplier par 1,2 en centre-ville et 1,4 en périphérie.
[2] Sandrine BEAUFILS et Jérémy COUREL, «Un actif sur deux travaille à proximité de chez lui», *Note rapide*, no 600, juillet 2012.
[3] Brigitte LE BRETHON, *Propositions pour encourager le développement de la bicyclette en France*, rapport remis à M. Jean-Pierre Raffarin, Premier ministre, 2004.

下内容：在市区设"聚会区"[1]（或称"限速20千米/时区"）；限速30千米/时区内的单行道必须配备双向自行车道[2]（除非市长提出反对）；交规中明确规定汽车司机在驾驶过程中必须随时保持小心谨慎的态度，尊重其他交通方式的使用者，尤其是容易受伤的弱势人群。主管文体与卫生的部门也终于认同自行车对健康的诸多益处，陆续加入了宣传的行列。

2012年7月，法国自行车城市俱乐部仿照英国的模式成立了"自行车议员俱乐部"，其目的在于全面提升自行车的地位，不仅限于实用出行，还包括娱乐、观光、运动等方方面面。俱乐部刚成立八个月就已汇集了96位众议员和参议员，占议会总人数的10%，这说明自行车在法国受到了前所未有的重视。我们对这个高端俱乐部的成果拭目以待。

▶▷ 共享单车好处多

说起共享单车，不得忽视它有诸多好处。第一，它比传统自行车拥有更多的价格优势（依照成本、租用价格等方面粗略计算，使用共享单车要比传统自行车优惠2—10倍）。第二，对于那些面对买

---

[1] 聚会区是指在特定区域内，各种不同的交通工具共享道路资源，因此限速20千米/时，以保障慢速交通工具的安全。——译者注
[2] Cette mesure améliore à peu de frais les accès aux bâtiments, tout en évitant la circulation des cyclistes sur les trottoirs ou sur les grands axes parallèles. Un récent bilan démontre qu'elles sont sans danger (Christophe MALLET, *Analyse du double sens cyclable en termes d'accidentologie*, mémoire de fin d'études à l'ENTPE sous la direction de Thomas Jouannot chargé d'études au CERTU, 2013).

自行车犹豫不决的用户来说，若能租用以满足不时之需，未尝不是一件轻松愉快的事情。第三，在正式办理租车套餐之前，在法国，共享单车允许用户免费试用半小时，这个主意也博得了广泛好评。第四，人们可以随地取用单车且不必放回原位，租用起来毫无压力——无论是遇到恶劣天气还是懒得爬坡、疲惫不堪或是偶遇良缘，你都可以随时把单车丢下而换成另一种交通方式。第五，这个资源没有时间限制，全天候都可以租用，到了晚上公交系统停摆的时候尤其显得方便而人性化。此外，许多人表示共享单车终结了拥有一辆自行车的烦恼，从买车到养护、从停车到防盗等各类问题总算可以抛于脑后了。基于以上种种，共享单车能取得如今这样大面积的成功乃是必然，尤其是在一些人口密集的大城市里，共享单车的规模甚至大到超乎寻常。

对城市来说，共享单车是一种有效的交通工具，它的出现可谓给一度褪去光彩的自行车形象重新镀金。里昂的"V单车"因在媒体方面做足文章而大有成效，以至于在面世后短短两年，"V单车"就重置了城市自行车的规则[1]。自行车城市俱乐部甚至认为，共享单车显示了城市自行车发展的无限潜力[2]。

在法国许多设施完备的大城市里，比如里昂、蒙彼利埃、巴黎、图卢兹、波尔多、斯特拉斯堡和里尔，自行车的使用比例早在共享单车推广之前就显著提高。里昂的"V单车"诞生于2005年，根据

---

[1] Jean-Marie GUIDEZ, «2007: le tournant du vélo? Ce que disent les enquêtes ménages déplacement sur la pratique du vélo», *Transports urbains*, no 111, 2007, p. 15.
[2] Véronique MICHAUD, «2001-2007: extension du domaine du vélo», *Transports urbains*, no 111, 2007, p. 5.

统计，1995—2006年市中心的自行车使用比例翻了4倍，而2006年以来，共享单车的数量仅占其市中心区自行车总数的将近1/3[1]。在巴黎，1994年开始就有越来越多的人选择骑自行车，而16年后，也就是2007年7月，巴黎市民迎来了"自由骑"品牌的共享单车（见下文扩展阅读）。相同的情况也出现在其他城市，根据家庭出行调查数据，市中心的自行车使用量在共享单车流行之前就普遍提高了40%—150%[2]。

在巴塞罗那、蒙特利尔、布鲁塞尔、维也纳、伦敦和纽约，共享单车的发展节奏也大抵如此——当这个新理念到达这些城市时，当地的自行车使用比例正在显著的回温中。以布鲁塞尔为例，数据显示，在1999—2012年，该市的单车数量翻了4.5倍，以每年10%—15%的速度稳定上升[3]；2009年，当地开始陆续投放5000辆共享单车。

自行车在巴黎的复苏

自1972年起，巴黎骑行者经常向市政府施压，希望政府能够修建一套像样的自行车道。1979年，政府打算利用"大西洋线"高铁的配套基础设施，沿十四区的维钦托利路修建一条自行车道。事有不巧，1982年3月，在市政选举的前夜，自行车

---

[1] Emmanuel RAVALET et Yves BUSSIÈRE, «Les systèmes de vélos en libre-service...», *loc. cit.*
[2] Pour Montpellier qui n'a pas d'EMD récente, voir Jérôme CAS-SAGNES, *Qui sont les usagers des pistes cyclables à Montpellier?*, CETE Méditerranée, 2010.
[3] PRO VÉLO, *Observatoire du vélo en Région de Bruxelles-Capitale. Rap-port 2012*, Pro Vélo, Bruxelles, 2013.

保护运动的发起人雅克·埃塞尔却在此遭遇了一起严重的自行车事故。巴黎市长雅克·希拉克（Jacques CHIRAC）匆匆设置了一条30千米长的"礼仪通道"，通道仅靠地上的一些绿色线条来标记，并且各类车道也没有进行区分。关于这条通道的负面评论一发不可收拾，人们很快将其戏称为"死亡通道"。于是，修建自行车道的计划被迫中止，人们花了很多年才渐渐忘却了这场败绩[1]。

新的自行车道工程于1994年才再次开启。应自行车协会的要求，耶拿桥下开通了一条自行车道；巴黎十三区的第一个限速30千米/时区里也陆续修通了几条车道——然而没有太大用处，毕竟限速区里车流缓慢，无须另修车道；此外，还有两个路口给自行车设置了专用的等待闸口。在环境部长米歇尔·巴尼耶的开创性提议下，1994年7月10日星期天，塞纳河沿岸全线禁止机动车通行，美丽的风景向自行车和行人张开了怀抱，代表着巴黎迎回自行车的决心。这一举动收获了意想不到的成功：当天，巴黎市民纷至沓来，其乐融融地漫步河边。在这次奇妙体验的推动下，巴黎市在随后的几年里，每逢节假日都会将河畔开放给自行车和行人[2]。

1995年12月，家家户户都沉浸在对圣诞节的期待中，节日采购正进行得如火如荼，然而巴黎却在这个关口遭遇了一场

---

[1] Isabelle LESENS, Laurent LOPEZ et Denis MONCORGÉ, «Paris cyclable-préhistoire et histoire», communication au colloque 1996-2008. *Douzeans de politiquecyclable à* Paris, organisé par l'associationVélo XV et VII, Paris, 19 janvier 2008.
[2] *Ibid.*

长达一个月的地铁大罢工——东西还得买，日子还得过，许多人值此机会发现了自行车的妙处。前一年春天刚刚上任的巴黎市长让·迪贝里（Jean Tiberi）咨询了多个自行车协会，并于1996年1月推出了巴黎第一项全市自行车计划。于是在此任期，170千米长的自行车道在巴黎延伸开来，70千米的公交专用道正式对自行车开放，31个限速30千米/时区在城里遍地开花（其中最初几个是希拉克任市长期间设置的）。

贝特朗·德拉诺埃（Bertrand Delanoë）政府于2001年入驻巴黎，接过了自行车计划的火炬。在其第一任期，巴黎新增了自行车道140千米、限速30千米/时区36个，另有60千米公交车道向骑行者开放；7.5千米的汽车主干道退下火线变成"文明区"；2007年7月，"自由骑"共享单车在巴黎问世，至2013年已有25万包年用户。德拉诺埃的第二任期仍然没有松懈，又为巴黎增加了215千米双向自行车道。

根据市政府的统计，1997—2011年的15年里，首都巴黎的自行车出行翻了2.4倍，并且有加速上升的现象。交通总体调查（EGT）证实了这个上升趋势，并显示，2010年全市的自行车出行为2001年的2倍[1]。在巴黎，骑行者中有1/3都使用"自由骑"共享单车。

在欧洲，究竟是哪些人在使用共享单车呢？我们大致可以总结

---

[1] STIF, DRIEA, IAU-IDF, *Enquêteglobale transport. Synthèse no 1*, STIF 2012, p. 16.

出三个群体。第一个群体是以前使用其他交通方式的人，后来转而使用共享单车。根据里昂、巴塞罗那和里尔的调查统计，新用户大多数是以前习惯步行或乘坐公交的人，只有大约10%的人从前驾驶或乘坐私家车——这个结果恐怕并不是人们喜闻乐见的[1]。第二个人群是以前拥有自行车并坚持使用的人，他们发现租用共享单车远比买一辆车方便划算，因此转手卖掉原来的车，摇身一变成为共享单车的忠实用户。同样是在里昂、巴塞罗那和里尔，上述数据显示这类人群占用户比例的4%—6%。我们走访了巴黎的三个自行车商店[2]，店主也分别表示自从共享单车推出之后，店里的生意淡了许多。最后一个群体比较特殊，他们在共享单车诞生之前几乎不怎么出门，大部分时间都宅在家里。共享单车这样一个新生事物激发了他们的好奇心，从而有了出门的动力，而共享单车又是如此经济便捷，一旦接触就爱不释手，因此使用共享单车渐渐成为习惯。里昂和巴塞罗那有2%—3%的用户都是如此[3]。

很多运营商表示，共享单车的出现将带来新的生机，甚至说："在'V单车'的吸引下，市民可能找回骑车的习惯，把遗忘在车库深处

---

[1] 作者将法国新增的共享单车用户来源做了比较，目的在于分析究竟是哪些人放弃了自己原有的出行方式而改骑自行车。结果显示，大多数新用户从前就已经选择了步行或公交等环保的出行方式，转而骑自行车并不会带来本质的变化；而真正从私家车阵营跳出来改用自行车的人却只有10%，远远没有达到作者预期。——译者注
[2] 三个自行车商店分别为Bicloune、Valmy cycles、Gepetto et vélo。——译者注
[3] Les données citées sont issues des travaux suivants: Tien Dung TRAN, *Vélo'V: Nouveau mode de mobilité urbaine. Nouvelles analyses interdisciplinaires*, Laboratoire d'économie des transports, Lyon, 2012; Esther ANAYA, «La politique du vélo et le Bicing à Barcelone», *Ville à vélo*, no 139, novembre-décembre 2008, pp. 14-15; TRANSPOLE, *Enquête VLS abonnés VLille. Février 2012*, Service études et développement, Lille, 2012.

的老自行车翻出来,擦擦灰继续使用。"[1]

▶▷ 成本与资金问题

一部德高集团旗下的共享单车究竟成本几何？2007年,其官方提供的数字是每辆车每年平均成本为2500欧元。这听起来已经不少了,但精打细算下来,实际的数字可能还要再高些。自行车的调节与养护的费用比预计要高昂,破损与偷盗造成的损失更是超乎想象。用户大多认为这些车不属于自己,费用也不是很贵,因此使用起来不够爱惜。另外,信息系统的疏漏惹来官司无数——大多是因为押金扣费错误所致。在巴黎,如果私下去问运营共享单车的人,那么每个环节的工作人员几乎一致认为,每辆车每年的成本是4000欧元左右,也就是每段行程2欧元,或按照公里计算,每公里1欧元,这个成本几乎和公共交通不相上下[2]。很多城市面对这些数字望而却步,放弃了发展共享单车,例如比利时的根特、德国慕尼黑以及荷兰大部分城市。

究竟是谁在为如此昂贵的系统埋单？我们很难准确地回答这个问题,因为相关的数据并未公开。无论如何,这个系统绝对不是靠广告费撑起来的,然而政府对外的说法恰好相反(正是他们选择让

---

[1] Jean-Marie GUIDEZ, «2007: le tour-nant du vélo?», *loc. cit.*, p. 15.
[2] On ne peut donc pas considérer que le bilan socioéconomique des vélos en libre-service est «globalement équilibré», comme l'affirme Isabelle Cabanne, malgré tout l'intérêt de son étude (*in* «Les coûts et les avantages des vélos en libre service», *Le Point sur*, no 50, mai 2010).

广告商来做运营商）。我们在此只能猜测：纳税人支付着大部分成本（70%—80%？），使用者支付着一些费用（10%—20%？），广告商在其中只需负担极小一部分成本（5%—10%？）。而当成本出现浮动时，如果需要修改合同，广告商则处于谈判的强势地位，因为他们同时也是运营商，所有的硬件设备都在手，而政府不能冒险看着整个共享单车服务在一夜之间全部关闭。

在巴塞罗那，6000辆共享单车是Clear Channel广告公司于2007年开始运营的，没有其他竞争对手。这些车平均每辆每天被使用八九次，一年下来要花费市政府1800万欧元，平均下来就是3000欧元一辆。然而，这样高昂的成本与其服务服务质量却毫不相称，调节与维修跟不上损坏的速度（尽管这项服务仅对巴塞罗那市民开放）。根据2011年统计，共享单车服务的年费为30欧元，每年用户的支付总额为300万欧元，仅是成本的17%。伦敦的共享单车据说不花纳税人的一分钱，但是根据《卫报》透露，赞助商和用户的年费加起来也只能覆盖开销的一半[1]。

纳税人支付共享单车的大部分成本并不奇怪，就好比他们需要支付公交系统的成本一样，然而问题是，目前纳税人对此支付的份额未免也太过巨大。为了改变这个局面，多座城市提高了共享单车的年费，里昂由15欧元提至25欧元，巴塞罗那从35欧元变成44欧元，伦敦的涨幅更大，从45英镑升为90英镑。2013年12月，伦敦共享单车的赞助商巴克莱银行公开宣布，将于2015年8月停止该

---

[1] Gwyn TOPHAM, «Barclays to end sponsorship of Boris Johnson's London bike hire scheme», *The Guardian*, 10 décembre 2013.

项赞助。正如很多人委婉分析的一样,目前欧洲的共享单车尚未摸清它的商业模式。

长期租赁单车的成本则要低很多,波尔多、图尔、斯特拉斯堡和里尔都有这样的服务。来说说波尔多。2003年轻轨工程开始动土,为了方便城市交通,波尔多给市民与学生提供了一批可借用的自行车,借期最长为一年,费用全免;借用期间,使用者负责对自行车进行维修、保养。结果就是使用者承担了养护费用,给这项服务节约了一半左右的成本。

大致算来,长期租赁单车的成本仅为共享单车的1/10,同时,它比共享单车更容易渗透到郊区,促进那里的人们重新找回骑车的习惯。它的日常使用频率比不上共享单车,但它更适合完成距离稍远的出行,因此是替代汽车的潜在力量。里尔同时拥有这两种租车系统,综合统计显示:长期租赁单车的用户中有27%曾是汽车使用者,而共享单车用户中只有13%以前使用汽车[1]。于是最好的办法应该是将这两种系统配合起来,以共享单车作为市中心日常出行的工具,以长期租赁单车作为补充,作为郊区出行与固定出行的工具。

最后再说说巴黎。2011年以来,市政府加强了对"自由骑"共享单车的管理,扩大它的包年服务,并简化在线流程,使整个操作都变得非常顺畅。更新换代之后,单车明显比从前结实耐用,破损问题也随之减少。工作人员不辞辛苦地将单车运到需求量大的地方,

---

[1] TRANSPOLE, *Enquête VLD abonnés VLille. Février 2012*, Service études et développement, Lille, 2012.

整体服务有了质的飞跃，因此订阅量大增，用户满意度也提高许多。然而这一切都是有成本的，提高服务质量后，运营共享单车的费用必然有所增加。面对如此情况，市政府移花接木地将"自由骑"作为巴黎的旅游形象宣传开来，借机提高城市的吸引力。市长在网页上写道："玩转巴黎，'自由骑'的体验岂容错过！骑着单车，过巴黎人的生活，看城市崭新的一天……"

▶▷ 骑行的复苏遭遇阻力

先前在法国大多数城市里，骑行者已是零星可数，路人、技师、政客都把他们忘得干干净净了。时光飞逝，新一代人对自行车不再感兴趣，许多相关的工艺也渐渐消失了。没有谁愿意骑着这样的老古董在车流中踉跄前行，于是自行车在地下室里生锈蒙灰，不见天日。

尽管如此，每座城市里总会有那么一隅保留着曾经的回忆：也许是旧情怀，也许是自娱自乐，也许是图实惠，也许仅仅是为了特立独行，总之，仍有一些自行车轮在悄悄地转动。在20世纪90年代的巴黎、里昂或马赛，这类出行不超过总数的1%。但是，偶尔也会有些意想不到的时刻，让自行车在聚光灯下一闪而过，比如1995年12月的巴黎地铁大罢工，2006年的油价暴涨等。每年6月，南特的自行车节规模盛大，2万人骑车沿着卢瓦河观光庆祝。

后来渐渐地，一些人开始怀念自行车。日常骑行者们建立起各种协会，大声呼吁以几座著名自行车城市为榜样，广建配套设施。媒体将他们的愿望作为美谈大力宣传，却引发了其他交通工具使用者和政府当局的质疑。人们不禁会问：这些人如此渴望复兴自行车，难道不是对如今汽车社会的正面挑战吗？难道让所有人都像从前那样气喘吁吁地蹬车吗？这难道不是一场荒谬的退步吗？倘若这些误会得不到澄清，那么让城市重新迎回自行车又谈何容易。

关于这件事，各方舆论纷纷涌现，有些言辞甚至颇具攻击性。经过汽车浪潮后"幸存"下来的骑行者势单力薄，他们在马路上处于劣势，因此危机感很强，容易对其他交通方式产生负面情绪，动不动就谴责别人横行霸道，忽视自行车的存在。迪迪埃·特隆谢在《浅谈自行车的哲学》一书中用幽默的语气为骑行者辩护，表示这种激烈态度不是他们的错："骑在自行车上自然得时不时地冲汽车吼两声，因为这关乎生存问题，就好像生态平衡一样，过多的掠食者会导致其他物种的灭绝。"[1] 新闻人于格·塞拉夫（Hugues Serraf）的说法更为挑衅："千难万险地前进正是自行车的性格所在，甚至是它的优点，因为每次出行都如同一场小小的冒险，而蹬车的你就是英雄：仿佛电影一般，有开头，有结尾，有几个恶霸与你为难，故事上上下下几番周折，有速度，有激情，多么刺激！这一切完胜其他出行方式，什么地铁、公车之类的最无聊了。"[2]

行人对自行车有些敌意。他们不满骑行者占用人行道，闯着红

---

[1] Didier TRONCHET, *Petit Traité de vélosophie, op. cit.*, p. 8.
[2] Hugues SERRAF, *L'Anti-Manuel du cycliste urbain*, Berg international, Paris, 2010, pp. 57-58.

灯从行人鼻子跟前呼啸而过。在行人眼中,自行车横冲直撞引发了不少事故,甚至还会导致伤亡。事实上,这样的情况属于极少数:根据2006年的统计,有2名行人因自行车碰撞而丧生,而两轮机动车导致行人死亡数为40,更有448名行人丧生于汽车轮下[1]。一份关于交通共存的研究显示,在步行街区域,自行车对行人安全的危害很低,在限速30千米/时区,自行车的存在偶尔令行人感到不适,但不造成威胁。[2]

行人的不满也是有道理的。在一座汽车主导的城市里,行人所剩的空间也寥寥无几——屈指可数的步行街、窄得可怜的人行道、走很远才能碰到一条斑马线——就这么点地方还常常遭到占用,岂不恼火?所以不难理解,行人必定会全力以赴地维护自己仅存的空间,反对自行车前来争抢。而自行车也有一个所谓的"缺陷",就是安静。身处喧嚣的人习惯用声音来判断道路的安全,当听不到引擎声的时候,他们就会相对放松警惕,注意不到无声靠近的自行车。而且,自行车的体积窄小,混在汽车中间难以辨识,行人常常只看到汽车而没看到旁边还有自行车。另外,骑行者不大遵守交规也是个令人头痛的问题——当然,这也不全怪他们,毕竟现行的交规主要为汽车量身定做,不太适用于自行车——但违反交规的行为足以破坏他们的形象。自行车借用人行道时,应该学会以行人的速度靠近行人,适时地响铃警示,才能与人行道的主人和平共处。建立相互尊重是

---

[1] *Piétons. Grands thèmes de la sécurité routière en France*, ONISR, février 2008.
[2] «Piétons et cyclistes: quelle cohabitation dans l'espace public?», *Savoirs de base en sécurité routière*, fiche no 26, CERTU, Lyon, 2010.

十分必要的，正如斯特拉斯堡在步行街区张贴的标语一般："欢迎小心谨慎的骑行者进入街区。"

汽车司机长期以来都觉得自行车是个麻烦，认为骑行者在马路上很占空间，而且大大影响了汽车的速度。然而，这种思想经不住推敲，毕竟自行车的体型不到汽车的1/10，占不了太多空间，而且在交通密集的区域，即使没有自行车，开车的速度也和骑行差不多。大概汽车司机面对骑行者容易有一种优越感，觉得这些人抱残守缺，仍然使用过时的交通工具，也许是买不起汽车的缘故。开车的人都很赞同修建分离式自行车道——前提是不会因此占用一条机动车道。汽车一族抱着如此想法，难怪自行车觉得在马路上无处容身。

政客与技术人员也大多同意行人和汽车司机的观点，相信自行车是个不和谐因素。他们明知道自行车与行人之间的问题并不严重，但还是坚持把自行车与两轮机动车视为一类，觉得它危害交通安全，不宜鼓励使用。其实之前的数据就已证明，自行车和两轮机动车的危险性有着霄壤之别。无论如何，政府当局出于安全考虑，决定强制要求骑自行车时佩戴头盔。这条规定本意自然是好的，然而却在城市里起到了消极的作用。

人们对自行车有着各种先入为主的错误认识。有人觉得它速度慢，其实在交通密集的地段，骑自行车比其他任何方式都要快[1]。也

---

[1] Pablo JENSEN, Jean-Baptiste ROUQUIER, Nicolas OVTRACHT et Céline ROBARDET, «Characterizing the speed and paths of shared bicycles in Lyon», *Transportation Research Part D: Transport and Environment*, vol. 15, no 8, décembre 2010, pp. 522-524.

有人觉得骑自行车就得风里来雨里去，但实际上根据气象数据，法国北方平均一年只有6%—7%的时间下雨，况且即使雨天，也有一些装备可以保护人们不受风吹雨淋。有人担心骑车会出很多汗，因此抵达目的地后必须要有条件洗澡，这个想法是过虑了，事实上骑自行车的出汗量远比步行要少，除非你是火力全开地猛烈蹬车。年龄大的人认为自行车太消耗体力，不适合自己，其实有车座支撑，反而比走路要省力。家庭主妇担心骑着自行车购物很难把东西运回家里，实际上有很多装备都能解决这个问题……

假如政客们终于同意给自行车修建配套设施，那么余下的就是技术人员的问题了。法国的道路工程师鲜有设计自行车道的经验，甚至都没有在城里骑车的切身体验。然而，修建一条自行车道的学问很深，技术含量绝对不比修建公路少，很多半途而废的工程都是有力的证明。处理欠妥的路口、过高的道沿、明显的坑洼甚至一个松动的井盖都可能导致发生危险。要想积累这方面的经验，最好的办法无疑是参观几座成功的自行车城市，看看别人是怎么处理相关问题的。然而这一切实现起来都需要充足的时间与财力。

除上述种种之外，还有一个困难，就是与自行车相关的基础服务已经消失殆尽了。法国大多数自行车商店都在汽车的黄金时代停业关张，幸存下来的几个也都转而经营休闲自行车或者两轮机动车了，他们不再了解实用自行车的需求，更不懂各种新型配件。骑行者几乎找不到一个安全的地方停放自行车——老式建筑里的停放点大多都改作他用了，而新式住宅从设计的时候就根本没有往这方面考虑。

总而言之，当自行车的使用比例低至一定程度后，想要再反弹起来就是难上加难，因为人们大多忘却了它的存在，唯有一些扭曲的形象和错误的观念还保留在回忆中。更糟的是，自行车的系统已支离破碎：配件难求、车道崎岖、服务欠妥、形象败坏，各方面条件都非常不利。我们隐约能够察觉，一种交通方式在使用比例上似乎有一个门槛，一旦跌破 4%—5%，随之而来的问题就一环套一环，处处碰壁。法国、英国、西班牙等欧洲国家没有及时鼓励恢复自行车，现在才开始动手，要面对的情况就比北欧国家要复杂百倍。

佩戴头盔是否必要？

骑车是否必须戴头盔？在自行车整体比较发达的国家，比如荷兰或者丹麦，强制骑行者戴头盔这件事根本不可能提上议程。据观察，只有骑行者比例很小的国家才会产生相关的争论。

众多实验证明，头盔可以有效保护头部，这一点已毋庸置疑。法国近期完成的一项研究显示，头盔可以减少 30% 的头部伤害，并减少 70% 的严重伤害[1]。当然，要达到这一保护效果，则须有过硬的产品质量和正确的佩戴方式，而这一点上，法国做得并不到位，因此目前需要改进的，第一是提高对头盔生产的监管力度，第二是普及知识，教会人们正确的佩戴方式。然

---

[1] Emmanuelle AMOROS, Mireille CHIRON, Jean-Louis MARTIN, Bertrand THELOT et Bernard LAUMON, «Bicycle helmet wearing and the risk of head, face, and neck injury: a French case-control study based on a road trauma registry», *Injury Prevention*, vol. 18, no 1, 2012, pp. 27-32.

而法国的讨论热点并不在于这两件事，他们所关注的问题是：骑自行车究竟要不要强制佩戴头盔？答案从一定程度上取决于所站的角度。

如果仅从避免头部创伤的角度来看，那么显而易见，戴上头盔固然是好的，研究自行车事故的专家们也强烈推荐这么做。但是，关于事故中头部受伤的数据却并没有对自行车的种类详细区别。通常，山地自行车的使用者最需要佩戴头盔，他们遭遇头部创伤的概率比别的骑行者高，紧随其后的是运动型骑手，接下来是远途出游的骑手。自行车联合会大力宣传佩戴头盔的必要性，因此这几种车型的使用者大多都会这么做。

在市区交通事故中，骑行者、行人和驾车者头部受伤的概率大致相同，都在20%—25%左右，可大概没有人会想到让行人和汽车司机天天佩戴头盔出门。人们常常将城市自行车与其他类型混为一谈，其实，城市自行车速度较慢，跟环法自行车赛、山地越野赛是不能相提并论的。

退一步看，更全局的情况摆在眼前，强制佩戴头盔反而带来了许多负面影响，这都是没有具体考虑城市骑行特殊性的缘故。澳大利亚学者多萝西·罗宾逊（Dorothy Robinson）将这个结论发表在《英国医学杂志》上[1]。

强制佩戴头盔的举措有两个缺点：第一，骑行者觉得很不方便，因此产生抵触情绪；第二，它使人们觉得自行车是一种很不

---

[1] Dorothy L. ROBINSON, «No clear evidence from countries that have enforced the wearing of helmets», *British Medical Journal*, vol. 332, no 7543, 2006, pp. 722-725.

安全的工具。鉴于以上两点，人们骑车的热情受到了重挫。其实，很多国家已经做过了相应的尝试，结果是佩戴头盔的比例虽然有所上升，却没有明显降低事故中头部受伤的比例；相反，自行车的使用比例毫无疑问地下降了。至此，佩戴头盔虽然提高了一定的安全性，但自行车使用比例的下跌造成安全性的下降[1]，二者以互相抵消而告终。

除此之外，还有一个不良现象：如果骑行者戴着头盔，汽车司机会认为他受到了良好的保护，在他旁边驾驶可能会掉以轻心；而骑行者自己也觉得保护措施得当，从而在心理上放松警惕，二者相加，反而提高了风险，抵消了头盔带来的保护[2]。更大的问题在于，强制骑行者佩戴头盔会给所有人造成一种心理暗示，即骑行者在路上的脆弱性是他们自己的责任，只要他们小心点就好。但实际上我们都知道不是这样，骑行者的安全威胁主要来自机动车。综上所述，要保障自行车在城市里安全行驶，关键的问题不在于是否佩戴头盔，而在于限制交通整体速度。

▶▷ 环保理念论调偏低

人们都知道，自行车是除了步行以外真正环保的交通方式。它几乎不消耗能源，只需使用生物能；它基本不排放二氧化碳，只有在

---

[1] 之前的论述中说过，一种出行方式的使用比例越高，其配套设施越齐全，在路上的识别度越高，因此越安全；相反，使用比例低的出行方式，其安全性也相对较低。——译者注
[2] John ADAMS, *Risk*, Routledge, London and New York, 1995.

生产和回收的过程中略有一些。它完美静音，制造时需要的材料不到汽车的1%，而且易于回收。在汽车阵营中，那些所谓的"环保汽车"，诸如混合动力或电动车之类，实际也只是比传统汽车略胜一筹而已。它们消耗的能源和制造的污染看似有所减少，但有时只不过换了一种形式，例如电动车，虽然本身不排放二氧化碳，但是在发电厂的环节并没有减少污染。电动车的噪声固然有所降低，但也仅限于慢速行驶的时候[1]，而制造它所需的原材料量跟传统汽车不相上下，并且难以回收再利用[2]。说到底，骑自行车跟步行一样，都是献给环境最好的礼物。

依照这个逻辑，自行车的环保性本该使其在各种交通工具中脱颖而出，然而事实上，人们很少被这个理由打动。跟其他交通工具的使用者一样，骑行者首先考虑的问题是出行方式的便捷性，其次是它对健康的影响，再次是使用成本，最后才关心它是否环保。根据丹麦的一项调查，哥本哈根的骑行者里只有1%是为了保护环境而选择自行车的[3]。伊莎贝尔·勒桑观察的结果也是如此："人们选择自行车主要是因为它方便易用。支持环保在各种动机里排最后一名。"[4]

其实一直以来，主要是政府当局把自行车的环保性拿来当王牌，宣传说它是一种"温和"的出行方式。然而，追求环保的有效举动

---

[1] 电动车速度超过50千米/时之后，轮胎摩擦路面的声音比传统汽车更大。——作者注
[2] Benoit DE GUILLEBON et Philippe BIHOUIX, *Quel futur pour les métaux? Raréfaction des métaux: un nouveau défi pour la société*, EDP Sciences, 2010.
[3] Voir le site Copenhagenize consulting: <http://copenhagenize.eu>.
[4] Isabelle LESENS, «C'est sérieux, votre histoire de vélo?», *Cahiers de médiologie*, no 5, 1998, p. 174.

应该是减少汽车的使用，而不是简单增加自行车出行。道理很简单：自行车和步行都很环保，如果仅仅是从前的行人改骑自行车——大多数情况确实如此——那么对环境也并无裨益。政府不断强调自行车的"温和"是事出有因的。一方面，这么说是为了旁敲侧击地指出汽车的污染问题，但又不至于以激烈的言辞引起大量汽车使用者的不满情绪；另一方面，"温和"这个形容词也适用于很多其他车辆，凡是带有环保倾向的出行方式渐渐都被赋予了"温和"的形象，包括电动车和混合动力车。有了这个称呼，使用这些所谓环保车辆的人也至少可以图个心安。

环保的呼声是弱势的，只要不从实质上减少汽车数量，无论怎么呼吁环保都只是一场空谈。然而在复杂的现实中，要考量的因素太多，政府当局是很难优先考虑环保问题的。这也解释了为什么多数政客愿意做出环保的姿态，大力支持共享单车、修建自行车道，却不肯大刀阔斧地采取节制交通的实际行动。

▶▷ 健康理念前来声援

相比起环保来说，将健康理念运用在推广自行车方面可谓正中靶心。人在走路或骑车的时候，全身肌肉都能得到充分的活动，使用者如果不出力便寸步难行，因此这两种出行方式属于人力出行。曾有一段时间，人力出行被看作是有辱斯文，联合国几年前还认为应该取缔那种亚洲流行的、载货载客的人力三轮车。而现在，自行车由人力驱动的特点正好成为它的优势——它能够对抗久坐给人带

第六章 2000年：华丽回归

来的健康损害。

从20世纪50年代开始，上千篇科学论文都在强调运动的重要性，告诉人们有规律地做运动不仅可以预防许多健康问题，还可以治疗一些疾病。对此有不少综合研究[1]证明，适当运动可以减少罹患心血管疾病、II型糖尿病和肥胖症的风险，同时可以预防高血压、骨质疏松、直肠癌和乳腺癌。此外，经常运动还有助于儿童和青少年健康成长，发育良好的体格，合理控制体重，减少焦虑和抑郁情绪，并提高自信心。

根据世界卫生组织的说法，适当运动是指每天运动30分钟，或每周运动3小时。对于一个有骑自行车习惯的人来说，如果住宅和工作地点之间的距离为5千米，那么每天往返一次便可达到适当锻炼的标准，非常容易实现。哥本哈根的一个研究团队提供了惊人的数据，他们跟踪观察了3万名成年人，一些人有骑自行车的习惯，另一些人则没有，研究跟进了14年，得出的结果是：考虑进各种死亡因素，有骑车习惯的人比常常久坐的人死亡风险要低28%[2]。

法国人需要对这个数据给予足够的重视。从大致估计的情况来看，半数以上的法国人都缺乏运动[3]。150年来，法国人的每日活动量

---

[1] Par exemple: BRITISH MEDICAL ASSOCIATION, *Cycling: Towards Health and Safety*, op. cit. ou *Activité phy-sique. Contextes et effets sur la santé*, Éditions INSERM, Paris, 2008.
[2] Lars Bo ANDERSEN *et alii*, «All-cause mortality associated with physical activity during leisure time, work, sports, and cycling to work», *The Journal of the American Medical Association*, vol. 160, no 11, 12 juin 2000.
[3] Selon la dernière enquête de l'Institut de recherche médicale et d'épidémiologie du sport (IRMES) sur les activités physiques et sportives des Français, 2013.

从八小时减少到半小时[1]。如今，久坐已经成为一个社会的普遍问题，它的出现一方面是因为汽车的普及，另一方面是因为电视、电脑等屏幕的吸引。面对如此局面，是否应该鼓励人们使用自行车呢？我们知道它的安全性总体低于汽车。而且，骑行者在路上呼吸着污染的空气，是否抵消了积极锻炼的好处呢？

20年来，人们研究了许多关于不同出行方式受污染危害的问题。几乎所有调查结果都表明，汽车使用者呼吸的空气的污染程度是骑行者的2倍，是行人的4倍（但根据不同地段、不同污染源，该数据变化幅度很大）[2]。出现这一结果，大致是因为行人与骑行者会以各自的方式躲避污染源。但从另一个角度来说，骑行者因为在运动中，其吸入空气的总量是汽车使用者的2.4倍，基本抵消了之前的优势[3]。不过他们也很快学会了巧妙地避开尾气，比如远离公交车的排气管、大型车发动时暂时屏住呼吸，甚至挑一条安静的小路绕道离开。

一项在大巴黎地区进行的调查显示，经常做户外运动所收获的益处与户外污染、安全问题带来的损害的比为20∶1。也就是说，人们不必因噎废食，为了躲避污染和交通事故就把自己关在家中。事

---

[1] Jean-François TOUSSAINT, *Retrouver sa liberté de mouvement. PNAPS (Plan national de prévention par l'activité physique ou sportive)*, rapport pour le ministère de la Santé, de la Jeunesse, des Sports et de la Vie associative, 2008.
[2] JoopH.VANWIJNEN,ArnoudP.VER-HOEFF, Henk W. A. JANS et Mark VAN BRUGGEN, «The exposure of cyclists, car drivers and pedestrians to traffic-related air pollutants», *Int Arch Occup Environ Health*, no 67, 1995, pp. 187-193; *Influence des aménagements de voirie sur l'exposition des cyclistes à la pollution atmosphérique*, Airparif, Paris, 2009.
[3] Corinne PRAZNOCZY, *Les Bénéfices et les risques de la pratique du vélo. Évaluation en Île-de-France*, Observatoire régional de santé d'Île-de-France, 2012.

实上，随着交通事故的减少，大巴黎地区的自行车使用比例有所上升，良性循环渐渐开始，越多人使用自行车，污染就越少，使该比值越高[1]。《世界报》的记者奥利维耶·拉泽蒙（Olivier Razemon）说："不骑自行车有害健康。"[2][3] 现今，无论是法国还是欧洲，甚至整个世界，各地政府都开始积极鼓励人们骑自行车。2008年，法国卫生部长将自行车写入了许多健康宣传中。

▶▷ 经济理念随后即到

面对经济和能源的双重危机，人们深刻地意识到开源节流的重要性，经济理念在推广自行车方面也具有越来越强的说服力。目前仍有一个较大的阻力，那就是在很多人心目中，自行车仍然是"穷人的座驾"。法国财政部长克里斯蒂娜·拉加德（Christine Lagarde）

---

[1] Corinne PRAZNOCZY, *Les Bénéfices et les risques de la pratique du vélo. Évaluation en Île-de-France*, Observatoire régional de santé d'Île-de-France, 2012. Voir aussi David ROJAS-RUEDA, Audrey DE NAZELLE, Marko TAINIO et Mark J. NIEUWENHUIJSEN, «The health risks and benefits of cycling in urban environments compared with car use: health impact assessment study», *British Medical Journal*, no 343, 2011; Jean-René CARRÉ, «La bicyclette: un mode de déplacement méconnu dans ses risques comme dans son usage», *Recherche Transports Sécurité*, no 49, 1995, p. 28; Thomas KRAG, «Safety, an Achilles' heel for cycling», proceedings of the *International Velo-city'89 Conference*, Copenhague, 21-23 août 1989, pp. 203-206.
[2] Olivier RAZEMON, «Ne pas faire de vélo, c'est dangereux pour la santé», Blog *L'interconnexion n'est plus assurée* (<http://transports.blog.lemonde.fr>), 17 septembre 2012.
[3] 这句话是相对"骑自行车有益健康"而说的。记者故意玩文字游戏，给句子两边都加上否定词，其目的在于让人们意识到，对于这件事，人们不能保持被动。如果不骑车，不仅缺乏运动量，而且无法阻止环境污染的恶化，最终对谁都没有好处。他呼吁人们都来加入自行车的行列，锻炼身体的同时减少排放，营造更有益于健康的环境。——译者注

于 2007 年 11 月提出建议，鼓励人们骑上自行车，以缓和油价的飞涨。无论是对使用者还是政府当局来说，自行车都是非常经济实惠的出行方式。

从骑行者的角度来看，如果仅计算自己买车用车的花费（即个人成本），而不把公共设施的成本算在内的话，自行车的开销居于各种交通方式的中间位置。具体情况取决于计算的方法：是按每公里算还是按每段行程算，以及消耗的时间成本是否算在内等。

弗朗西斯·帕蓬（Francis Papon）在经过一番复杂计算之后得出，在 2010 年前后，自行车每公里的使用成本为 0.13 欧元[1]。他特别强调，由于自行车没有油耗，即使经常使用也不在能源方面增加额外的开销，所以偶尔骑车的人和日常骑车的人的使用成本有很大的区别。算上被盗风险、保养物资、防护装备等各种因素，越是经常骑自行车，相应成本就越低。

对于汽车的使用成本，经济学家给出了一些估算。他们将法国人一年花在汽车上的钱除以所行驶的公里数，得出 2010 年汽车出行每公里的成本为 0.25 欧元。用同样的方法计算出公交车每公里的成本是 0.12 欧元，跟自行车不相上下[2]。

从每公里成本来看，自行车没有我们预想的那样经济，汽车也没有预想的那么昂贵，但即使如此，自行车也比汽车划算 1 倍。如果

---

[1] Francis PAPON, «La marche et le vélo: quels bilans économiques pour l'individu et la collectivité?», *Transports*, no 412, 413 et 414, 2002.
[2] Jean-Marie BEAUVAIS, *Dépenses engagées par les voyageurs: comparaison entre le transport public et la voiture particulière, situation en 2008 et évolution depuis 1970*, étude réalisée pour la FNAUT, Tours, 2012.

在个人成本的基础上再算上出行消耗的时间成本，就能得出一个综合成本。根据不同情况，综合成本的浮动非常大：在交通密集的城区，汽车只能以低速前进，而自行车就有较大优势；在交通顺畅的郊区则刚好相反。如果把自行车和公交车相比，单看每公里成本，公交车则更划算一些；但还需要考虑一个因素，就是大部分情况下，公交车基本采用一票制，不因为乘坐的路程远近而浮动价格，因此，在短距离出行中，自行车更占优势，距离较长时，则是公交车更经济。算上时间成本，这个结论依然有效。

不管怎么说，如今政府都有充分的理由借助经济手段鼓励人们使用自行车。法国目前还没有出台相关政策，但其他国家已有先例[1]。在荷兰，工薪阶层的人如果使用自行车上下班，那么在报税的时候，他可以每3年从收入基数里减去749欧元，这笔钱算作他购买自行车的专款，可以免税。此外，1995年起，荷兰给骑车上下班的公民提供交通补助，每公里补助0.19欧元。1997年，比利时也推行了类似政策，每公里补助0.21欧元。奥地利给步行者和骑行者的职业交通补助是按照距离划分的，5千米以内每公里补助0.24欧元，超过5千米则每公里补助0.47欧元。法国目前还在酝酿类似政策[2]。

对地方政府来说，投资自行车设施比修建公路、铁路要经济得多（见表2）。自然，每种出行方式的服务范围不同，因此需

---

[1] *Comment encourager l'usage du vélo? Les mesures d'incitations économiques dans différents pays européens*, CERTU, Lyon, 2012.
[2] Maxime GERARDIN, *Indemnité kilométrique vélo. Les enjeux, les impacts*, coordination interministérielle pour le développement de l'usage du vélo, Paris, 2013.

要全面发展，我们只是在此将各种设施的成本简单作一比较。在长度相等的前提下，修建自行车道所需的资金是修建城市公路的1/200，是地铁的1/50，轻轨的1/25。一座自行车停放站的成本是汽车停车场的1/50—1/30。瑞士的一项研究证明，在公共设施建设方面，投资"慢速出行方式"的效率要比投资机动车配套设施高得多[1]。

表2　　出行方式基础设施成本一览（2010年）[2]

自行车	汽车
分离式自行车道 ≈ 200,000 欧元/千米	市区高速公路 ≈ 100,000,000 欧元/千米
自行车带 ≈ 10,000 欧元/千米	小型立交路口 ≈ 8,000,000 欧元
自行车停放架（2车位）≈ 100 欧元	地面停车场 ≈ 2,500 欧元
室内（带棚）停放站 ≈ 600 欧元	室内停车场 ≈ 15,000 欧元
天桥（30米）≈ 1,000,000 欧元	桥梁：5,000,000 欧元—30,000,000 欧元
小型环岛 ≈ 30,000 欧元	有红灯路口 >100,000,000 欧元
	路口地下通道 ≈ 8,000,000 欧元
行人与自行车	公共交通
限速区 ≈ 100,000—1,000,000 欧元/千米	公共汽车 ≈ 5,000,000 欧元/千米
	轻轨 ≈ 20,000,000 欧元/千米
	地铁 ≈ 80,000,000 欧元/千米

注：该数据仅供参考，根据各地区条件不同会有较大浮动。

总之，大多数情况下，政府是否支持发展自行车取决于它选择怎样的政策，而跟经济问题没有太大关系。少修建1千米城市快速干

---

[1] INFRAS, *Effizienz von öffentlichen Investitionen in den Langsamverkehr* [L'efficacité de l'investissement public dans le trafic non motorisé], Infras.

[2] Ces données sont issues d'une compilation de très nombreuses références.

道，所省出的资金就足以给一项自行车计划提供好几年的支持。每位居民只需每年拿出10欧元就足以把工作开展得有模有样：甚至在阿姆斯特丹，如此耀眼的自行车工程也只需每人每年27欧元的开销[1]。伦敦近期亮出声势浩大的自行车计划，需要花费居民每人每年18英镑（21欧元），十年合计9.13亿英镑[2]。在财政困难时期，地方政府开始考虑将自行车作为汽车的替代项，甚至作为公交系统的补充项——毕竟近年来公交系统的成本也在大幅提升[3]。

总之，自行车对国家、社保体系和公司企业都有诸多好处，它性价比很高，在许多方面都能够节约开支。而且，适量运动有益健康，骑车上下班有助于提高员工的身体素质，减少缺勤率，从而提高公司企业的效率[4]。

尼古拉·梅卡（Nicolas Mercat）表示："如果要从自行车的诸多优点中挑出一个最大的，我会毫不犹豫地选择它在健康方面做出的贡献。现在人们已经普遍知道，骑自行车对健康的改善是非常可观的，世界卫生组织公布的各种数据都证明了这一点。若要让法国跟上欧洲的脚步，就得让自行车的平均使用量从每人每年75千米上

---

[1] FIETSBERAAD, *Le Vélo aux Pays-Bas, op. cit.*, p. 27.
[2] TRANSPORT FOR LONDON, *The Mayor's Vision for Cycling in London, op. cit.*
[3] Jean-Pierre ORFEUIL, «Le vrai coût des transports publics de la vie quotidienne», *Infrastructures et mobilité*, no 111, septembre 2011, pp. 11-18.
[4] TEMANORD, *CBA of Cycling*, Nordic Council of Ministers, Copenhague, 2005; Nicolas MERCAT, *L'Économie du vélo en France, op. cit.;* Michael MESCHIK et Gregor TRUNK, *Costs of Bicycle Traffic for the Overall Economy*, Institute for Transport Studies, BOKU Vienne, 2011; Alexander GROUS, *The British Cycling Economy. «Gross Cycling Product» Report*, London School of Economics, 2011; Todd LITMAN, *Evaluating Non-Motorized Transportation Benefits and Costs*, Victoria Transport Policy Institute, Canada, 2012.

升到每人每年250—300千米（德国、比利时和瑞典的标准）。达到这一水平后，公共医疗消费就会明显降低，旷工带来的损失也会随之减少，方方面面加起来，预计每年能够节省150亿欧元，远高于自行车在其他方面带来的效益。"[1]

---

[1] Nicolas MERCAT, *L'Économie du vélo...*, *op. cit.*, p. 517.

| 第七章 |
自行车城市不是梦

  随着新理念的到来,自行车渐渐回到了城市里,不再只是周末的娱乐消遣。它仍然娇弱,但却充满生机。终于,自行车从濒危物种变成了保护物种。[……]人们对它有了新的认识:在官能退化的时代里,自行车犹如一盏醒神的清茶;在网络的虚拟空间中,自行车找回脚踏实地的感觉。它就是清醒、自主、责任与和谐生活的代名词。

      埃莱娜·吉罗(Hélène Giraud),《自行车的品位》,2012[1]。

---

[1] Hélène GIRAUD, *Le Goût du vélo*, Mercure de France, Paris, 2012, pp. 11-12.

直到上一章为止，本书一直沿着时间的长河讲述自行车的故事，而本章将暂时跳出这个顺序，针对几个重要问题进行深入探讨，从而找出法国发展自行车城市的关键因素所在。要让自行车回到这个六边形国度，必须一方面吸取先锋国家的经验，另一方面认清法国的特殊情况。

▶▷ 有了单车系统，城市从此平静

在网络、交通与城市化研究中心（CERTU）、设备技术研究中心（CETE）和自行车城市俱乐部（CVTC）的协作下，法国沿着北欧的成功足迹稳步前进，分三个阶段逐渐完善自行车城市的论证工作。

第一阶段，人们意识到一味埋头修建自行车道是不够的，还必须让这些车道相互联结成网状，不仅要有足够的密度，而且要有均衡的安全性。要达到这个目标，则离不开全局统筹工作，一些结构性的线路必须优先建成。从前的自行车道断断续续、支离破碎，现在也需要把它们重新连通。旧线路存在的问题按严重程度可分为三档。第一档是小型障碍，比如道沿过高、井盖不严、路面坑坑洼洼之类；第二档是中等难度，比如路口设计不合理、自行车道长期被违章停车占用、整条干道未配备自行车道、单行线没有反向自行车道等等；第三档问题则非常棘手，它主要归咎于高速公路的基座，这些庞然大物截断自行车道，是街区之间无法跨越的阻隔，行人和自行车都不得不绕道而行，极为不便。面对这些问题，法国各个城市之间的进度很不一致，有些城市还没有开始处理小型障碍，而个别城市已经开始筹划解决棘手问题。像斯特拉斯堡这样勇闯先锋的城市几乎是凤毛麟角，它推出一套耗资巨大但非常必要的政策，系统地设计修建各种天桥、地下通道来打破公路基座的壁垒。

第二阶段，一些城市没有止步于修建自行车道，而是进一步开发一套"自行车系统[1]"——很多相关组织都不约而同地想出了这个名称——就好像现有的汽车系统一样[2]。自行车系统有三个支柱组成：第一，完善的自行车道网络和便利的停放设施；第二，周到的服务体系，尤其是防盗、维修、租赁方面的服务；第三，有力的保护政策与宣传活动，这一点必不可少——人们需要知道如何使用这些设施与服务，同时自行车也应该以崭新的形象闪亮登场。共享单车就是朝这个方向迈出的一大步。另有一个事实是不能忽略的，那就是自行车的覆盖距离毕竟有限。我们需要创造一套"生态交通系统"，将步行、骑行、公共交通有机地结合起来[3]。这个主意被瑞士城市学家莉迪亚·博纳诺米（Lydia Bonanomi）称为生态出行[4]。

---

[1] Frédéric HÉRAN, «Le système vélo», communication à la 3e journée d'étude de la FUBicy, *Pour un usage généralisé du vélo*, Lyon, 6 avril 2001; BUNDESMINISTERIUM FÜR VERKEHR, BAU UND WOHNUNGSWESEN, *Nationaler Radverkehrsplan 2002-2012..., op. cit*; Jean-Luc DE WILDE, «Ma commune fait du vélo», *Les Cahiers du vélo*, no 6, oct. 2002; Dave HORTON et John PARKIN, «Towards a revolution in cycling», *in* John PARKIN (dir.), *Cycling and Sustainability*, Emerald, Bingley, 2012, pp. 303-325.
[2] Gabriel DUPUY, *La Dépendance automobile. Symptômes, analyses, diagnostic, traitements*, Anthropos, Paris, 1999.
[3] Frédéric HÉRAN, «État de l'art sur l'intermodalité vélo et transport collectif», *in* Claude SOULAS (dir.), *PORT-VERT (Plusieurs Options de Rabattement ou Transfert Vélo et Réseaux de Transport)*, recherche pour le PREDIT, IFSTTAR, Marne-la-Vallée, 2009.
[4] Lydia BONANOMI, *Le Temps des rues, op. cit.*; Jean-René CARRÉ et Corinne MIGNOT, *Écomobilité. Les déplacements non motorisés: marche, vélo, roller..., éléments clés pour une alternative en matière de mobilité urbaine*, INRETS, Arcueil, 2003.

第三阶段，在北欧城市的启发下，法国的部分城市也开始接受一个理念："让自行车融入城市交通的最好办法，就是尽量降低交通的整体速度。"[1] 只有这样的政策才能真正给骑行者提供一个安全舒适的环境，从而鼓励更多的人加入自行车一族。具体做法是在80%的城市道路上设置慢速区（限速30千米/时区、限速20千米/时区、步行街区），甚至在主干道与生活街区相连的部分设置慢速路段，让车辆减速靠近生活区[2]。斯特拉斯堡、南特、昂热、图卢兹、格勒诺布尔和巴黎市中心都采用了这样的规划。

南特于2012年决定将市内的16公顷限速30千米/时区扩大至75公顷，并在老城区的核心部分划出8公顷的交通限制区，不对机动车开放（大概是受到意大利的启发）。就这样，2012年9月，法国第一个交通限制区在南特诞生，区内包含了数十条纵横交错的小路和五条大街。此外，城内还有一纵一横两条轴线，全部配备了自行车道，骑着车可以畅通无阻地穿越整个南特。限速30千米/时区存在于城市、郊区的各个角落，几乎每条干道都辅有自行车道[3]。然而，我们也可以看到，发达的轻轨是自行车强大的竞争对手，南特的学生大多习惯乘坐轻轨出门。不过无论如何，在慢速交通政策推行之后，整个城市的节奏平缓了许多，有利于促使人们重返自行车之路。仅仅一年过去，交通限制区里的自行车出行量就翻了

---

[1] *Recommandations pour des aménagements cyclables*, CERTU, Lyon, 2000, p. 34. Voir aussi: *Une voirie pour tous. Sécurité et cohabitation sur la voie publique au-delà des conflits d'usage*, Conseil national des transports, Paris, 2005.
[2] Yan LE GAL, «Promouvoir la marche et le vélo grâce à un plan de modération des vitesses», *Ville, Rail et Transports*, 29 décembre 2010, pp. 67-71.
[3] Yan LE GAL et Éric CHEVALIER, «Zones à trafic limité», *loc. cit.*

一倍。

▶▷ 降低车速更安全

十次车祸九次快。速度过快是交通事故的罪魁祸首，几乎所有交通事故的诱因都与超速脱不了干系。道理非常简单，两个词：物理定律和人体极限。这里面有三个主要现象。第一，车辆的动能与车速成正比，车子开得越快，冲力就越强，导致其危险性大大增加。第二，司机的视野会随着速度的上升而变窄，车速达到一定程度时，两侧闪过的行人、车辆和其他物体都会变得模糊。第三，速度越快，司机的反应距离和汽车的刹车距离就越长——这是人脑反应速度和物体惯性的共同结果，它导致危险性与速度之间的关系呈几何增长，这就是为什么车速只提升一点，事故率就会增加很多的原因。过快的车速无疑是将行人与骑行者置于危险当中。

反过来看，大量研究表明，限速 30 千米 / 时区仅将车速降低 5%—10%，却可以将事故率和受害者人数降低 10%—30%[1]。此外，还有其他研究证明交通事故的严重性也与速度密切相关，对于行人和骑行者来说，被速度 30 千米 / 时区的汽车碰撞的死亡风险为 15%，而被速度 50 千米 / 时的汽车碰撞的死亡风险高达 60%（数据来自网络、交通与城市化研究中心）。

---

[1] Todd LITMAN, *Traffic Calming, op. cit.;* voir aussi Lydia BONANOMI, *Le Temps des rues, op. cit.*, et Chris GRUNDY *et alii, 20 mph zones and road safety in London, op. cit.*

骑车出行的风险

最近的一项研究首次精确地计算了自行车的事故情况，它所使用的数据并非来自治安部门的统计——他们的记录不够细致，常常忽略许多自行车事故的伤者。这项研究的数据来源于《罗讷河道路交通事故受害人登记簿》。1996年起，该省就动员了各个公立、私立医疗结构来详细记录交通事故的伤亡人员以及其受伤情况。从记录来看，3/4的骑行者都是独自受伤，而非与其他行人、车辆相撞。他们往往是因转向不当而摔倒，或是撞上某些障碍物而跌落，伤势的严重程度和着地时的姿势密切相关。因此，在骑行过程中小心谨慎、选择质量好的自行车和好骑的路线至关重要。

此次研究还发现，在罗讷省的省会城市里昂，骑自行车的事故风险率比该省其他地区要低。在里昂，如果以驾驶汽车的受伤风险[1]（各种程度都算在内）作为单位[2]，那么步行的风险为0.4，自行车为7.7，两轮机动车高达42.21，其中，年长的骑行者更容易受伤。尽管里昂在罗讷省已经算骑行安全较高的城市，但相比起斯特拉斯堡还是略逊一筹——那里骑自行车受伤的风险仅为驾驶汽车的2倍。这个差距存在可以归因于里昂的汽车

---

[1] 这里说的受伤风险，顾名思义是指受到伤害的风险，与事故风险不是同一概念。受伤风险低不一定说明出事故少。比如汽车，驾驶员和乘客受到车身的良好保护，即使与行人或自行车发生碰撞，也不容易受伤，在此情况下，驾驶汽车的事故风险仍然是高的，但受伤风险较低。——译者注
[2] Emmanuelle AMOROS (dir.), *Accidentalité à vélo et exposition au risque* (AVER), rapport pour le ministère du Développement durable, 2012, pp. 54-55.

交通曾有一段跃进式发展。在路易·普拉戴尔（Louis Pradel）任市长期间（1957—1976年），里昂经历了一场汽车大改造，A6高速公路从佩拉什火车站前面穿城而过，大多数交通干线为单向车道，自行车基础配套设施十分稀少。因此，里昂的自行车事故风险远高于斯特拉斯堡。宏观上看，该风险在法国是在荷兰的3倍。

一些注意事项可以有效地规避骑行风险：远离大型货车；不要从停着的汽车旁边擦身而过，以免汽车突然开门；左转和进出环岛时示意后车；在夜间穿反光服等。

过快的车速不仅会危害交通安全，而且会带来其他方面的滋扰。有些类型的滋扰，如噪声之类，会随着车速的提高而不断加剧；另有一些滋扰与速度的曲线呈"U"字形，提高一点速度会让滋扰有所减轻，但速度高达一定程度之后又会加剧，例如污染、挤占空间或交通堵塞。很多反对限速30千米/时区的人都会把污染问题作为说辞，在此我们需要澄清一二。当汽车速度为20—30千米/时，带来的污染会比50—80千米/时要高[1]，这话不假，但这是在目前的交通状况前提下所得到的结论，如果交通规划发生改变，这个情况也会跟着变化。比如在限速30千米/时区，交通普遍比较舒缓，无须大量设置红灯路口，几个小型环岛和右转优先道就能够让汽车顺畅通行，不必走走停停。众所周知，汽车的启动与加速最容易造成污染，

---

[1] OCDE, CEMT, *La Gestion de la vitesse*. OCDE, Paris, 2007, p. 43.

而在流畅而匀速的交通条件下，无须频繁启动或加速，问题自然减轻许多。而且，节奏慢下来的城市也有利于提高自行车和步行等环保出行的比例，这一点我们在前面已经反复论证了。部分反对节制汽车交通的人甚至言之凿凿地说，万一机动车慢下来，也许自行车会成为新的污染。按照这个荒谬的逻辑，不如干脆说一切给汽车造成障碍的事物都是污染：行人、路口甚至城市本身都是汽车的绊脚石……

▶▷ **自行车防盗有妙招：上锁、车棚、警惕高**

频繁被盗可谓自行车推广道路上的第二大障碍，其阻力仅次于道路安全性低这一问题。2000 年年初，一项复杂的研究向我们展示了大量关于自行车被盗的数据[1]，其结果打破了人们对此问题的许多成见，然而 2000 年至今，情况并未出现实质性的转变。

法国每年大约有 40 万辆自行车被盗。由于缺乏执法部门的具体统计，这个数据是结合欧洲其他国家的同类现象推算而来的。调查显示，受访的骑行者里有一半人曾丢失过至少一辆自行车，1/3 的人遭遇过零件被盗，另有 1/6 的人虽然没有丢失自行车，却受到恶意损坏零件的困扰。接近半数的自行车失窃事件发生在私人场所，其中有一半发生在相对封闭的环境中——多数骑行者在室内容易放松警

---

[1] Frédéric HÉRAN (dir.), *Le Vol de bicyclettes. analyse du phénomène et méthodes de prévention*, recherche pour le PREDIT, ministère de l'Équipement et des Transports, décision d'aide à la recherche no 99 MT 71, 2003.

惕，认为没有必要给自行车上锁，只有极少人坚持把车子锁在固定物体上。在公共场所里，7%的失窃事件发生在有人看管的骑行公园中。在大城市里丢车的风险有可能高于小城市，但鉴于大城市的骑行者更加小心谨慎，这个推论也未必成立。

　　据调查，失窃车主们的预防措施显得十分单薄：22%的自行车在被盗时根本没有上锁，而上了锁的自行车里有32%没有被锁在固定物体上，更有95%的车主使用劣质车锁。此外，大约半数的车主遭窃后选择不报案，他们也许担心自己的损失不足以立案，也许对失而复得不抱希望，而事实上只有不到5%的失窃事件在报案后不予立案。当然，失而复得的概率的确较低，只有6%的被盗自行车能够物归原主，其中仅有1/4归功于警方。几乎一半的车主因为无法提供买车时的发票而不能证明自己是失车的车主。

　　自行车经常是一眼看不住就会失窃，因此人们往往觉得偷车贼是一群专业的盗窃团伙。事实上并非如此，因为这种犯罪不需要太高的技术或周密的筹划——除非是大规模盗取一些珍贵的自行车，比如在旅游景区或赛车现场，有时甚至能见到一辆辆卡车满载着高级的自行车离开，不久之后就在网上倒手出售。有些人偷车纯粹是为了使用，他们声称自己只是"借用"一下别人的自行车，骑到目的地就将其丢弃在当场。这类不太讲究的"借车者"大多数是青春期的孩子，有时候偷车仅仅是为了好玩，有时候则是低价出手，再用换来的钱购买毒品。警方解释说，2012年有9000辆"自由骑"品牌的共享单车在暑假期间被盗，其原因是巴黎东郊的少数不法帮派把盗窃自行车作为入会仪式，以证明他们的勇气。可以见得，偷车贼主要是利用车主们警惕心不足这一防御漏洞实施盗窃。

基于这些观察，我们应吸取两点教训。其一，一个高质量的车锁[1]能够迅速瓦解窃贼的耐心——当他们撬锁受挫的时候，多数普通窃贼会对目标失去兴趣。当然，任何车锁在工具精良的偷车高手面前都撑不过十分钟，但这类窃贼毕竟是极少数。预防零件被盗，有些窍门既简便又高效，比如六角螺母比蝶形螺母难拆卸，铁质锁链比皮质锁链更坚固……其二，人们总以为又丑又旧的自行车不招贼惦记，其实不然——那些相貌平平的自行车如果没有妥善保护，一样会吸引偷车贼的目光，因此破车加破锁可不是什么精明的选择。

多数情况下，遭遇盗窃的都是一些缺乏经验的车主。骑车经验仅3年的人比起那些骑车15年的"老司机"来说，被盗的风险要高14倍。这个悬殊的差距更证明了自行车失窃主要归咎于新手车主较低的警惕意识，他们往往买了新车却没有在安保方面进行足够的投资。随着经验的积累，车主们才渐渐意识到买一个好车锁的必要性，并慢慢学会在任何情况下都不疏忽大意，牢牢地把车架和轮子锁在固定物体上。

在车架上做记号的手段也能在一定程度上帮主人找回失车，但正如上文所说，物归原主的概率只有6%，因此这种方法不甚流行。在车身刻上车主的名字主要是为了打消窃贼的念头——毕竟做过标记的自行车不易转手，对于那些"借用"别人车子随后就丢弃的小偷来说也无济于事。尽管如此，像法国骑行者联盟这样的组织仍建

---

[1] 由于法国的自行车配件缺少标准化生产，法国骑行者联盟组织测试了市场上销量最高的几种车锁并对其进行评级，结果公布在 www.bicycode.org。——作者注

议车主给自己的自行车做记号[1]。自行车防盗保险能够补偿车主的一些损失，但其条文冗繁、效率偏低，且许多规定引起车主的普遍不满，比如保费昂贵、在公共场所丢失的自行车不予赔付、强制使用高级车锁、一年只有一次索赔机会……出于这些原因，防盗保险远不能赢得车主们的青睐。

说到底，最有效的防盗方法，还是要在售出自行车的同时培养车主的安全意识并传授一些防盗技巧，这项工作应该由市政宣传部门和自行车商主动承担起来。商人们难免担心在售卖自行车时不断推销高级车锁会让买主误会，以为这属于附加消费而产生反感情绪，影响销量。然而研究显示，20%的车主一旦丢过一次车便不再回购；愿意再买的人里也有一半人选择买二手自行车；就算买辆新车，通常也比第一辆爱车的价格低20%左右。如此一来，频繁失窃给自行车市场带来的负面影响是巨大的，它不仅会使一部分人放弃这种出行方式，也会让继续使用自行车的人群因惧怕被盗而选择二手的、价格低廉的甚至有安全隐患的劣质自行车。

在公共场所设置自行车停靠点能够有效地配合车锁发挥防盗作用，但是却不能完全替代车锁（除非是安全性极高的闭合式单间停车位）。那种自带车锁的停靠点并没有太大的意义，因为车主总归要配备一个活动车锁以便在其他地方也能安全停放。就算有专人看管或者视频监控，车锁的使用也是不可或缺的。简言之，单凭监控、看管或停靠点还远远不够，最终还须车主选择一个有效的车锁并正

---

[1] Voir <www.bicycode.org>.

确地使用它。少了这件利器，再高科技的停靠点也不足以保障自行车的安全。

▶▷ 实用自行车形象大转变

实用自行车在法国的形象如今已大有好转[1]，但仍然有很长的路要走。对于大众阶层来说，汽车的普及是近年才得以实现的，而要拥有一辆汽车也并非易事，尤其是现在手续繁冗，考取驾照的费用昂贵，违章的罚款也成倍增加，万一提前扣完分还要花一笔钱来接受教育[2]……然而尽管汽车给人们增添无穷烦恼，仍有很多人把自行车的回归看作一种倒退，甚至是羞辱。另外，随着城市面积猛烈扩张，人们的活动范围远比从前大很多，大量居民在郊区生活，工作的地方离家非常远，也有人上夜班，没有合适的公交可乘，人们如今无法想象依靠自行车来完成这些行程，即使有公交车作为辅助也很难做到。

就像之前的每个时代一样，城市里的精英阶层在不知不觉中引领着时尚的走向。如今他们在市区闲适的小街，拿着智能手机搜索附近的共享单车，潇洒骑上随即飘逸而去，令旁人羡慕不已。于是历史出现一个大反转，"穷人的座驾"翻身成为"潮人的玩意儿"，要想在人群中脱颖而出非此不可，就像自行车最初的光辉岁月一样。广告商和一些公司迅速把握住这个机会，将自行车的新形象与他们

---

[1] Véronique MICHAUD, «2001-2007: extension du domaine du vélo», *loc. cit.*
[2] Laurent GREILSAMER, «La fracture automobile», *Le Monde*, 14 novembre 2006.

的时尚产品联系在一起。对于大众来说，这未必是个好现象，因为这类广告可能让自行车显得好像仅仅是流行的陪衬。好在共享单车的使用很快普及开来，先前受误导的印象也烟消云散。

汽车黄金形象的日渐磨灭也成了自行车的加分项[1]。年轻人考取驾照的年龄越来越晚，而且多数支持汽车共享。现在已无人否认汽车带来的种种滋扰。值此油价暴涨的时刻，独自开着一吨多重的铁壳显得既荒谬又浪费。精英阶层更倾向于使用出租车，而普通大众则倾向于乘坐公交车或租赁汽车。

沟通是推广自行车城市政策的一个有力杠杆，然而在法国却少有人意识到这一点。政治焦点人物本应身先士卒地骑上自行车激励公众，可惜许多市长和要员仍然羞于让人看到自己骑车。最近某市长在为火车站旁新建的自行车停放场剪彩时，居然当着公众和媒体说："别逼我骑自行车啊，我看上去会很可笑！"另有些政要则大不相同，他们明白这么做的意义。波尔多的市长阿兰·朱佩（Alain Juppé）和城市社区主席樊尚·费尔泰斯（Vincent Feltesse）就并排骑上自行车参加开幕仪式。每个城市都应定期宣传、鼓励公众回归自行车出行，斯特拉斯堡在此堪称典范。真正成功的自行车城市会毫不犹豫地展示其特色与魅力，让自行车成为城市的形象代言[2]。

---

[1] Jean-Michel NORMAND, «L'honneur perdu de la bagnole», *Le Monde*, 18 janvier 2013.

[2] Jacques DEKOSTER et Ulric SCHOLLAERT, *Villes cyclables, villes d'avenir*, Office des publications officielles des Communautés européennes, Luxembourg, 1999; Nicolas MERCAT (dir.), *Réussir sa politique vélo. Outils pratiques pour une communication efficace*, Association des Départements cyclables, Territorial éditions, coll. «Dossier d'experts», no 526, 2007.

有规律地使用自行车渐渐会形成一门生活的艺术，这里面的学问非常之大。适当地沟通交流可以帮助人们学会更多实用的窍门，比如怎样才能有效防止自行车被盗，用什么应用程序能更好地规划骑行路线，去哪里寻找租车点或修理部，如何骑车购物才方便等。一些相关课程培训也会有很广的受众，既可以教学龄儿童安全骑车上学，也可以教给不会骑车的人一些基本方法；既可以刺激工薪阶层骑车上下班，也可以培训自行车销售人员几个防盗技巧，好让他们传授给买主，诸如此类。

▶▷ **建立环保交通系统**

曾有一度，自行车与公共交通互相看作竞争对手，水火不容，而现在二者的关系出现了明显的好转。公共交通的铁忠用户也开始支持这两种出行方式的融合[1]，其中的主干是两个社团：公共交通联盟（UTP）和交通负责人协会[2]（GART）。不过人们还不是很清楚这两种出行方式究竟应该怎样配合使用。根据欧洲在此领域最发达的几个国家的经验，它们的配合通常有五个主要形式[3]。

第一，在轨道交通车站或拼车地点附近修建自行车停放站。这种做法的潜力很大，在荷兰，40% 的人都选择骑自行车去轨道交通

---

[1] Jean SIVARDIÈRE, «La bicyclette, c'est sérieux», *La Jaune et la Rouge*, no 523, mars 1997.
[2] *Bonnes Pratiques pour des villes à vivre: à pied, à vélo...*, GART, Paris, 2000.
[3] Frédéric HÉRAN, «État de l'art sur l'intermodalité vélo et transport collectif», *loc. cit.*

车站[1]。要做到这个，往简单说只要有足够的停车桩即可；若是想扩大规模，就需要有专人看管；也有个别停放站是在室内严格看管的。

第二，与第一种相反，住在郊外或附近小镇的人乘火车来到市区后，也可以在火车站旁边取出停放的自行车进入市中心；当城市的一天结束后，他们再次来到火车站，把自行车放在可靠的室内停放站，然后坐上返程的列车；夜晚或周末，这些人不进城，他们的自行车就安全地在停放站里等着。这种做法的潜力也不小，荷兰有10%的人出了火车站会骑自行车进城[2]。最好还可以在附近给骑行者提供系统的服务，比如付费的安全停车点、修理站、小型配件、实用信息等。

第三，在火车站附近提供租赁自行车，以便游客、商务人士和探亲访友的人可以简单租用几天。这一服务的使用人群甚广。如今，荷兰仍然是这套系统最发达的国家，2011年，荷兰铁路推出的OV-Fiets自行车租赁服务已有230个站点，分布于全国各地的火车站周围，超过10万人订阅该服务，每年租车100万余次。这项服务的价格也非常亲民，10欧元包年，3.15欧元一天。2013年起，订阅者人手一张磁卡，只需出示这张卡片，即可快速租到一辆自行车，一次租借最多可以连续使用三天。根据OV-Fiets自行车租赁服务的登记，半数左右的客户都是为了工作目的而租车。该服务有望在火车站以外的地方进行推广。

---

[1] CROW, *Cycling in the Netherland*, Ministerie van Verkeer en Waterstaat, La Haye, 2009, p. 49.
[2] *Ibid.*

第四，共享单车加公共交通的搭档适合在密集的市中心供人们隔三差五地使用。这对搭档的配合并不算天衣无缝，因为市中心的火车站、汽车站周围通常空间紧张，无法摆放太多的共享单车。里昂的"V单车[1]"用户里大约有15%采用这种"单车加公交"的组合，里尔也差不多如此[2]。

第五，携带自行车乘坐公共交通听起来是个很酷的主意，而且可以有效防止自行车被盗；但骑行者必须手动地把车子搬上搬下，有时候车厢里还未必有足够的空间，而且接受自行车的车厢毕竟不是大多数。使用折叠自行车可以适当节省空间，但这种自行车很昂贵，价格大约1000欧元，只有非常高档的折叠自行车才能真正做到安全、稳定、易于折叠。对于公交车辆来说，自行车的上上下下不仅耽误时间，还会挤占空间，减少承载的乘客量，因此，大约只有5%的乘客会选择这种方式。虽然仍有很多人期待进一步开发这个组合，但也不得不承认其局限性。在荷兰铁路全线，车厢里为自行车预留了大量空间，可即便如此也很快就达到饱和，乘客们常常抱怨过道里堆放的折叠自行车让人无处落脚。于是，为了解决这个问题，人们想出了一个新系统，"自行车+公共交通+第二辆自行车"。这一系统主要为法国几个大区所采用，比如在阿尔萨斯，往来于斯特拉斯堡、牟罗兹和巴塞尔的省际列车TER200禁止自行车在高峰时段上车，作为补偿，火车站附近建有自行车停放站，供骑行者寄存车辆。

---

[1] Tien Dung TRAN, *Vélo'V: Nouveau mode de mobilité urbaine*, op. cit.
[2] À une question plus large: «Vous arrive-t-il de combiner votre trajet vélo [en V'Lille] avec un autre mode de transport?», 18 % des usagers répondent souvent, 39 % parfois et 43 % jamais (Transpole, *Enquête VLS abonnés VLille, op. cit.*).

以上五种形式可以相互配合，因此个个值得鼓励推广[1]，不过考虑到实际效率，也许应该侧重于几个开发潜力相对较大的形式。

▶▷ 电动助力自行车

在一场环保出行的交响乐中，自然少不了电动助力自行车的角色。根据法国交规条款 R.311-1，电动助力自行车，简称电助力车，是一种配有辅助电机的自行车，其最大功率为 0.25 千瓦，随着车速的提升，动力将逐渐减弱，达到 25 千米/时之后，辅助电机便会停止工作——如果骑行者停止蹬车，辅助电机也会随之停止工作，不再提供动力。因此，它真正是一部"电动助力车"，而非"电动自行车"。

250 瓦和 25 千米/时的双重门槛颇受争议，反对意见主要分为两派：一方认为这个功率太小，真正遇到陡坡、逆风或者路程较远时，根本起不到有效作用；另一方则认为这个速度太快，无法保障骑行者的安全。然而实际上，这两个限制结合起来效果不错，既可以为骑行者节省体力，轻松前进，又可以保证其速度平稳，不至于变成新一代的两轮机动车，导致最后不得不以强制佩戴头盔收场，而且遭到自行车专用道的放逐。

电助力车虽然价格相对高昂，却适用于很多场合，在一些愿意为自行车花大价钱的国家里，它已征服了一片市场。2012 年，电助力车占荷兰自行车市场的 12%，德国市场的 10%，法国市场的 1.5%。

---

[1] Nicolas PRESSICAUD, *Le Vélo à la reconquête des villes. Bréviaire de la vélorution tranquille (etc.)*, L'Harmattan, Paris, 2009, chapitre 8.

有人预计它在三十年内会占到自行车总数的一半。

正如共享单车一样，电助力车作为新鲜事物一时间大受欢迎，引起一阵狂潮。许多地方政府、公司企业、机关机构趋之若鹜，纷纷出台了相关的补助政策，但此类补助往往只针对电助力车，而非传统自行车，尽管后者更加经济实惠，价格仅是电助力车的1/3。这种区别对待的态度在山地城市尤其明晰，主要因为电助力车能让频繁的上坡变得轻松，尚贝里和鲁昂都是这样。至于非山地城市，如此高涨的热情大概是人们对高科技的崇拜心理所致：没有先进科技的东西不值得关注。然而，这种思想忽略了实用问题，毕竟对大多数人们来说，使用简便、易于修理的自行车才更具吸引力。

电助力车的十大优势

在荷兰、德国等自行车系统发达的国家，若要了解其电助力车飞速发展的原因，首先要摸清使用者的心思——他们究竟有怎样的需求？

——快速发动，且不会出现踉跄起步的情况；

——便于长距离行驶，尤其是上下班的日常出行；

——有效抵御风力的影响，四面八方吹来的风是骑行者面对的主要困难之一（在荷兰尤其明显）；

——轻松穿越地势起伏的区域（德国的山地不在少数）；

——承载较重负荷，比如几个孩子、一个成人、家庭一周所需物资、包裹……

——节约体力，对于从事体力工作、倒班制工作或患有某些疾病的人群来说尤为重要；

——便于残疾人或年龄较大的人使用；

——易于上手，这一点主要针对刚刚接触自行车的新手人群，他们缺乏经验，并且肌肉还不适应连续蹬车的运动，简便的操作能够鼓励他们坚持使用自行车；

——避免让骑行者大汗淋漓地来到工作地点或约会场合，尤其是炎热的夏天；

——即使各种装备、配件使车身加重，也不会因此变得十分费力。

上述各种需求并不是各个独立的，人们通常需要同时满足以上好几条，而电助力车几乎可以达到里面的所有要求。

▶▷ 再次征服大众，满足各类人群

一套有效的自行车城市政策不能只顾着一部分人群而忽视了其他人群，因为如果被忽视的人群觉得这件事与自己毫不相干，那么大可袖手旁观，高高在上地看着别人而不肯与之配合，这势必给参与其中的人群徒添困难。因此，每个年龄段、每个社会阶层都需要动员起来。斯特拉斯堡之所以能够取得今天的成功，恰恰在于它强大的号召力促使各个阶层的人都参与其中：从中小学生到大学生，从工人到职员甚至干部群体[1]。以下是它征服各类人群

---

[1] Nicolas MERCAT, *L'Économie du vélo en France, op. cit.*, p. 54 et suiv.

的一点经验。

学生。学生群体在推广自行车的道路上属于战略性要塞。趁孩子小的时候教会他们骑车，将直接影响未来自行车在成人中的推广程度[1]（毕竟成年人学习骑车的困难较大）。突破这一关的难度在于家长的心思，多数家长仍然认为自行车是比较危险的出行方式。因此，为了激励孩子们骑车上学放学，同时保证他们不受其他同学嘲笑，大人的保驾护航是十分必要的，于是诞生了"自行车巴士"的主意。"自行车巴士"并非真的巴士，而是具有一定的巴士特点：它由一群骑车的孩子组成编队，在固定的时间往返于一条固定的路线上，由大人陪同看护。这种方法通常需要家长贡献出一些时间来充当护航使者，因为雇用专人显然花费较高。然而，要完成这样的活动牵扯的因素很多，所以每周大约只能成功地组织一次"自行车巴士"。要解决这个问题，最重要的就是严格保障该路线的安全性，这样一来，孩子们就能够在无人看管的情况下自主地骑车上学、放学。

20世纪80年代初期，当里尔放弃了第一次自行车道计划时，它的比利时邻居科特赖克市（7万人口）却警惕地意识到了自行车在学生群体中的衰退现象。该市迅速开展了一项全面调查，在各地询问学生的上学路线以及骑自行车所遇到的主要困难，随后，市政府开始逐步解决反馈上来的问题。这一举动算是科特赖克恢复自行车的初次尝试，目前其自行车使用比例为20%。

---

[1] Frédéric HÉRAN *et alii*, *Lillàvélo*, *op. cit.*

要想鼓励中学生骑自行车上学,学校附近的停放点和通达的自行车道就必不可少。对各省议会来说,这套设施比增设校车的成本来得低廉;对家长来说,孩子们能骑车上学,也免去了他们开车接送的麻烦。埃罗省议会深明此理,于 2000 年在雅库和泰朗两个镇子之间新建了一所初中,它位于蒙彼利埃的东北边,正好在一条自行车道旁,大约 80% 的学生都住在离学校不到 3 千米的地方。在政府、家长、学校等多方面力量的协同配合下,这一带拥有了完备的车道网络和停放设施。结果相当喜人,该学校半数以上的学生都骑自行车上学[1]。借鉴其成功经验,该省又增添了十余所这样的初中。

这类努力不应仅限于初中,高中和大学也要参与进来。要鼓励高中生和大学生也使用自行车,就需要各个市镇和省议会共同解决基础设施的问题。一旦推出完整的自行车系统,其潜在使用者数将十分可观:在斯特拉斯堡,20%—40% 的高中生都骑车上学,离市中心较远的大学生情况也相似。

工薪一族。工薪阶层也是自行车需要争取的重要力量,因为许多选择开汽车的工薪族并不完全是为了上班,他同时需要用汽车来接送孩子、购物……针对这些问题,单位出行计划(PDE)提供了多种补贴与服务,帮助上班族结合自行车、公交车等方式完成日常的各种任务。该方案的自行车板块包括许多措施,诸如修建停放点、发放购买自行车补贴、免费维修、提供安保配件、咨询服务等。

---

[1] ADEME, *Écomobilité scolaire à Jacou (34), collège Mendès France*, fiche ADEME, 2004.

1999年，格勒诺布尔的意法半导体公司就做出了尝试。公司位于离市中心3千米的交通密集区，当时有1900名雇员，每到早晚高峰时段，公司周围几乎堵得水泄不通。经过统计，该公司有80%的员工都开汽车上班，每个人几乎只消耗2平方米的办公面积，但他们的车却各自占用25平方米的空间。为了腾出一些地面空间来盖新楼，该公司加入了单位出行计划，鼓励员工尽可能避免开汽车来单位上班。五年内，在市政府的协助下，公司的入口改用了更便于非机动车进入的设计，最终使乘公交上班的员工增加了14%，骑自行车的员工增加了11%，步行的员工增加了5%[1]。

消费客户。在法国，算上周内和周末的出行，21%的出行活动都与购物有关[2]。十年来，市中心附近的商场和小型超市取得了与日俱增的成功。法国人越来越意识到，步行或骑自行车购物也能省下不少钱，虽然货品的单价比大型超市要高一些，但考虑到节约的交通费，也基本上打个平手。当然，无汽车购物还需要一个有力的助推器，那就是解决步行和骑车搬运重物的问题。于是，市区商场给步行消费者提供购物车[3]，给骑行者提供大背包，甚至小拖车。一辆小拖车的承重能力是50千克，而根据统计，开汽车的人在大型超市里平均一次购买的货品仅有35千克。有些品牌的小拖车也可以当作

---

[1] *Plan de déplacement d'entreprise*, STMicroelectronics, Grenoble, 2007.
[2] Jean-Marie BEAUVAIS, *Évolution du commerce et utilisation de la voiture*, rapport de recherche pour le ministère de l'Équipement et des Transports, Tours, 2003.
[3] 欧洲许多国家的购物车只需嵌入一枚1欧元硬币便可取用，很多超市允许步行消费者一路把购物车推回家，放下货品后再送还超市，只要把购物车放回原处，之前嵌入的1欧元便可取回。——译者注

手推车来使用，消费者可以一路畅通无阻地把货物运回自家的冰箱里[1]。2013 年夏天，法国连锁超市 Intermarché 在西南地区的一些分店给骑行消费者提供免费借用的小拖车。

观光与运动爱好者。20 世纪六七十年代，法国的两轮车市场曾把客户分成了两类，传统自行车主要面对运动和娱乐用户，而两轮机动车则主要解决城市的实用出行。如今，这个想法在一些政要和技术人员心中还是根深蒂固。然而，自行车的娱乐性和实用性在许多方面都是相互联系的。鉴于资金有限，我们不可能给这两种目的自行车分别建设两套道路网络，事实上，同样的路线既可以在周末供出城放松的人使用，又可以在周内供上班的人使用，可谓一举两得。当然，休闲与实用自行车的角色也是可以相互转换的。很多人起初都只是喜欢在天气好的时候骑车兜兜风，但时间久了就会形成习惯，从而变成实用自行车的用户。反过来，自行车的健康和娱乐功能也会促使骑车上班的人偶尔出去观光散心，前提是骑车的环境舒适而怡人。

女性。在一座汽车交通繁忙的城市里，女性是最容易放弃自行车的。因此，在一些自行车欠发达的法国城市中，女性仅占骑行者的 1/3 左右；反之，在适合骑自行车的城市中，女性的比例明显提高，她们占斯特拉斯堡骑行者的 48%，而在哥本哈根甚至超过 50%。

---

[1] Frédéric HÉRAN (dir.), *Commerces de centre-ville et de proximité et modes non motorisés*, rapport d'une étude effectuée pour l'ADEME, le ministère de l'Équipement et des Transports et le ministère de l'Écologie et du Développement durable, 2004.

性别对自行车的使用有不可小觑的影响,其中最主要的是社会状况。普通家庭里,女性单独使用汽车的概率比男性要低,抑或连驾照都不曾取得。帮助这类人群使用自行车可以为她们的生活带来很多改变,一方面能够让上下班变得实惠便捷,另一方面也能大大丰富她们的社交生活。本着鼓励女性骑车的目的,人们可以组织一些课程向她们宣传自行车的益处,而对于根本不会骑车的女性,可以开设专门的学习班对其进行帮助和指导。法国和欧洲其他国家现有的几所自行车学校的学员大多是移民女性:法国多是马格里布人,德国多为土耳其人,英国则主要是印度、巴基斯坦人……法国蒙特勒塞纳—圣德尼的自行车学校在过去十年里已经培养出 1000 名学生,该学校开发出一套非常先进有效的教学方法。负责人弗朗索瓦·法图(François Fatoux)表示,在德国与荷兰,自行车学校基本上都是由市政府直接开设的[1]。

除上述的五大人群之外,还有许多社会群体值得自行车的特别关注:年长者、失业者、医药工作者、教师等都可以用自行车实现更便捷的出行。

▶ ▷ 机构在自行车城市政策中扮演的角色

对于自行车来说,想要博得各个机构的了解与认同是非常困难的。一方面,机构的角色举足轻重;另一方面,它们又充满了官僚

---

[1] CVTC, «Les vélo-écoles: l'apprentissage de la mobilité», *Ville et vélo*, no 37, janvier-février 2009, pp. 6-14.

色彩，在它们看来，自行车仍然是一种边缘化的出行方式。这些机构由于过度分化而无法系统地推行自行车城市政策，它们各自满足于完成其中的一小部分，全然不顾其他方面的进展，结果导致其缺乏全局规划而设计出一些非常不合理的设施。比如公园、河岸，明明说是仅对散步的人开放，但在入口处没有自行车的容身之地，以至于散步的人不得不开车前来，违背了初衷。面对这类失败的规划，往往是环境学家本身强烈反对自行车城市的政策内容。

各个机构总是自扫门前雪，而不尝试与其他相关机构合作。通常，市镇政府与居民的联系比较密切，它们更注重倾听骑行者的声音，但由于市镇自身面积所限，其影响的范围也较为有限，只有大城市的政府才能放开手脚做些大事。法国的机构繁冗，难以达成一致，在大巴黎地区，行政机构尤其庞杂，相互掣肘，各自往不同的方向使劲，做出的努力也因太过分散而效果不佳。相反，在德国就是另一番景象，柏林的自行车政策完全交由一个"简单的行政体系"[1]来实现，效果不言而喻。

官僚主义往往导致政策在实施的阶段陷入荒谬的泥潭，倘若一味重视机械乏味的行动，而不在乎得到的结果，最终损害的是自行车用户的利益。法国机构的负责人常常三年一换，太过频繁，这虽然有利于减弱机构间的分化现象，但对于有专业性要求的部门来说，人员的频繁流动会带来灾难性后果，专业人员的稳定性才是至关重要的。自行车的使用在整个政局中是一个比较小的问题，但也很容

---

[1] Christian JACOB, *Comparaison de l'utilisation de la bicyclette dans trois capitales européennes, op. cit.*, p. 67.

易成为政治竞争的受害者。幸运的是，目前的政治竞争反而给自行车带来了好处：左右两派都争相开展基础设施建设，以达到博取民心的目的。

抛开这一切问题不谈，机构在自行车政策的实施方面有着不可替代的作用。一位信念坚定的自行车项目主管如果有强力的政要从旁支持（如市长本人或交通部门负责人），就可能建立起一套雄心勃勃的自行车城市政策，并能获得更多的资金支持。

多数政要本身并没有太多实践经验，他们很少骑车，对地形等影响因素缺乏深度了解。为了弥补这方面的不足，政要和技术人员经常与各种自行车协会建立合作关系，依靠它们的知识储备来发展自行车城市。北欧国家首先做出表率，后来法国也开始采用这种模式。里昂的自行车权益协会（ADAV）就是一个很好的例子，为了让选民代表听到它的声音，它已经主动和政府打了十年的交道。渐渐的，双方互相建立了尊重与信任，终于形成了长期合作关系。

这种协商模式缓慢地在法国扩散。法国骑行者联盟一点点参与到部级的工程中，也逐渐拓展了一些面对政府的服务，不过它的影响能力还是小得可怜，仅有4名成员拿着政府的工薪，而德国的骑行者联盟里已有70名成员为政府工作。另有一个问题不得不问：这些协会真的能够代表所有骑行者吗？答案是否定的。协会的成员大多是经常骑车的老手，他们仅仅看到的是高水平骑手在路上遇到的问题，而难免低估新手可能碰到的诸多困难。此外，他们也不能代表社会各阶层的人群，工人和商人在其中仅占极小的比例，因此协会与政府的合作也只能重点解决部分骑行者有限的问题。

| 第八章 |
展望未来：2050年的自行车

在有限的世界里相信无限增长的可能性，这人不是疯子就是经济学家。

肯尼斯·博尔丁（Kenneth Boulding），

曾任美国经济学会主席。[1]

---

[1] Cité *in Energy reorganization act of 1973*, Hearings, Subcomitee of the Commitee of Government operations, House of Representatives, US Congress, 27-29 novembre 1973, p. 248.

鉴于自行车的回归迹象目前仅限于大城市的中心地带，要说它能作为法国的日常交通工具仿佛不大可信。法国的一半居民主要生活在城郊附近，在那里，自行车并未从衰落的泥沼中重生。除了个别特例之外，中型城市的交通大多还是汽车的天地。在地广人稀的乡村，虽然爱好骑车观光的人群有所增加，而实用自行车的推广依旧是希望渺茫。适合骑车穿梭的距离短之又短，以至于它对环境的裨益可谓微乎其微。

法国的一系列关于城市出行的研究显示，当时的人们并不十分看好自行车。1993年北欧的相关资料描述说自行车在诸多交通工具中算不上出类拔萃[1]。2000年，一批研究城市出行的专家表示自行车属于边缘化的交通方式。[2] 不久前的一项中型城市交通研究得出的结论也大同小异[3]。战略分析中心则指出，自行车在公共交通之间起着联结作用，不过只能覆盖较短的距离[4]。法国环境与能源管理署（ADEME）预测，2030年自行车在城市中心区的使用比例有望从3%

---

[1] Alain BIEBER, Marie-Hélène MASSOT et Jean-Pierre ORFEUIL, *Questions vives pour une prospective de la mobilité quotidienne*, rapport pour la DATAR, synthèse INRETS no 19, 1993.
[2] Yves CROZET, Jean-Pierre ORFEUIL, Marie-Hélène MASSOT et le «Groupe de Batz», «Mobilité urbaine: cinq scénarios pour un débat», *Notes du Centre de prospective et de veille scientifique*, 2001; Jacques THEYS, Serge WACHTER, Yves CROZET et Jean-Pierre ORFEUIL (dir.), *La Mobilité urbaine en débat: cinq scénarios pour le futur?*, CERTU, Lyon, 2005.
[3] Véronique LAMBLIN et Marie-Hélène MASSOT, *Prospective de la mobilité dans les villes moyennes*, Étude Futuribles International / IFSTTAR, 2011.
[4] Olivier PAUL-DUBOIS-TAINE (dir.), *Les Nouvelles Mobilités: adapter l'automobile aux modes de vie*, rapport pour le Centre d'analyse stratégique. 2010 et *Les Nouvelles Mobilités dans les territoires périurbains et ruraux*, rapport pour le Centre d'analyse stratégique, 2012.

升至 7%，在城郊则可能从 1% 增长至 5%[1]。

法国许多城市都期望 10—20 年内自行车的使用比例能上升至目前的 2—4 倍。人们终于意识到，单凭发展公共交通是不足以让汽车使用比例下降 10—20 个百分点，因此必须尽力让自行车使用比例翻倍。网络、交通与城市化研究中心（CERTU）认为："自愿化的交通转型政策须依靠一切可以替代'汽车独奏曲'的交通方式（步行、自行车、电动助力车、公交系统、拼车等）以及它们之间的互补性，使得每种工具都能发挥所长。"[2]

从今天到 2050 年，自行车与生态交通在法国乃至欧洲城市出行体系中将居于怎样的地位？要回答这个问题，绝不能仅仅对现有趋势进行简单推演，因为种种迹象都显示我们目前正面临着环保计划、经济与社会等多方面的巨变。我们首先要搞清楚这一系列变化的方向，接着再去探索如何深度改变我们的出行方式，如此才能真正预见自行车在未来天地的前景。

▶ ▷ 面对环境问题与经济问题

全球生态环境数据的分析结果表明，人类活动对不可再生资源造成了巨大的压力，发达国家消耗的资源已远远超出了地球的承受

---

[1] *Contribution de l'ADEME à l'élaboration de visions énergétiques 2030-2050. Synthèse*, ADEME, Paris, 2012, p. 7. Nous tenons compte de la marche dans le total des déplacements.
[2] Régis DE SOLÈRE, «Un report modal de 10 points de la voiture vers les TC [transports collectifs]... implique un doublement de la fréquentation des TC!», *Transflash*, novembre 2012, p. 4.

能力[1]。交通方式对这个局面的影响是不容忽略的，然而在许多预测未来的研究中，这一因素却鲜有涉及。全球汽车总数如今已达到十亿，到 2050 年，这个数字是否会如国际能源署（AIE）所预计的那样翻两倍，甚至像经济合作与发展组织（OCDE）所预计的那样翻三倍？

目前，石油能源的危机已经迫在眉睫，所有人都预感到碳氢燃料的价格在不远的将来势必大幅上涨，使人们想尽一切办法来拯救汽车交通系统。然而要解决这个问题，在技术上所面临的挑战是巨大的。混合动力汽车的发动机需要消耗更多的材料来制造，且在环保方面收效甚微。电动汽车的价格是普通汽车的两倍，而论独立性则不到普通汽车的 1/4[2]。此外，如果真的要从根源上降低石油气的消耗，那么电动汽车所使用的电力资源也应来自核电，并且要在夜间给电瓶充电，以免在白天用电高峰时迫使火力发电厂前来增援[3]。另有一个问题需要考虑：使用核电给汽车提供动力将导致铀供应的紧张局面，更不用说处理核废料以及拆除废旧工厂的费用了，这一切必将增加电力资源的成本。

然而，这还算不上真正的问题。在接下来的四十年里，多种金

---

[1] Aurélien BOUTAUD et Natacha GONDRAN, *L'Empreinte écologique*, La Découverte, coll. «Repères», Paris, 2009.
[2] Frédéric HÉRAN et Serge PÉLISSIER, «La voiture électrique: espoir d'une mobilité durable ou soubresaut d'une "automobilité" domi-nante?», *Transports Environnement Circulation*, no 220, janvier 2014.
[3] Alain MORCHEOINE et Éric VIDALENC, «Les transports électriques en France: un développement nécessaire sous contraintes», *ADEME et vous*, no 21, 2009; voir aussi le site de Jean-Marc JANCOVICI, spécialiste de l'énergie et du climat: <www.manicore.com>.

属资源将趋于匮乏，因此它们的价格也会上涨。除铁、铝等储量丰富的金属外，铜、镍、锌等资源的开采量都可能在不久后达到峰值。一些支持尖端科技发展的金属，如锂、钴、银、铂、镉以及某些稀有土壤已经逐渐稀少了，而这些资源都很难回收再利用[1]。以上问题如此严重，但现有诸多关于未来交通的研究却鲜有涉及[2]，近年来唯有一项预测汽车前景的研究粗线条地提出了质疑，认为"汽车浪费了大量原材料（每辆车约在600—2000千克）"[3]，而多数情况下一辆车只承载一个人，其负载重量不过是车身的1/10甚至1/20。一辆汽车满载时的重量与空车重量的比值最多能达到2.5，而自行车则能够超过7，这说明自行车的载重效率远高于汽车。

鉴于这种情况，无论市内交通还是城际交通，我们都须跳出汽车系统以选择更为环保的出行方式，余下要讨论的问题便是以何种速度推进此类转型。更广泛地说，能源与资源的节约将成为各行各业的主要考量因素，工业企业将因此改变原有的观念：未来的远期目标不再是大量生产定期报废的产品，而是开发简约而量少的商品，使之更加耐用并易于修复，以便延长使用寿命；同时在销售方面也需要做出改变，将客户定位在群体和租赁用户上，不再面对数量众多的个人消费者。以前靠数量取胜的营销模式将逐渐被高质量的产品

---

[1] Benoit DE GUILLEBON et Philippe BIHOUIX, *Quel futur pour les métaux?*, op. cit.; voir aussi le site du GDS Écoinfo (<http://ecoinfo.cnrs.fr>).

[2] Voir les documents déjà cités ainsi que *Démarche prospective transports 2050. Eléments de réflexion*. Les rapports du CGPC, mars 2006; Hector G. LOPEZ-RUIZ et Yves CROZET, «En chemin pour le facteur 4: quelles politiques publiques et quels impacts sur les infrastructures et les budgets», *Recherche Transports Sécurité*, vol. 27, 2011, pp. 54–73.

[3] Olivier PAUL-DUBOIS-TAINE (dir.), *Les Nouvelles Mobilités*, op. cit., pp. 21–22.

和服务替代。

环境的问题日益严峻。全球气候变暖所造成的威胁已是众所周知，连银行界都因此敲响了警钟[1]。而更让人担心的是气候变暖、污染加剧和生物多样性退化这三大严重问题之间的相互作用关系。学者们总将它们看作三个独立的问题来研究，但显然它们之间的联系是越来越紧密的。

基于三方面的原因分析，目前各方面的增长不可能是永恒持续的。首先，正如上文所述，能源与金属资源的匮乏将导致它们的成本越来越高[2]。其次，人们对物质的需求并不是无限量的，家庭设备中总有很大比例的耐久材，一旦拥有就很少需要更换。最后，在目前以服务业为主导的经济结构下，生产率增长是不会像工业经济那样高的[3]。许多学者预测法国国内生产总值将保持年增长2%，但鉴于以上情况，这种说法是不现实的。随着经济衰退，我们很可能面临着一段持续的停滞期[4]。

这一切将导致地方政府的公共设施建设陷入比目前更为严重的经济困难，因此他们需要开源节流，在放弃高成本工程的同时增加新的财政收入。耗财耗力的主干线工程可能会被搁置或替代，公共

---

[1] WORLD BANK, *Turn Down the Heat. Why a 4o Warmer World Must be Avoided*, A report for the World Bank by the Potsdam Institute for Climate Impact Research and Climate Analytics, 2012.
[2] Jean-Marc JANCOVICI, «Les limites énergétiques de la croissance», *Le Débat*, no 171, 2012, pp. 80–95.
[3] Jean GADREY, *Adieu à la croissance*, Alternatives économiques, Paris, 2010, 2e partie, chapitre 1. Par exemple, une infirmière ne peut pas s'occuper d'un nombre toujours plus grand de malades; un mécanicien restera toujours nécessaire pour réparer un véhicule...
[4] Richard HEINBERG, *La Fin de la croissance. S'adapter à notre nouvelle réalité économique*, Demi-Lune, Plogastel-Saint-Germain, 2012.

交通有可能向价格低廉的轻轨发展，公共汽车的路线也会拥有更加合理的规划，一些地方已将此方案付诸行动[1]。自行车道网络的成本较低，有望成为未来交通规划的优选方案，与其他出行工具和谐共存。学校也将鼓励更多的学生骑车上学。至于开源方面，公路收费预计会首先翻倍，接着停车费与公交费用也会跟着上涨。

企业需要尽量缩短工作地点与员工住所之间的距离，以求降低员工上下班途中的交通成本，目前一些机构的搬迁计划已付诸实践，并将越来越具有指导性作用。对于家庭来说，购买力的下降将迫使人们改变以汽车为基础的出行方式：原先一家一车的模式可能会转变为多人分享模式，另外还须开发其他交通工具。人们还有可能通过减少出行次数、缩短出行距离、简化日常行程等方法来控制交通成本，甚至会越来越多地采取远程工作方式，即在自己家通过互联网来完成工作内容。也有一部分人会选择离工作地点较近或人口稠密、交通便利的区域安家落户。以上诸多情况在一些地方已逐渐出现，并有扩大之势，希腊就是一个贴切的例子。经济危机导致希腊的汽车使用比例缩减，而自行车则有所上升[2]。有人认为这不一定是个坏事，甚至可能是建立起新型出行习惯的契机。

面对着环境污染、资源匮乏的日益加剧和持续不断的经济危机，我们不能再采取短视的态度来对待，而是需要打破各种问题之间的

---

[1] Jean-Noël CHAPULUT et Olivier PAUL-DUBOIS-TAINE, *Transports et dette publique. Des membres du Cercle des Transports alertent sur la dérive des déficits publics résultant des transports*. rapport du Cercle des Transports, 2012.
[2] Karolina TAGARIS, «Squeezed by debt crisis, Greeks ditch cars for bikes», *Reuters*, Athènes 8 août 2012.

界限，找寻一个全面且系统的解决方案，不仅做到同时应对这许多问题，而且还要避免在其他方面造成严重的副作用。因此，孤立地研究汽车的不良影响是行不通的，必须考虑其他领域的各种相关因素[1]。电动汽车并不总是这些问题的答案，它虽能大力降低空气与噪声污染，但它的制造却需要消耗更多珍稀而昂贵的材料。

科技在解决问题过程中的角色需要深刻反思。人们将调动各种科技以期设计一种集简单、耐用、高效、节约资源能源、可修复、可回收等优点于一身的出行工具，而自行车似乎足以满足以上全部要求。

▶▷ 全新的社会憧憬

经济危机时期，人们通常对价格的浮动十分敏感，公平问题也会不断被提及。当利益的蛋糕就这么一块而且在逐日变小时，人们将越发不能容忍少数人在其中大快朵颐而损害大众的利益。一些迄今为止看似无足轻重、屡被忽略的话题也许会引发激烈的争论。

当汽车的使用初现衰退时，就有人相信它已经过了如日中天的巅峰状态[2]。那些主动和被迫放弃使用汽车的人对它的宽容程度明显降低，不再接受汽车占用公共空间或享受免费的停车位。从来不开车的上班族往往对工作地点的免费停车位没有好感，他们希望开车的同事为汽车所占的空间埋单（有些大城市的一个停车位每年须缴费1000

---

[1] Frédéric HÉRAN, «Pour une approche systémique des nuisances...», *op. cit.*
[2] Jérémy COUREL et Mireille BOULEAU, 2013. « "Peak-car" : la baisse de la mobilité automobile est-elle durable?», *Note rapide*, no 620, avril 2013.

欧元以上）。行人和骑行者希望道路的公共空间分配能够更加公平，他们要求机动车统统停靠在车库或私人地盘里，而不要占用街道。

此外，人们也不可能再容忍颗粒物和氮氧化物造成的污染，因为它们会导致多种疾病，严重时甚至有致命危险[1]。在民众压力下，政府将要求汽车的使用者承担后果，根据车型与燃料种类收税（比如对柴油机加大税收力度）。须牢记的是，尽管对汽车的征税早已涵盖了基础设施的维修费用，但这些税费远不足以补偿汽车所造成的滋扰，其弊端在人口稠密的城市中心区尤为明显。当初人们宣传汽车时声称它是财政收入的"金奶牛"[2]，但现在看来事实并非如此。

未来各种出行方式之间的层级关系也需要重新考虑，交规将更加严格地执行。"限速30千米/时城市"会渐渐成为全欧洲的标准，这就意味着将来的城市中除了主干道以外，其余地方的车速都不得超过30千米/时[3]。自行车将在路口处拥有更多的优先权，而公共汽车则会在路边的紧急停车带行驶，限速70千米/时或80千米/时（法国的格勒诺布尔已经成功实践了这一方案）。

站在更广阔的视角上，可以预见，未来社会的价值观也面临着一场深刻的变革，许多原先的衡量标准将顺应新的价值观而改变。GDP长期被用来衡量财富，而这套标准已经越来越多地受到质疑，未来社会将建立新的财富衡量体系，不再把增长率视为

---

[1] APHEIS, *Évaluation de l'impact sanitaire de la pollution atmosphérique en Europe. Rapport de la troisième phase 2002-2003*, APHEIS (Air Pollution and Health: A European Information System), 2004.

[2] Jean-Pierre ORFEUIL, *Les Coûts externes de la circulation routière*, rapport INRETS no 216, 1997. Voir déjà Alfred SAUVY, *Les 4 roues de la fortune...*, *op. cit.*

[3] Voir le site <www.ville30.org> qui en fait la chronique.

唯一标准[1]。这一变化也将改变人们的生活观念，使其对物品的需求从"多而杂"转为"少而精"，同时追求更优质的生活以及更丰富的社会关系。诸如广告、营销之类促进消费的手段在将来会受到一定的限制，因为它们往往导致资源浪费，与未来的生活理念格格不入。眼下的经济与环境危机并非一无是处，我们须看到萧条之下的火花——它激发了一些人的创造性，使他们开发出新的生活标准与方式，为将来的新型社会打下基础。

从目前社会经济的现状出发，我们可以对2050年的交通作出预测。时下装备精良的汽车可能会由于未来高昂的价格[2]而淡出人们的生活，至少从数量上也会有所减少。因此，汽车的配置可能趋于精简，同时降低动力，延长使用寿命并且易于维修，其使用方式也将从家用转变为共享。此外，它将更倾向于重物运输、救援抢险或残障服务，而不再运用于日常出行。毫无疑问，未来汽车的生产制造会顺应新的社会要求，法国雷诺旗下的达西亚（Dacia）推出的低成本汽车已取得了出人意料的成功，2013年达西亚占据雷诺当年总销量的41%，是其总利润的1/3[3]。

这一切变化将在未来的生产、消费、出行之间建立起新的规则。目前我们正处在一个消费社会中，人们迷恋于快速的增长和不断更

---

[1] Voir Joseph E. STIGLITZ, Amartya SEN et Jean-Paul FITOUSSI, *Rapport de la Commission sur la mesure des performances économiques et du progrès social*, rapport au président de la République, 2009.
[2] 上文中讨论过，汽车制造对金属资源的消耗严重，势必导致金属材料价格上涨，从而提高汽车的成本，因此作者认为未来的汽车必定价格昂贵。——译者注
[3] Bernard JULIEN, Yannick LUNG et Christophe MIDLER, *L'Épopée Logan. Nouvelles trajectoires pour l'innovation*. Paris: Dunod, 2012; Philippe JACQUÉ, «Renault renoue avec la croissance», *Le Monde* du 21 janvier 2014.

新的物质生活,因此对现在这一代人来说,本书的观点也许显得过于悲观、束手束脚,甚至无法接受。但放眼长远,这些观点有望启发他们构建社会与经济的新型关系。

▶▷ 未来交通"鸡尾酒",自行车作主料

当下环境、经济与社会的重重危机使自行车显得优势昭然。这种出行工具几乎不造成任何污染,能源消耗量仅为汽车的1/50[1],材料消耗量仅为汽车的1/80。如今的我们已不能再对这些优点视而不见,因此我们要关注的问题不是实用自行车是否有未来,而是它在未来将拥有怎样的地位——它究竟会是一个选项还是马路上的主角?人们对自行车的需求如今已显出了几分迫切,这也是为什么有益于使用自行车的政策往往能得到民众的大力支持,尽管现在看来,自行车道的使用和规划还有提升空间[2]。

另有一个微妙的问题需要讨论:根据人们出行的动机和地域,自行车有没有可能成为当地出行(即距离在80千米以内)的主力呢?就目前的情况来看,人们日常出行的平均距离仍呈上升趋势,且远远超出了自行车的覆盖范围。然而这种趋势的上升速度已经渐缓,在未来出行成本增加的压力下,相信这个数值不久就会达到上限并开始降低。一些对出行距离的详细考察也给我们带来希望:除了

---

[1] Marcia LOWE, *The Bicycle: Vehicle for a Small Planet*, Worldwatch Institute, Paper 90, 1989, p. 21.
[2] CVTC, *Les Français et le vélo, pratiques et attentes. Principaux résultats de l'enquête.* Observatoire des mobilités actives, 2013.

在大城市里往返于中心与城郊的上下班活动以外，其余的日常出行距离基本都在 5—15 千米以内，完全可以通过自行车来实现[1]。

在密集的城市中心，自行车能够减少步行者的比例，我们在明斯特和费拉拉这样的城市里已观察到此现象；而由于它噪声较小，能够缓解城市的喧嚣，因此它也为行人提供了更好的出行环境。选择骑自行车的人通常不开汽车，当他们需要去较远的城郊时，就要依靠公交系统，所以自行车也从侧面使公共交通更加饱和，提高后者的运输效率。关于自行车的室内停放，现在已有很多解决方案，它有专属的停车棚，还有一些由旧商店改造而成的集中停放处，另有一些空间原来用于停泊汽车，后来加上了桩柱，改为自行车停放点。这许多方案都经过了实践的检验。我们合理估计，自行车在市中心和近郊有望保障 20%—40% 的出行，这一数据在公交系统十分完备的城市也许会有所降低。总的来说，未来自行车的使用比例通常会高于公共交通。

在密集度较低的地区，自行车越来越多地作为汽车的替代品，同时它能够补充公共交通的空白部分，加强后者的使用。在此方面自行车具有非常大的潜力，它在一些自行车大国的使用比例高达 20%—40%，这个数据远远超出法国的现状，甚至超出人们的想象——当初人们猜想它不过有几个百分点而已。

在远郊和乡村地区，自行车乍看之下似乎没有一点前途。汽车

---

[1] François DELISLE et Jean-Paul HUBERT, «L'allongement des déplacements quotidiens contribue à l'émergence d'espaces urbains multipolaires, tandis que la mobilité baisse au centre des grandes agglomérations», *La Revue du CGDD*, décembre 2010, pp. 49-64.

在这些地方堪称霸主,主宰着绝大部分出行活动,即使短途出行也不例外。然而有分析结果表明,一些依靠步行和自行车实现的超短行程也是存在的,并且数量不可忽略。

伦敦交通局最近做的一项研究显示,在大伦敦[1]现有25%的出行完全能够通过自行车来完成,然而真正由自行车实现的比例仅有2%,这说明自行车的使用在伦敦市区(内伦敦)和郊区(外伦敦)都有一定的提升潜力。许多交通方式有望向自行车转变,其中62%来自汽车,26%来自公交车,7%来自火车和地铁,还有5%来自其他方式(这项研究未将行人考虑进去)[2]。

北庇卡底设备技术研究中心[3]在分析里尔2006年的家庭出行调查时采用了一种新方法,结果显示,这座城市里有49%的出行可以骑自行车完成,这意味着每年能够减少15.5万吨的二氧化碳排放。请注意,这49%的出行里不包括距离少于1千米,依靠步行就能完成的行程;距离超过5千米,不易骑车完成的行程;以及距离1—5千米,乘坐公交车能够比自行车更快完成的行程。在这样一个人口过百万、集合了85个市镇的集合城市中,跨越市镇的远郊出行仍占大部分,然而即便如此,自行车在这里的使用潜力仍然不可小觑。在自行车有可能博取的出行活动中,目前有70%由汽车占据,15%由

---

[1] 大伦敦有750万居民,其中包括内伦敦的300万居民和外伦敦的450万居民。——作者注
[2] TRANSPORT FOR LONDON, *Analysis of Cycling Potential*, Policy Analysis Research Report, décembre 2010.
[3] Sylvie MATHON et Patrick PALMIER, «Comment estimer le potentiel cyclable d'un territoire? Une application sur l'agglomération lilloise», rapport pour la recherche *Vélo et politique globale de mobilité durable* réalisée pour le GO 3 du PREDIT 4, 2012.

公交车占据，另有 15% 是步行。

布雷斯（Brès）和马里奥勒（Mariolle）对"庇卡底方形区"进行了详细的分析。"庇卡底方形区"是一块边长 50 千米的方形区域，位于圣康坦、苏瓦颂、贡比涅和拉昂之间。这个区域虽属于人口相对分散的城郊，但在 2500 平方千米的土地也住着 24.5 万居民，平均每平方千米有 100 人。这项分析显示该区域的活动人口中有 30% 在自己所居住的村镇工作，85% 的工作地点距离住所不超过 10 千米。住所到火车站的平均距离为 5 千米，到日常服务区的平均距离为 12 千米[1]。这些行程都是可以骑自行车完成的。

虽然这些数据听起来很了不起，但鉴于城郊自行车道不足的现状，我们仍不确定它是否真的可以开发出如此大的潜力。目前自行车道的发展状况相当于汽车公路系统在 1930 年前后的程度，相比起现在四通八达、平稳舒适的公路来说，自行车在城郊的发展还有很长的路要走。

▶▷ 创建高性能的自行车系统

为了能让自行车在城郊的覆盖距离达到 8—15 千米甚至更远，或者让它在公交系统之间起到更加顺畅的联结作用，自行车系统必须迎来一场真正的变革。一些发达国家已经迈出了第一步，在

---

[1] AGENCE BRÈS et MARIOLLE, *Les Figures d'une écomobilité périurbaine entre intermodalité obligée et densité dispersée. Le «carré picard» au filtre de l'accessibilité durable*, recherche pour le PUCA (plan, urbanisme, construction, architecture), p. 52.

城市周边建立起更方便的车道网络，推出更高效的车型与更优质的服务。

奇思妙想：高空自行车道、自动化停车场、滑板单车

在交通工具产业中，尤其是自行车产业，创新总是层出不穷。城市交通是发明爱好者的梦想之地，他们抛出一个个奇妙的点子，构思出妙趣横生的想法，只为让骑行者们免除疲劳之苦，不必担心来回穿梭的汽车，无惧恶劣天气甚至小偷。然而，他们所提出的设想却少有成功，毕竟这些主意涉及的新型材料与装备必须安全可靠、经济实用、满足个人与集体的不同需求。若要平衡这一切因素，无异于给一个复杂的方程求解。

有时发明者巧舌如簧，竟也能说服一些当地的投资商来帮助他们实现想法，制造一两台样品，或者用回收纸板做一部模型聊以满足心愿，仅此而已[1]。但物理法则、生理极限与资金吃紧造成的种种障碍很快就将他们拉回严酷的现实中。下面来讲讲最近引起热议的三个例子。

高空自行车道计划风靡一时：试问谁不想在云层中飞驰而过，在拥挤、嘈杂、污染的汽车上方行驶？要建造这样的车道，须考虑的问题就是如何设计复杂的入口以及巨额成本如何筹措。据近期完善的"天空自行车"最新计划，此类车道大约每千米

---

[1] Voir Yves MISEREY, «Le vélo en carton à l'assaut des mégapoles», <www.lefigaro.fr>, 20 décembre 2012; Eric SMALLEY, «Prius Projectconcept bike lets you shift by thinking», <http://news.cnet.comw>, 6 juillet 2011.

耗资 5000 万欧元。"天空自行车"是一个巨大的骑行网络，它的设计师们计划在伦敦铁路上方建设该交通网[1]。

自行车自动化停车场也是这些所谓的"革命性"发明之一，它激起了媒体对未来主义革新的强烈兴趣。该系统取名为环保骑行（ECO Cycle），由日本技研（Giken）公司研发，自 2008 年起便在日本的几个大型火车站外运行。使用者每月只需支付 1800 日元（约 13 欧元），这个费用与设备折旧和公司支付的设备维护费相比可以说是非常低了[2]。

皮巴尔滑板单车（Le Pibal）由菲利普·斯塔克（Philippe Stark）发明，它专为波尔多市设计，于 2014 年年初投入使用。该发明并未带来任何新的实用功能——任何一辆自行车都可以当滑板车来使用。与此同时，制造这种滑板单车的成本十分昂贵，因为若要避免车身硬度不足，其结构必须强化；这样做又会导致车身过重，所以为了减轻重量，车架必须为铝制材料。[3]

未来的自行车道将拥有清晰的网状脉络，路面更加平坦易行，并配有专业的养护方案和照明设施。现如今的车道已经有各色的名号满天飞了：丹麦有"超级自行车道"，荷兰有"单车公路"和"速行道"，比利时有"骑行快线"，法国有"自行快车网"……这些自行车道比

---

[1] Éric ALBERT, «Les Londoniens pourraient pédaler dans les nuages», *Le Monde*, 10 janvier 2014.
[2] Nathalie MOURLOT, «Un parking souterrain pour les vélos», <http://lentreprise.lexpress.fr>, 12 avril 2014.
[3] «Le Pibal, vélo urbain idéal», <www.bordeaux.fr>.

硬邦邦的公路更能融入郊区的美景，而驰骋其间的车手们也会越来越熟练（即使是新手，经过规律的练习也能够快速强化骑车所需的肌肉与技巧）。归根结底，一套完备的自行车系统能够有效节省骑行者的体力，让他们在安全舒适的环境下骑得更快、去得更远。

自行车网络中的干线就像公路的主干道一样，决定着整个系统的主要结构，它们联结着各个交通热点，吸引着城市规划建设。不同之处在于，公路干道容易拥堵，且庞大的基座往往将城市严重割裂，而自行车干线则不会引发这类问题。在平静的交通氛围中，它们可能会衍生出生态街区、小型商业中心以及规模适度的活动区和服务区。大型的城市规划项目可能仍然集中在轨道交通车站附近和交通枢纽处。

空间的重新划分可以加快生态街区的形成，有的地方已经开始了这一进程。一些大众零售商通过调整自身结构，减少大型超市和卖场，取而代之的是数量繁多的小型超市和商场，这些规模亲民的小店就开在人们生活圈的附近。另外，公共服务也需要整合其功能，它们将撤出市中心，分散在各个社区里，同一个办公室既负责社保、就业工作，也提供邮政服务……如此规划对普通家庭来说就更容易选择居住地，人们不再需要担心远离市中心的种种不便，因为每个街区都有相似的设施，公司从此不必集中在市区，而工薪族也大可以选择离工作单位较近的地方居住。

这也就是说，在车次频繁、路线简化的公交系统的辅助下，无论在城郊还是市中心，自行车都能带给人们满意的体验。地势起伏较大的地区，可以使用电动助力车。坡度十分陡的地方确实会给骑行带来困难，但相信将来会有专门的技术解决此类问题。有人难免担心，在汽车时代退潮之后，人们又将回归步行、挤公交的生活，这是否意味着轻松出行的美好时代终将逝去呢？当然不是。汽车的减少只是给一种耗资昂贵的交通方式画上了句号，它的退出对财政支出、社会保障、家庭开销和自然环境都颇有好处。

另外，再说说燃油助力车的未来。很多人相信它前途无量，因为在巴黎、马赛、巴塞罗那和罗马，它的身影街头巷尾无处不在。然而，这些城市却有一定的特殊性，没有普遍代表意义。相反，四十年来，燃油助力车的使用比例在欧洲总体呈下降趋势，限制它发展的因素越来越多，因此其下降势头恐怕很难扭转。城市居民反对噪声与污染的意愿迟早会将它置于被动地位，而不断呼吁道路交通安全的声音也会对它多加管制，比如恢复年龄限制，要求50立方厘米以下排量的燃油助力车驾驶员必须满14—16周岁（如德国），再比如严禁使用超出排量上限的车辆（如日本），同时扩大宣传力度，让公众了解驾驶这类车辆的危险性，等等。此外，热力推动的车辆成本一旦升高，燃油助力车在人们心目中经济实惠的形象必定受损，这也会冷却青少年对它的热情。

▶▷ **环保出行理念改变城市**

从某种程度来说，19世纪末，自行车曾为汽车的发展铺平了道路，它让人们在理念上更易接受汽车，也为其后来的工业生产打下基础。按照这个思路推想，汽车作为报偿也应该给未来的环保出行做好准备。

当未来汽车使用数量衰减时，它曾经占据的庞大空间将由一些节约空间的出行方式共享[1]。主干道上可能会修建更多的轻轨、巴士捷运系统和自行车道。交通不太密集的街区会拓宽人行道，让社区生活恢复从前丰富多彩的样子。大片围绕着商业中心和写字楼的地面停车场可以作为保留地产，它们能够在未来提高城市密度、丰富城市功能的规划中派上用场。地下停车场的改造相对困难，有时只能听任其变为废墟（现在已经出现了一些废弃的地下停车场）；地下一层尚可用于停放自行车（斯特拉斯堡已有先例）和三轮货车（如巴黎小皇后公司）。居民楼内的地下停车场可以供人们存放自行车，或者改造为工作室和小型租用房。

许多制造商、零售商和维修部曾经大力投资汽车和燃油助力车，现在却转而投资公交系统和自行车。他们卓越的工艺给自行车注入了新鲜血液，原先汽车电池技术移花接木地用在电动助力车上，竟已取得了巨大的成功。

从价值观的角度来看，长期驾驶汽车的人应该比较容易接受自行车，因为汽车司机和自行车手都品尝到了独立自主的出行乐趣，他们可以自由自在、随心所欲地前往任何地方而不必迁就他人。自行车在未来有望实现没有汽车参与的"自主出行"[2]，而公共交通与拼车都不具有这个优势。

---

[1] Frédéric HÉRAN, «La consommation d'espace-temps des transports en milieu urbain», *in* Gérard BRUN (dir.), *Ville et mobilité*, Economica, coll. «Méthodes et approches», Paris, 2013, pp. 177-191.

[2] Jean RÉMY, «L'automobilité sans l'automobile. Anatomie d'un "phénomène social total" », *in* Alain BOURDIN (dir.), *Mobilité et écologie urbaine*, Descartes & Cie, 2007, p. 255.

一般来说，地方财政更容易负担得起环保出行的相关工程，因为它主要致力于建设轻型公交系统以及改造利用已有的设施，放弃耗资巨大的公路建设工程。提高城市密度、综合各种服务的做法对提倡环保出行大有裨益，然而如果人们流连于旧时的住所而不肯分散在其他街区生活，那么这一切都可能收效甚微。因此雇主们需要在其中发挥影响力，帮助他们的员工重新安家，鼓励人们住在离上班地点较近的社区。

要想更好地展示自行车在减少滋扰方面的优势，最好的方法就是选择两个地方进行比较：一处是汽车的天下，在那里几乎没有人骑自行车，人们极少步行，公交系统也不太发达；另一处已经有较多人选择骑自行车或步行，并拥有完备的公交设施，汽车在那里的使用频率明显较低。欧洲自行车联合会最近完成了一项类似研究，它以丹麦为例，展示了自行车节约能耗、降低排放的卓越能力。研究涵盖了丹麦所有交通工具的排放量，包括许多居民用来上下班的电动助力车在内。数据显示，该地"每年减少6300万—1.42亿吨的二氧化碳排放，在交通运输方面的节能减排达到了《京都议定书》2050年目标的12%—26%"。是一个令人满意的结果。[1]

▶▷ 重返现代性

对于法国和其他一些自行车化程度较低的国家来说，未来的自

---

[1] EUROPEAN CYCLISTS' FEDERATION, *Cycle more Often 2 cool down the planet! Quantifying CO_2 savings of Cycling,* rapport de synthèse, Bruxelles, 2011, p. 16.

行车世界将发生翻天覆地的变化。我们已经看到，在自行车较为发达的国家，车型和配件种类繁多，令人眼花缭乱，和如今充斥法国市场的低配置自行车可谓霄壤之别。

新车型的研发主要都将创意体现在了运载能力上，针对运送乘客和负载重物等用途，设计师们别出心裁，造出了各种创意自行车：有两轮货运车和三轮货运车，其承重能力高达180千克（用于运送邮包、生鲜等物品）；有新型的人力车和计程自行车，它们能够载两个成年人，极限时能载八个儿童；有两辆自行车、独轮或双轮拖车、牵引平板车，方便运载一些大件物品[1]；还有许多自行车专门用来运送某种特定物品，从婴儿车到大提琴，应有尽有。用自行车接孩子或买东西会逐渐成为日常生活的一部分。残障人士也能够享受到"推轮椅专用自行车"的好处。

电动助力对于上述的各种自行车可能都会是个好帮手，然而未来人们却不一定会给所有自行车都配备电池。原因是电池的成本较高，而它并不属于必要投资。过多的科技含量会让有科技恐惧症的人群避之不及，毕竟说到底，自行车的一个重要特点就是简单易用。

卧式自行车的优秀表现令人吃惊——它突破了传统自行车的有效距离，能轻易到达10—20千米以外甚至更远的地方，非常适合充当上下班的座驾。这种车型在北欧已拥有数千名爱好者，在法国也有几百人为之着迷。在卧式自行车上，骑行者可以采取半躺的姿势蹬车，它的座位不仅比传统车座舒服得多，而且当人们背后有支撑

---

[1] 2008年8月，蒙特利尔出现了一家专门用自行车提供搬家服务的公司，所使用的每个牵引平板车可以载重250千克。该公司现已有2000名左右的客户。——作者注

力的时候，蹬起踏板来也要轻松许多，此外，以这个姿势骑车，受风力的影响也能够减半。汽车自行车（有些地方称为"躺车"）则是另一种设计，它有三个轮子，车身呈流线型，看起来像是一架没有翅膀的滑翔机，非常符合空气动力学，因此驾驶起来也更加轻松顺畅。骑这种车也是采取舒适的半躺姿势，而其更胜一筹地方在于它还可以遮风挡雨，所以在消耗相同体力的情况下，它的速度是传统自行车的3倍，加之附带驱动力，这种车在路上的体验与驾驶汽车没有太大区别。（见表3）[1]

表3　　　　　　　不同类型自行车性能评估

类型	现价（欧元）	是城市自行车覆盖距离的多少倍	是城市自行车适应路况能力的多少倍
城市自行车	>350	1	1
轻型自行车	>1000	×1.5	×2.2
电动助力车	>1000	×2	×4
卧式自行车	>2000	×2	×4
汽车自行车	>3000	×3	×9

注：这里所说的轻型自行车、卧式自行车和汽车自行车可以有电动助力功能。

这些富有未来特色的设计却并非完美。[2] 目前在市区，"躺车"在路上的地位仍然无法超越真正的汽车。沉重的车体（根据车型不

---

[1] Pour avoir une idée concrète du foisonnement actuel des innovations technologiques dans ces domaines, on peut visiter le salon annuel de Germersheim, en Allemagne, créé en 1994 et consacré aux vélos spéciaux.
[2] Manuel STOFFERS, «Modernising the bicycle: the international Human Powered Vehicle movement and the "bicycle renaissance" since the 1970s», in Workshop Re/Cycling Histories: Users and the Paths to Sustaina-bility in Everyday Life, Munich, 27-29 mai 2011.

同约介于25—50千克）使它在交通不够流畅的路上步履维艰，因为每次刹车再启动都十分困难（当然如果附带驱动力则会改善此问题）。它庞大的车身不易停放，而且由于它现在主要还是手工生产，高昂的价格让人难以接受。随着以后产线的完备，估计其价格有望变得更加亲民。从另一方面来说，若要取得进一步发展，"躺车"也必须融入大众，因为它现在处在一个尴尬的位置——由于无法确定其自行车属性，国际自行车联盟于1933年禁止"躺车"参与各种自行车赛事，原因是它的表现太过出色、快捷如风，赢得不留情面[1]！

以后会有越来越多的人拥有这些奇思妙想的车型，而与此同时，自行车也该完成一次从零件到整体的全面升级。它须在效率、安全和舒适度方面更进一步，城市自行车还应配备更耐久的轮胎、更精确的刹车和更周到的防护，以便人们在恶劣天气或尘土飞扬的环境下仍能自由穿梭。轻松变速、持久照明的功能不可或缺，另外，坚固的置物篮、人体工学车座、轻巧的车身也将赢得更多人的青睐。总而言之，自行车的设计、装备、配件等都应站在潮流的风口浪尖，不断适应人们的各种需求。

如此百花齐放的灵感将为科技注入新的活力，并且点亮一门全新的生活艺术，而这门艺术在荷兰与丹麦如今已崭露头角[2]。这两个国家的电视广告里宣传的自行车平均价格超过600欧元一辆，而法

---

[1] Frederik VAN DE WALLE, *The Velomobile as a Vehicle for more Sustainable Transportation. Reshaping the Social Construction of Cycling Technology*, master of science thesis, Royal Institute of Technology, Stockholm, 2004; Manuel STOFFERS, «Modernising the bicycle...», *op. cit.*

[2] Voir, par exemple, le site <www.copenhagenize.com>.

国自行车的平均价格不过 250 欧元。在法国，迪卡侬（独占 30% 的市场份额）、Go Sport 以及其他一些大型零售商的营销思路仍然是不断地压低自行车的售价[1]，这说明荷兰与丹麦在此方面的眼光已进入了更高的阶段。简单来说，自行车将重新成为现代性、创造力和自由精神的象征，正如 19 世纪后期一样，只不过这一次，它缤纷夺目的优异表现会更加惊艳。

▶▷ 沸腾式的终极回归

　　实用自行车的回归并不是一个按部就班的过程，它可能突然跳过好几个阶段，也可能在一阵热潮之后紧接着减速。如果自行车始终存在种种瑕疵、表现不佳，那么其发展必然受阻；而当高质量的车道四通八达、方便实用的车型随手可得、维修站点遍布各个街区时，自行车的飞跃发展就呼之欲出，许多欧洲城市都已经进入了这个阶段。我们相信，自行车的可靠形象一旦树立，时尚就能把它推向潮流之巅，届时人们会争相加入骑行的行列，尤其是年轻一辈会把它当作一种新风尚。曾经被认为落伍、老旧的古董将焕然一新地回到摩登时代的聚光灯下。

　　新一代官员和技术人员的开放精神有利于加速自行车城市政策的实现。在此之前一些无法想象的决定都有可能变得理所当然。虽然人们总在强调城市的惯性，认为改变不会说来就来，但纵观历史，

---

[1] Nicolas MERCAT, *L'Économie du vélo en France, op. cit.*, p. 141.

第八章 展望未来：2050年的自行车

城市交通格局有不少飞速变革的先例，这些改变往往伴随着一些突如其来的外部事件而落地生根，比如荷兰忽然对城市花园痴迷不已，德国开展交通量管控，意大利成功地设置交通限制区，而法国意外地迎来了轻轨的回归，等等。

"自行车参与联合小组"是个很好的例子。这些活动小组的成员们约好一个时间，各自带着需要修理的自行车前来，大家在专业技师的指导下协作学习修车，有些人因此建立了浓厚的兴趣，甚至成为该小组的常驻志愿者。这种合作方式既实用又经济，而且能够拉近人们的社会关系。此外，该小组也回收闲置或破损的自行车并对其进行加工和修理，循环利用，变废为宝。这样做一方面可以给社会增加工作岗位；另一方面，他们修好的自行车在二手市场里颇受欢迎，反而给小组带来一部分活动经费。这些小组大获成功，于2008年在法语地区成立"幸福自行车联盟"，直至2014年，他们已集结了法国、瓦隆地区和瑞士法语区的百余个活动小组。

由此可见，法国、英国、西班牙等自行车化程度较弱的国家也极有可能迎来一次城市骑行大升温，同时伴随着一定的交通量管控——许多新近的发展现象都指向这一趋势。几个走在前沿的城市将起到火车头的作用，在法国，这个先锋城市毫无疑问会是斯特拉斯堡，而波尔多、格勒诺布尔甚至南特或巴黎也有可能发挥重要影响。一些中型城市如拉罗谢尔和科尔马也将渐渐受到吸引，从而加入进步的行列。

也许在四十年后，即使最不流行骑车的欧洲国家也将改头换面，有些地方甚至能够依靠它完成半数以上的城市出行。自行车将重新成为大众之选，博得社会各个阶层的喜爱，无论远近，不分年龄。当然，琳琅满目的装备、配件也可以满足不同人群的需要，使各阶层的人们得以充分表达其身份。

多种令人吃惊的亚文化也会应运而生。有人认为自行车凝聚了吃苦耐劳的精神：不少人对世界各大城市的骑行者都有类似看法[1]；另有人享受着自己动手修理、组装自行车时的乐趣；还有人把它当作一种训练平衡能力的工具，不断地挑战独轮车和小轮车；脑洞大开的人们还会把电动助力车当作小型发电机来使用，比如加利福尼亚的摇滚乐队 The Ginger Ninjas 就曾找来一些志愿者为他们蹬车发电，在新奇的气氛下举办演唱会。父母会热切关注孩子们使用的交通工具。无论你是痴迷于复古自行车还是热衷于未来自行车，都能找到一个适合你的俱乐部或社团；爱时髦的骑行者会花样百出地让自己的座驾看上去与众不同，甚至有可能给香奈儿、爱马仕、古驰等奢侈品牌开发出潜在市场。试想一场婚礼，当新人骑着华美的双座自行车出场，乘坐繁花点点的人力自行车离开，这场景是否像童话般令人向往……

---

[1] Antoine BRÉARD, «À Paris, les coursiers roulent autant que des cyclistes professionnels», <www.rue89.nouvelobs.com>, 28 décembre 2011.

结语：自行车，社会的选择

当今欧洲各国都在试图减缓汽车造成的交通压力，自行车的回归之势可谓锐不可当。35年前，荷兰已经开始呼吁使用单车，这股势头随后蔓延到丹麦、德国、比利时；25年前，瑞士和意大利北部也产生了这样的呼声；15年前，法国、英国与西班牙相继加入了倡导自行车回归的行列。这场运动的影响几乎扩散到了世界范围，因为即便在地广人稀的美洲与澳洲也能感受到些许回归单车的意愿[1]。

然而，各个国家所持有的态度也不尽相同。例如，在法国，这些年来机动车使用比例不断减少，足见法国人抱着前所未有的积极性支持自行车的回归[2]。他们大概预见自行车是解开未来经济、环境

---

[1] Dave HORTON et John PARKIN, «Towards a revolution in cycling», *loc. cit.*
[2] CVTC, *Les Français et le vélo, pratiques et attentes, op. cit.*

压力困局的密钥,自行车新城是他们对21世纪城市的期待。另有一些国家仅仅满足于零散地修建几条自行车道,或者简单地开发一系列共享单车服务。推广自行车不能止步于此,而须将城市交通的方方面面紧密结合起来,使步行、单车、公交、顺风车等方式无缝对接,形成一套和谐环保的出行系统。在这套系统中,以自行车作为纽带,可以大大提高出行效率,同时节约公共交通的成本。

如此出行系统须建立在一套节制机动车的政策之上。自行车倡导之初,有人曾质疑节制机动车的政策,担心它会引发经济衰退[1];然而时至今日,经过多年的沉淀与检验,我们已能打消他们的顾虑——所谓"慢节奏城市"并不会面临额外的经济困难。相反,平顺安稳的交通环境使城市更添魅力。

我们所面临的并不单纯是一个自由选择出行方式的问题。事实上,城市出行的大部分情况都不一定依赖小汽车或摩托车,因此仅仅限制一下机动车的使用并不足以达到实现自由出行的目标。我们在意的是如何更好、更及时地进行自我调整,从而适应当今的经济发展和未来的资源匮乏。要知道,忽视这类问题可能会引发更严重的危机,到时候就不仅仅是限制一下速度与泊车这么简单了。

当然,我们不能指望顽固派们轻而易举地接受自行车的回归。往往是一些对现实情况十分敏感的人首倡使用自行车。这个圈子会渐渐从城市中心扩散到周边,让有识之士先行动起来,逐渐推广至

---

[1] Jean POULIT, *Le Territoire des hommes. La création de richesse, d'emplois et de bien-être au sein d'une planète préservée*, Bourin, Paris, 2005.

中产阶级，再到普通民众当中。对于经过几十年奋斗终于坐进小轿车的一代人来说，汽车象征着成就，相比起他们，年轻人对自行车更有亲和感，接受起来也更加轻松。由此可见，随着时代血液的更新，自行车也将拥有更广阔的前景。

使用自行车远不止是选择一种出行方式，它同时也选择了均衡交通的政策、更易管控的财政、平衡舒适的生活与和谐共生的艺术。因此，自行车是一个社会的选择。

桑贝眼中一个世纪的出行方式轮回（1962）

结语:自行车,社会的选择

3

4

«Un siècle de mobilité vu par Sempé», in Rien n'est simple
de Jean-Jacques Sempé
© 1962 Éditions Denoël

缩写与简称

ADEME　　法国环境与能源管理署
CEMT　　欧洲运输部长会议
CEREMA　风险、环境、出行与设施研究中心
CERTU　　网络、交通与城市化研究中心（2014年改为CEREMA）
CETE　　 设备技术研究中心
CETUR　　城市交通研究中心（1993年改为CERTU）
CROW　　荷兰交通与基础设施信息研究中心
CVTC　　 自行车城市俱乐部
EMD　　　家庭出行调查
ENTD　　 国家运输与出行调查
FUB　　　法国骑行者联盟
GART　　 交通负责人协会

IAURIF	大巴黎地区城市规划与发展研究所
IBSR	比利时道路安全研究院
IFSTTAR	法国交通发展规划和交通网络科技研究院
INRETS	国家交通安全研究院（2011年改为IFSTTAR）
INSEE	全国统计及经济研究所
INSERM	全国保健和医学研究所
OCDE	经济合作与发展组织
PREDIT	地面交通研究与创新计划
SETRA	公路与高速公路技术研究服务中心
TCF	法国观光俱乐部
ZTL	交通限制区